成均古文獻研究

第一辑

王云路 主编

冯国栋 贾海生 真大成 副主编

图书在版编目（CIP）数据

成均古文献研究 . 第 1 辑 / 王云路主编 . -- 北京：商务印书馆, 2025. -- ISBN 978-7-100-24677-4

Ⅰ . G256.1-53

中国国家版本馆 CIP 数据核字第 2024LY8258 号

权利保留，侵权必究。

成均古文献研究
第一辑

王云路 主编

冯国栋　贾海生　真大成　副主编

商 务 印 书 馆 出 版
（北京王府井大街 36 号　邮政编码 100710）
商 务 印 书 馆 发 行
北京虎彩文化传播有限公司印刷
ISBN 978-7-100-24677-4

2025 年 2 月第 1 版	开本 700×1000　1/16
2025 年 2 月第 1 次印刷	印张 23

定价：128.00 元

本书受浙江大学教育基金会钟子逸基金资助
Supported by the Zhong Ziyi Funds of Zhejiang University Education Foundation

发 刊 词

"成均"，古之大学也。《周礼·春官·大司乐》："掌成均之法，以治建国之学政，而合国之子弟焉。"马一浮先生创作的《浙江大学校歌》云"国有成均，在浙之滨"，取其"大学"之意，指向浙江大学的前身——求是书院。而浙江大学古籍研究所首任所长姜亮夫先生的书斋也以"成均"为号，寓意"成韵"，并撰有《成均楼文集》，汇集了姜先生在楚辞学、敦煌学、古史学、古汉语四个研究领域的丰硕成果。故"成均"之名，兼有大学、大师之名号。诸师前贤积学深厚，成就卓绝，我辈学人当承其衣钵，勉力奋进。故2016年4月，浙大古籍所即以"成均"为名，创设成均国学讲坛。如今，我们再以"成均"为刊名，推出《成均古文献研究》集刊，作为浙大古籍所、浙大古典文献学专业主办的学术刊物。

我国古籍文献历史悠久，记载了中华民族的社会变迁和思想演进，是传统文化的瑰宝，对于传承和弘扬中华优秀传统文化具有重要作用。"文献"一词原出《论语·八佾》，比较成熟的文献研究则始于西汉末年刘向、刘歆父子对群书的校理；从校雠辑佚到考证辨伪，文献研究不断发展。今日之文献研究，包罗万象，范围深广，与数十年前即大不相同。首先是新材料不断涌现，迅速成为研究的热点。其次，随着文献学的发展，不同角度的文献分类日益细密，研究内涵与外延逐步扩大。最后，数智化时代的出现，手段便捷，使得全面检索和占有文献成为可能。这些变化无疑拓宽了研究者的视野，给文献学学科的发展带来无限机遇和挑战。如何利用新范式、新视角开辟系统而具有学理的文献学学科？文献学研究有怎样的当代价值？我们创立《成均古文献研究》集刊，希望通过搭建学术研究和交流的平台，聚合海内外古籍研究的力量，推动新时代古籍整理研究的全面发展。

自 1983 年成立以来，浙大古籍所已经形成先秦文献整理研究、中古文献语言研究、敦煌学研究、宋学研究、域外汉籍研究、佛教文献与地方文献整理研究等特色鲜明的研究方向；浙大文献学本科专业，也在文献与语言研究方面展现了雄厚实力和强大影响。本刊选刊之文，并不限于以上方向。我们鼓励跨学科的研究视角，也刊发各类专题性文献的整理、考释、解读之作。为此，本刊将不定期组织经学文献研究、史学文献研究、文学文献研究、宗教文献研究、少数民族文献研究、民间文献研究、域外汉籍研究、地方文献研究、出土文献研究、写本文献研究、书籍史研究、文献语言研究、文献学史研究、文献学家研究等专栏，努力为学界同仁，尤其是青年学者提供一个可供发表和交流的平台。还将不定期设立书评、学术动态、研究综述等栏目，为学界提供研究信息。

古文献研究不仅仅是学者们皓首穷经的职业，更是一项事关赓续中华文脉、弘扬民族精神的重要事业。本刊热切欢迎国内外学者赐稿支持，也衷心期待各界朋友提出批评建议。我们愿与学界同仁携手前行，为我国的古文献研究事业贡献力量。

王云路　冯国栋　贾海生　真大成

2024 年 8 月 29 日

目 录

1　明清时期朝鲜半岛所贡珍稀物产与"别献"考　　　　　　漆永祥

42　文王的"正月"还是周王的"正月"
　　——《泰誓序》"一月"的背后　　　　　　　　　　　徐兴无

63　俞樾的文体自觉与四部学问
　　——读《俞樾全集》五题　　　　　　　　　　　　　　程章灿

81　清武英殿本《礼记注疏》平议　　　　　　　　　　　　王　锷

115　简析《新撰字镜》中贮存的《玉篇》梁讳字　　　苏　芃　赵英达

131　仲盉父簋铭文所见以宗法治家的现象　　　　　　　　　贾海生

143　说安大简《仲尼曰》"古之学者自为"　　　　　　　　王挺斌

150　魏晋博物志怪的变容与书写　　　　　　　　　　余　欣　周金泰

191 敦煌写本《韩擒虎话本》校注（上）

　　　　　　《敦煌变文全集》课题组　郑天楠、张涌泉执笔

220 从旁注字和校改字看 P.2528《西京赋》写本的文本层次

　　　　　　　　　　　　　　　　　　　　　　　　金少华

234 香港华萼交辉楼藏四件敦煌道经残片考释　　　郜同麟

247 明清以来"一纸多契"现象研究

　　——以《徽州文书》为例　　李倩雯　应佳窈　窦怀永

277 校勘札记两则　　　　　　　　　　　　薛世良　姚永铭

289 《春秋左传读》所述《左传》异文举要　　　　王　诚

318 《生经》本土词汇新质考释四则　　　　卢　鹭　张雅晨

334 来新夏先生目录学成就平议

　　——以优秀教材《古典目录学浅说》为中心　　陈东辉

明清时期朝鲜半岛所贡珍稀物产与"别献"考

漆永祥

(北京大学中国语言文学系)

内容摘要：本文对朝鲜半岛在明清时期向中国所进献之珍稀物产与"别献"进行了较为全面的考证与分析，认为这些物产的进贡，既与中国帝王的个人嗜好有关，也与朝鲜方面希望通过"别献"贿赂以达到为国谋利的动机有关。但实际上所起作用有限，反而成为朝鲜籍太监侵害母国与祸害百姓的方式和手段。

关键词：贡品；珍稀物产；别献；朝鲜籍太监；贻祸百姓

在中国明清时期，朝鲜半岛的高丽、朝鲜王朝遣往中国的使臣络绎于道，无论出于何种出使目的，使臣都携带有各类进献的贡品与礼物。这些贡品一般分为正贡（亦称常贡）与特贡，正贡所献岁币方物之多寡有明确的规定，不轻易增减。特贡则是或被动或主动地进贡各类珍稀特产。此类贡物亦可分为两种：一种是中国方面的需索与要求，一种是朝鲜半岛方面主动或半主动所进之"别献"（亦称"别进献"）。

一、鹰鹘的征捕、进贡及其蠲免

朝鲜半岛有向中国王朝贡鹰之惯例，可谓特贡中之常贡，在高丽朝即屡有此举。如高丽成宗十三年（宋淳化五年、辽统和十二年，994）夏，与宋绝交，用契丹统和年号。翌年十月，"遣李周祯如契丹献方物，又进鹰"。又忠烈王八年（元至元十九年，1282）五月丁亥，"遣将军朴义等二十五人如元献鹰"。[1]高丽国王为进贡与自己田猎赏玩方便，还设有鹰坊，专职养护与调教鹰鹘，以致民怨沸腾。

到了明朝，朝鲜王朝设有进鹰使。李朝世宗九年（明宣德二年，1427）八月，"鹰子进献使上护军李伯宽赴京师"，进献"鸦鹘一十连、黄鹰二十连、皂鹰六连"。[2]十月，"进鹰使上护军李思俭辞，引见思俭及鹰人五于便殿。赐思俭衣一领、毛冠、笠靴，鹰人五毛冠笠靴"。[3]十一年（明宣德四年，1429），遣"进鹰使洪师锡赍海青一连、黄鹰十连以行"。[4]又世宗十五年（明宣德八年，1433），"遣上护军郑发，进文鱼五百首、大口鱼五百尾、海青二连、白鹘子一连"。[5]世祖九年（明天顺七年，1463）九月，世祖谓"进鹰使之行，何必俟来月？今月可也。万一

---

[1]〔朝鲜〕郑麟趾等著，孙晓主编：《高丽史》卷3《世家三·成宗》，重庆：西南师范大学出版社、北京：人民出版社，2014年，第1册，第78页；又卷29《世家二十九·忠烈王二》，第3册，第940页。
[2]《李朝世宗实录》卷37，世宗九年（明宣德二年，1427）八月初三日戊午条。
[3]《李朝世宗实录》卷38，世宗九年（明宣德二年，1427）十月十六日庚午条。
[4]《李朝世宗实录》卷46，世宗十一年（明宣德四年，1429）十月初二日乙亥条。
[5]《李朝世宗实录》卷62，世宗十五年（明宣德八年，1433）十二月初六日乙卯条。

中朝谓今年亦不进鹰,委遣使臣,则弊莫大焉"。[1]此可知进鹰乃极重要之事,不可耽延,以免贻弊。

入清之后,朝鲜有鹰连使,岁进为常。如李朝孝宗即位年(清顺治六年,1649)八月,因孝宗问:"上年北京入送鹰连之数几坐耶?"备局奏称:"上年分定鹰连之数,都合十八坐内,北京入送实数十四坐,无事渡江,则预差四坐,到义州落留云。"[2]又孝宗八年(清顺治十四年,1657)朝鲜差太监朱希圣,隔年后又差太监金孝业等,"进鹰一十四连到京"。[3]此又可知,每次所贡鹰连十四坐,为防鹰子生病不测,会多预备四坐,如果没有问题,则多余的四坐,到义州后不再送出。

朝鲜虽然每年进贡清廷鹰连十四坐,但实际养护的鹰较此为多。如李朝仁祖二十四年(清顺治三年,1646)二月,备局奏称入送鹰连事曰:

> 取考己卯年入送之数,则元数十坐,余数八坐,合十八坐,而咸镜监司、南兵使及黄海、平安监、兵使为定三坐矣。今亦依此分定宜当,而咸镜道则道路绝远,臂送之弊,易毙之患,不可不虑,监、兵营各减一坐似当,以此行会之意敢启。[4]

---

[1]《李朝世祖实录》卷31,世祖九年(明天顺七年,1463)九月二十五日辛巳条。
[2]《承政院日记》卷107,孝宗即位年(清顺治六年,1649)八月初六日条。
[3]《同文汇考·原编》卷36《请求礼部回咨》,首尔:国史编纂委员会、韩进印刷公社,1978年,第1册,第692页。
[4]《承政院日记》卷93,仁祖二十四年(清顺治三年,1646)二月十三日条。

又二十五年（清顺治四年，1647）六月，备边司称"例于八月晦间，自此发送。依上年之数，预差并二十六坐，前期分定于两西、咸镜道监兵营，使之预为整齐，更待分付，入送宜当"。[1] 翌年六月称"北京入送鹰连，例于八月晦间，都会于安州牧领纳矣，鹰连实预并十八首，依前例分付于咸镜道及两西监、兵使处，使之预备，及期入送"。[2] 又孝宗元年（清顺治七年，1650）六月，备司奏"北京入送鹰连，例于八月晦间，都会于安州牧，中使照点领去矣"。[3] 五年（清顺治十一年，1654），又启"北京鹰连，例于九月望间入送"。[4] 据以上诸说可知捕养鹰子的来源地以及交付的数量，而鹰连发送多在八月底，或晚至九月中旬，若入十月则冬日严寒，就不利于进鹰了。

由于中使多不通汉语，且身负领历书的任务，所以后来减少了中使护行，而择定年少勤干的译官与"知鹰者"领行，以便翻译沟通与沿路照顾护养鹰子。[5]

有时还会遇到清廷嫌所进鹰连不佳，表示不满的情况。如清顺治十六年（李朝显宗即位年，1659），朝鲜方面赍回礼部咨文称"进鹰十四连，具系二三年笼养，未见一连好的，且笼过多年，必衰滑无用，以后必选悬扯超群，笼养一二年好大鹰进来，内有一二

---

[1] 《承政院日记》卷97，仁祖二十五年（清顺治四年，1647）六月十三日条。
[2] 《承政院日记》卷101，仁祖二十六年（清顺治五年，1648）六月十三日条。
[3] 《承政院日记》卷113，孝宗元年（清顺治七年，1650）六月十八日条。
[4] 《承政院日记》卷118，孝宗二年（清顺治八年，1651）正月二十七日条；又卷131，孝宗五年（清顺治十一年，1654）五月二十三日条。
[5] 《承政院日记》卷109，孝宗即位年（清顺治六年，1649）十一月初九日条；又卷118，孝宗二年（清顺治八年，1651）正月二十七日条；又卷131，孝宗五年（清顺治十一年，1654）五月二十三日条。

连可用，方可称为进鹰云云"。[1]朝鲜方面赍回礼部咨文后，备司推测咨文的意思，"盖以过之三四年久阵之鹰，为不好。而若谓'悬扯'，似是空中击捉之意也。枚举此意，豫为行会于两西及咸镜监、兵使等处，使之依此求得，俾无到彼被责之患，令承文院撰出回咨，顺付前头使臣之行"。[2]

有时也会因鹰子体大矫健，而得到嘉奖。如孝宗元年（清顺治七年，1650），备边司启曰："敕使求请鹰连，畿内及都下搜得之数，多至九坐，而其中体大陈鹰三连，入送馆所，则三敕以下，颇有喜色，而且曰如此体大鹰一坐，愿为加得云，故预备中一连，又为入送，则互相称好。"[3]

顺治十七年（李朝显宗二年，1660），帝谕"朝鲜国王，每年贡鹰，虽循旧典，朕思道里遥远，往来进献，所糜物力不少，且贡使人员，跋涉长途，亦殊劳苦，以后贡鹰，著永停止，昭朕惠爱远藩之意"。[4]是年，朝鲜冬至使刑曹判书赵珩一行，十一月十八日在义州，于义州府尹衙门会见自北京回还的鹰连中使，"闻彼中消息，鹰连全减"。[5]年贡鹰连，至此永绝。

---

[1]《同文汇考·原编》卷36《请求》，第1册，第692页。
[2]《承政院日记》卷165，显宗即位年（清顺治十六年，1659）十二月十三日条。
[3]《承政院日记》卷115，孝宗元年（清顺治七年，1650）九月初十日条。
[4]《同文汇考·原编》卷38《蠲弊—停止贡鹰谕》，第1册，第737页。
[5]〔朝鲜〕赵珩：《翠屏公燕行日记》，〔韩〕林基中编：《燕行录全集》，首尔：东国大学校出版部，2001年，第20册，第208页。

二、海青的种类、捕养、进贡与蠲免

海青,即海东青,又名矛隼、鹘鹰,鸟纲隼科动物,有"万鹰之神"之称。海青属于大型猛禽,体重健壮,能捕天鹅、野鸭、兔、狍等禽兽,辽东地区即盛产海青。因此,辽代的皇帝,每年春天在鸭子河(今松花江)附近放海青捕天鹅,捕到第一只天鹅要摆宴庆贺,名曰"头鹅宴"。金、元时期,也有用海青捕猎的习俗。

朝鲜半岛多产海青,明朝经常会遣人来索。如永乐十五年(李朝太宗十七年,1417)八月,明朝指挥李敏至镜城,称"某等奉圣旨至海阳、参散等处,捉海青鹰子事来矣,可供办给马入送"。[1] 明宣德皇帝雅尚翰墨,尤工于画,山水、人物、走兽、花鸟、草虫俱佳,故每向朝鲜敕进海青等物。如宣德二年(李朝世宗九年,1427)十一月,朝鲜遣"进鹰使上护军韩承舜,以鸦鹘四连、海青三连,赴京师"。[2] 翌年十一月,又遣"进鹰使上护军李烈,赍海青三连,陈鹰二连,干年鱼、贯脯年鱼各一千尾,年鱼子十瓶以行"。[3] 四年(李朝世宗十一年,1429)十月,又派"进鹰使洪师锡赍海青一连、黄鹰十连以行"。[4] 五年(李朝世宗十二年,1430)七月,宣德帝又敕朝鲜"王国中所产诸品海味嘉鱼及豹、大犬、海青、好鹰、白黄鹰,可采取进来"。[5] 翌年底,朝鲜遣进

---

[1]《李朝太宗实录》卷34,太宗十七年(明永乐十五年,1417)八月二十二日乙巳条。
[2]《李朝世宗实录》卷38,世宗九年(明宣德二年,1427)十一月二十日甲辰条。
[3]《李朝世宗实录》卷42,世宗十年(明宣德三年,1428)十一月十二日庚申条。
[4]《李朝世宗实录》卷46,世宗十一年(明宣德四年,1429)十月初二日乙亥条。
[5]《李朝世宗实录》卷49,世宗十二年(明宣德五年,1430)七月十七日乙卯条。

鹰使柳殷护送海青七连、白鹰一连、土豹五只往北京。[1]

为了应付明朝的征索,世宗九年(明宣德二年,1427)二月,世宗命图画院模画各色鹰子,分送于各道,使依图捕之,以备进献。其分鹰为数等:

> 一曰贵松骨,毛羽、觜爪俱白,目黑,翼端黑,足角微黄,亦名玉海青,或有翼端纯白;二曰居竦松骨,白质,有黑点如菉豆大,翼端黑,目黑,觜爪青,脚足淡青,亦名芦花海青;三曰这拣松骨,白质,有黑点如榛子大,翼端黑,目黑,觜爪微黑,脚足淡青,亦名芦花海青;四曰居举松骨,背色微黑,有淡白点如菉豆大,胸及腹下微黄,白点相杂,目黑,觜爪黑,脚足青,亦名青海青;五曰堆昆,毛羽白,目黄,觜爪黑,足脚黄,或羽文微黄点,有点,形如黄鹰,亦名白鹰;六曰多落进,羽文俱白,内有黑点,目黄,形如黄鹰;七曰孤邑多逊松骨,其形色未详。[2]

同时,为了鼓励各道捕捉海青,朝鲜定海青捕获褒赏之法。若捕获优质海青,则:

> 无职人则初职八品,元有职则超等。贱人,米则五十石,布货则绵布五十匹。其中捕获玉松骨,则无职人七品,元有职

---

[1]《李朝世宗实录》卷54,世宗十三年(明宣德六年,1431)十二月十五日丙午条。
[2]《李朝世宗实录》卷35,世宗九年(明宣德二年,1427)二月二十一日己卯条。

者超三等。贱人，米则一百石，布货则绵布一百匹。良人如自愿受赏物，则亦从愿施行。其曲尽晓谕，无不周知。[1]

又"颁《海青图》一百本于诸道，盖欲习见捕进献鹰也"。[2]对于明朝的不断需索，朝鲜君臣很是无奈。世宗十一年（明宣德四年，1429）十一月，君臣论议曰：

> 礼曹判书申商启："海青，本非我国所产，皇帝求索，无有纪极。若多献，则必谓易捕，以成格例，将来之弊，莫之胜说，不可多献。"上曰："曩捕获数连，欲献之际，大臣等云：'数进鹰犬，逢君之恶，非也。'此诚至论。然以外国，既不能面折庭争，至于降诏万里之外而拒命，其可乎？今多获而减献，以欺天聪，予心未安，莫如尽数以进，自尽其道也。况随获随进，又有圣旨乎？且今不委遣采访，而降敕于予，不可不尽心也。若生巧计而不尽心，则恐或差人采访矣。若然，则受弊尤甚矣。"[3]

于是，朝鲜遂遣"进鹰使上护军池有容，赍海青二连、堆昆一连，与头目陈景赴京"[4]。实际上，明朝于宣德四年（李朝世宗十一年，1429）九月，曾"敕朝鲜国王李裪曰：王比遣使进海

---

[1]《李朝世宗实录》卷38，世宗九年（明宣德二年，1427）十一月初九日癸巳条。
[2]《李朝世宗实录》卷45，世宗十一年（明宣德四年，1429）七月二十三日丁卯条。
[3]《李朝世宗实录》卷46，世宗十一年（明宣德四年，1429）十一月十六日戊午条。
[4]《李朝世宗实录》卷46，世宗十一年（明宣德四年，1429）十一月十八日庚午条。

青、鹰、犬,足见王之诚意。使回,赐王磁器十五卓,至可领之。王国中固多珍禽异兽,然朕所欲不在于此,自今勿献"。[1]但翌年入朝鲜的明朝太监昌盛、尹凤等,又"书示进献物数,海青等鹰五十连、豹子三十儿、骟狗六十只、鱼虾海味鲊六十坛、砺石三十块"。[2]这完全凭虚臆造,假传圣旨。宣德八年(李朝世宗十五年,1433)八月,朝鲜"遣上护军许之惠,赍奏本如京师。仍进腌松菌二十五坛、大狗十只、海青一连,并赍买药麻布一百匹以行"。[3]翌年三月,世宗命都承旨安崇善曰:

  海青其品至贵,中国以海青为第一宝,以金线豹为第二宝。见在海青四连,其才良者二连,心欲进献,然已进八连,不为不多,意欲坐养,过夏退毛,然后进之。今更思之,万一倒死,终不得进。若昌、尹辈出来,则必借口非之,何以处此?往于政府议之。[4]

最后商议还是速速进献为好。于是十一月,朝鲜"差中枢院副使李孟畛,同使臣将进献海青五连,执馔婢子宝金等二十名,如京师"[5]。宣德九年(李朝世宗十六年,1434),帝又敕朝鲜曰:"中国地面炎热,虽有海青,难以喂养。王国中有海青,可寻取差的当人进来,以资朕暇时飞放之用,仍令来人缘途好生照顾喂养,

---

[1]《明宣宗实录》卷58,宣德四年(李朝世宗十一年,1429)九月丁卯条。
[2]《李朝世宗实录》卷49,世宗十二年(明宣德五年,1430)八月初三日辛未条。
[3]《李朝世宗实录》卷61,世宗十五年(明宣德八年,1433)八月二十五日乙亥条。
[4]《李朝世宗实录》卷63,世宗十六年(明宣德九年,1434)三月初一日戊寅条。
[5]《李朝世宗实录》卷62,世宗十五年(明宣德八年,1433)十一月十六日乙未条。

毋致疏失。"[1] 安崇善启曰：

> 自今若捕玉海青者，米则五十石、绵布则五十匹，自愿受职，则土官七品。因官令捕捉者，米则三十石、绵布则三十匹，自愿受职，则土官正八品。捕得杂海青者，米则二十五石、绵布则二十五匹，自愿受职者，土官正八品。以官令捕捉者，米则十五石、绵布则十五匹，自愿受职者，土官从八品。以此差等论赏，则官爵不滥，糜费减省矣。[2]

世宗十七年（明宣德十年，1435）十二月，又传旨平安、咸吉、黄海、江原等道监司：

> 今后能捕杂海青者，赏绵布十五匹；特异体大者，二十匹；玉海青者，勿论大小，三十匹。其应捕人捕杂海青者，一十匹；特异体大者，十五匹；玉海青，勿论大小，二十匹。以为恒式。[3]

至世宗二十七年（明正统十年，1445）正月，议政府指出：壬戌年（李朝世宗二十四年、明正统七年，1442）定进献海青捕捉户，咸吉道四百户，平安道二百户，江原、黄海道各五十户，并免

---

[1]《李朝世宗实录》卷66，世宗十六年（明宣德九年，1434）十二月二十四日丁卯条。
[2]《李朝世宗实录》卷66，世宗十六年（明宣德九年，1434）十月二十日癸亥条。
[3]《李朝世宗实录》卷70，世宗十七年（明宣德十年，1435）十二月初九日丙午条。

徭役，然立法以后，捕得之数，反减于前。因此议政府请罢其户，还定本役，令道内民户设机械捕捉，每岁秋，遣敬差官巡行考察。其条例曰：

> 捕玉松骨者，勿论体之大小，赏绵布三十匹。自愿受职者，白身授土官从七品，九品则正七品，八品以上加四级。一年之内，捕二连以上者，依上项例授京职。杂松骨则赏绵布十五匹，其中体大特异者，加五匹。自愿受职者，白身授土官正八品，九品则从七品，八品以上加三级。一年之内，捕二连以上者，依上项例授京职。[1]

与此同时，还规定了捕捉与养护的奖励与处罚政策。天顺四年（李朝世祖六年，1460）正月，朝鲜圣节使李克培、千秋使郭连城等自大明回返，带来天顺帝敕谕：

> 尔先王克笃忠爱，敬事朝廷，每岁于常贡之外，又以海青来进。自王绍位以来，修贡虽勤，而海青未尝一进，岂以此鸟为微物而不足贡乎？抑以为非中国所需不之贡乎？大抵此物乃鸟之猛鸷者，力能搏击，讲武、蒐猎之际，时或用之。王自今以后仍照尔先王时例，每岁或贡三、五、七连，以备应用。朕待王国有同亲藩，特兹谕知。王其体朕此意，毋忽！[2]

---

[1]《李朝世宗实录》卷107，世宗二十七年（明正统十年，1445）正月十三日丁亥条。
[2]《李朝世祖实录》卷19，世祖六年（明天顺四年，1460）正月初四日壬午条。

于是，朝鲜随即"遣户曹参议李孝长如大明进海青二连"。[1]同年八月，朝鲜谢恩使金礼蒙赍敕自大明回返。圣旨曰："海青不拘大小多少，有便进来。黄鹰捡大的进来，白者不拘大小。文鱼但凡使臣来时，或四五百尾，或七八百尾进来。"[2]但此后朝鲜进献海青的记载并不多见，直到成化三年（李朝世祖十三年，1467）正月，明宪宗明确敕谕朝鲜，毋献珍异。《明宪宗实录》载宪宗谕朝鲜国王曰：

> 朕即位之初，已诏各处不许进贡花木鸟兽，况白鹊瑞异之物，海青羽猎之用，朕以稽古图治为用，得贤安民为瑞，于瑞禽鸷鸟，澹然无所好之，得王所献，徒以置诸闲处而已。王继今进贡，宜遵常礼，勿事珍奇。况王罗致此物，不免劳民，取其嗟怨。昔者周武王慎德，四夷咸宾，无有远迩，毕献方物。然惟受其服食器用，于旅獒则却之，朕所法也。王诗书礼义之国，岂其未知此乎？王其忱念之。[3]

自此以后，朝鲜不再向明朝贡鹰。但朝鲜成宗亦喜玩放海青，为朝臣屡屡谏劝。如成宗十三年（明成化十八年，1482）二月：

> 大司宪金升卿启曰："今复畜海青，与初不畜之意不同，

---

[1]《李朝世祖实录》卷19，世祖六年（明天顺四年，1460）正月十一日己丑条。
[2]《李朝世祖实录》卷21，世祖六年（明天顺四年，1460）八月二十六日己巳条。
[3]《明宪宗实录》卷38，成化三年（李朝世祖十三年，1467）正月戊子条。又参《李朝世祖实录》卷41，世祖十三年（明成化三年，1467）三月初十日乙亥条。

恐有玩好之渐。"上默然久之,厉声曰:"予弃万机,而留意海青乎?万几之暇,放一二海青,何妨于政?"正言尹硕辅启曰:"臣等非以一二海青,为妨政害治。后日玩好之渐,不可不虑。"上曰:"此非珍禽、奇兽之比,为祭祀与三大妃奉养畜之耳。若如所言,凡供进之禽,皆从民求之耶?"[1]

金、尹二臣所谏,皆被成宗斥回。其实,朝鲜国王自太祖、太宗以降,亦鹰鹞是好,故无论是否进贡明朝,捕养鹰鹞与海青等并未断绝,百姓受祸,无有已时。

三、其他各类珍稀物种进贡考

1.鸦鹘、白鹊、大狗、鹿皮、土豹等

鸦鹘,也为鹰之一种。世宗十年(明宣德三年,1428)八月,朝鲜遣"进鹰使上护军洪师锡,赍鸦骨十连、大狗二十三只、熟鹿皮三百张以行"。[2]十三年(明宣德六年,1431)年底,明朝派来的太监尹凤"赍土豹五只,发向瑞兴,幸慕华馆饯之,命郑渊伴送于义州"。[3]又世祖三年(明天顺元年,1457)十月,明朝御书谕咸吉道都节制使郭连城曰:

---

[1]《李朝成宗实录》卷138,成宗十三年(明成化十八年,1482)二月十四日癸丑条。
[2]《李朝世宗实录》卷41,世宗十年(明宣德三年,1428)八月初四日癸未条。
[3]《李朝世宗实录》卷54,世宗十三年(明宣德六年,1431)十二月十二日癸卯条。

所进鸦鹘中一连，兔鹘也。大抵鹘之类，显名者三：第一松鹘，第二兔鹘，第三鸦鹘。此三鹘中杂交而生者，名曰庶鹘，名虽各异，而实则一类，故或有体色相混，未易分辨者。虽老宿鹰师自云我知，而不可全信，何也？能知众所知者，而必不能知众所不知者矣。今后小有异色异貌之禽，慎勿轻弃，须即谨送。[1]

十一月，朝鲜遂"遣吏曹判书韩明浍、礼曹参判具致宽，如大明，请封世子，兼献海青、兔鹘"。[2] 又世祖十二年（明成化二年，1466）八月，"遣户曹参议金永濡，如大明贺圣节，兼献白鹊"。朝鲜所上《白鹊表》中有"窃观大猷之隆，必有殊祯之现。苍姬抚千龄之运，白雉重九译而臻。非特见享献之诚，亦足征泰亨之应。……神于知来，性复驯狎而可爱。素以为质，色又皎洁而不凡"等句，[3] 显然是为讨得明宪宗的欢心而精心设计的谀词。

世祖四年（明天顺二年，1458）八月，"遣工曹参判柳洙、中枢院副使康衮，奉表笺如大明，贺圣节及千秋节，并献黄鹰二十五连、笼鸦鹘六连、鸦鹘十四连、纯黄犬六只、纯白犬十一只、纯黑犬三只及带壳松子二千六百八十个"。[4]

2. 石灯盏

太宗十六年（明永乐十四年，1416）十月，"遣熙川君金宇

---

[1]《李朝世祖实录》卷9，世祖三年（明天顺元年，1457）十月初二日壬辰条。
[2]《李朝世祖实录》卷9，世祖三年（明天顺元年，1457）十一月初十日庚午条。
[3]《李朝世祖实录》卷39，世祖十二年（明成化二年，1466）八月十九日戊午条。
[4]《李朝世祖实录》卷13，世祖四年（明天顺二年，1458）八月二十七日壬午条。

如京师，以皇帝还驾南京，故钦问起居也。就付石灯盏大小并十事以献"。[1]世宗五年（明永乐二十一年，1423），明朝以"今进献石灯盏不称意"，令朝鲜"择品好者进献"。[2]世宗六年（明永乐二十二年，1424）十月，传旨平安道监司："进献石灯盏三十，将于京中复更磨造，姑令体大粗琢上送。"时平安道监司书启称："使臣初四日到平壤，以石灯盏三等模样示之曰：'此御制模样，每等各备十事可也。'"翌年正月，"遣礼曹参议成概，进献纯白厚纸二万五千张、石灯盏二十事"。[3]

洪熙元年（李朝世宗七年，1425），平安道监司称皇帝遗诏使臣："皇帝新登宝位，欲得石灯盏进献，其体大者难得。请以大、中、小三等，造作预备，我等到京，亲达殿下。"[4]十一月，朝鲜所进贡谢恩方物中，即有"石灯盏一十事"。[5]由此可知当时明廷视石灯盏为珍稀之物，故屡向朝鲜征索。

3. 各种纸品

朝鲜半岛盛产各类优质纸张，由此纸张成为历代进贡的主要贡品之一。在常贡外，明朝有时也会向朝鲜需索纸品。如太宗六年（明永乐四年，1406）三月，明朝派内官郑升至朝鲜，"以求纯洁光妍好细白纸与漫散军人未还者也"，"升传宣谕，求黄牧

---

[1]《李朝太宗实录》卷32，太宗十六年（明永乐十四年，1416）十月十二日庚午条。
[2]《李朝世宗实录》卷21，世宗五年（明永乐二十一年，1423）九月初三日辛巳条。
[3]《李朝世宗实录》卷26，世宗六年（明永乐二十二年，1424）十月初四日乙巳条、十月初六日丁未条；卷27，世宗七年（明洪熙元年，1425）正月十一日壬午条。
[4]《李朝世宗实录》卷27，世宗七年（明洪熙元年，1425）七月十五日壬子条。
[5]《李朝世宗实录》卷27，世宗七年（明洪熙元年，1425）十一月十三日戊申条。

丹。……黄牧丹，乃皇后所需也"。[1] 十月，朝鲜"遣礼曹参议安鲁生如京师，进纯白厚纸三千张"。[2] 太宗十一年（明永乐九年，1411），明朝遣内史黄俨至朝鲜，宣帝旨曰："将写佛经，送于西域，宜进纸地。"太宗称："将进一万张。"[3] 世宗元年（明永乐十七年，1419）二月，"遣元闵生进献纯白厚纸一万八千张、纯白次厚纸七千张、火者二十名"。[4] 二年（明永乐十八年，1420）正月，"遣礼曹参判河演，偕光禄少卿韩确如京师，献厚纸三万五千张、石灯盏一十事"。[5] 六年（明永乐二十二年，1424）八月，礼曹启："去庚子年进献纸三万五千张，剩余纸四百张。今进献纸二万五千张，剩余纸三百二十张封里。""进献纸赍进官工曹参议朴冠辞，纸札柜子总一百五十八。"[6] 由此可知，明朝所索纸品之多。

4. 海物、酒类、干果、时令蔬果等

宣德四年（李朝世宗十一年，1429）五月，差太监昌盛、尹凤等到朝鲜，宣谕"中用的海味等件，进将来"；"火者及会做茶饭的妇女、学乐的小妮子与将来"；又"尔去朝鲜国，对国王说知，寻将狗鹰来"。[7] 昌盛书示进献物目曰：

---

[1]《李朝太宗实录》卷11，太宗六年（明永乐四年，1406）三月十九日己酉条。
[2]《李朝太宗实录》卷12，太宗六年（明永乐四年，1406）十月初四日庚寅条。
[3]《李朝太宗实录》卷22，太宗十一年（明永乐九年，1411）八月十五日甲辰条。
[4]《李朝世宗实录》卷3，世宗元年（明永乐十七年，1419）二月十一日丙戌条。
[5]《李朝世宗实录》卷7，世宗二年（明永乐十八年，1420）正月二十五日甲子条。
[6]《李朝世宗实录》卷25，世宗六年（明永乐二十二年，1424）八月十八日庚申条；二十日壬戌条。
[7]《李朝世宗实录》卷45，世宗十一年（明宣德四年，1429）七月十九日癸亥条。

> 小内史八名，会歌舞小女儿五名，会做甜食大女儿二十名，烧酒十坛，松子酒十五坛，黄酒十五坛，梨花酒十五坛，石灯盏十筒，大狗五十只，皂鹰六连，笼雅骨十连，儿子鸦骨十连，鸦骨十连，笼黄鹰三十连，儿子黄鹰三十连，罗黄鹰四十连，松子五十石，诸般海菜、海鱼、鱼醢。[8]

七月，朝鲜差陪臣左军同知总制权蹈，赍领赴京进献。其所进呈者有：

> 真鱼一千八百三十尾，民鱼五百五十尾，沙鱼九十尾，芒鱼三百八十尾，洪鱼二百尾，芦鱼一百尾，年鱼五百尾，大口鱼一千尾，鲤鱼二百尾，秀鱼四百四十尾，文鱼二百首，石首鱼一千尾，青鱼五百斤，苏鱼五百斤，鲫鱼五百斤，鲅鱼七百斤，古道鱼二百斤，乌鲗鱼二百斤，大虾二百斤，黄鱼鲊六桶，鲤鱼鲊一桶，土花鲊九坛，石花鲊三坛，生蛤鲊四坛，苏鱼鲊三坛，白虾鲊七坛，紫虾鲊四坛，石首鱼子鲊四坛，红蛤鲊二坛，早海菜五百斤，海菜一千斤，丝海菜三百斤，海菜耳三百斤，昆布四百斤，海衣一百斤，甘苔二百斤，海花二百斤，黄角三百斤，松子一千斤，黄酒五坛，烧酒五坛。
>
> ……
>
> 火者六名，会做茶饭的妇女一十二名，学乐的小妮子八名。

---

[8]《李朝世宗实录》卷44，世宗十一年（明宣德四年，1429）五月初三日戊申条。

……

花文木鞍桥子六副，石灯盏一十事。

……

雅鹘三十连，黄鹰一十连，皂鹰四连，大狗四十只。[1]

入清以后，清廷在沈阳期间，与朝鲜关系紧张，索求极多，使朝鲜不堪其苦，疲于应付。其中，对各类海物、鲜果等的需索尤多，如桐油、青花、青黍皮、水獭皮、染木棉、豹皮、水靴子、獭胆、倭刀、清蜜、山獭皮、倭赤狐皮、蜂蜜、黄柑、柚子、石榴、银杏、生梨、红柿、柏子、胡桃、大枣、竹沥、生姜等，由驮队送往沈阳。如仁祖十二年（明崇祯七年、后金天聪八年，1634）十二月，后金遣使至朝鲜，称"吾等出来时，汗欲得三万个生梨、二万个红柿，而前日入送之数，殊甚略少，切愿准数买去"。[2]十三年（明崇祯八年、后金天聪九年，1635）十一月，"金汗岁求红柿三万余个，上命给之"。[3]十七年（明崇祯十二年、清崇德四年，1639）十一月，朝鲜远接使郑太和驰启，称郑命寿言"青大竹十五驮、红柿二十驮、生梨十驮，并输送于凤凰城"。[4]二十一年（明崇祯十六年、清崇德八年，1643）十月，"以银杏、生梨、柏子、

---

[1]《李朝世宗实录》卷45，世宗十一年（明宣德四年，1429）七月十九日癸亥条。
[2]《李朝仁祖实录》卷30，仁祖十二年（明崇祯七年、后金天聪八年，1634）十二月二十九日辛亥条。
[3]《李朝仁祖实录》卷31，仁祖十三年（明崇祯八年、后金天聪九年，1635）十一月初四日庚戌条。
[4]《李朝仁祖实录》卷39，仁祖十七年（明崇祯十二年、清崇德四年，1639）十一月十五日戊辰条。

胡桃、大枣、红柿等果,入送于沈阳"。[1] 又二十三年(清顺治二年,1645)九月,户曹启"清国所求生梨,请以一万颗分定于平安道,九千颗分定于黄海道,及期备送"。[2] 又二十六年(清顺治五年,1648)九月,"送生梨、柏子、银杏、蜂蜜于沈阳,盖助祭也"。[3]

清朝定都北京以后,于顺治八年(李朝孝宗二年,1651),"免朝鲜额贡黄柑、柚、石榴"。[4] 自后不断减免,至康熙中后期,清朝对朝鲜所纳贡物,常贡之外,几无需索。

四、明成化时期朝鲜所贡"别献"考

明宪宗成化年间,朝鲜增加了"别献"一项,也称"别进献"。宪宗擅长绘画,喜欢各样文玩雕物,而朝鲜出身的明成祖之妃韩丽妃尚在宫中,受宪宗所敬奉,丽妃与来自朝鲜的太监郑同相勾结,不断向朝鲜需索珍玩海物,这是造成朝鲜"别献"的主要缘由。如成宗十二年(明成化十七年,1481)底,宪宗敕朝鲜曰:

> 朕惟尔世守东藩,恪守职贡,顾忠诚之有加,肆待遇之不替,彼此相孚,古今罕比。兹后但值朕诞辰,可遣韩族轮流一人,赍方物来贺。致亨往来勤劳,王宜进秩以酬之,仍录用其

---

[1] 《李朝仁祖实录》卷44,仁祖二十一年(明崇祯十六年、清崇德八年,1643)十月初四日甲子条。
[2] 《李朝仁祖实录》卷46,仁祖二十三年(清顺治二年,1645)九月十四日壬戌条。
[3] 《李朝仁祖实录》卷49,仁祖二十六年(清顺治五年,1648)九月初三日甲子条。
[4] 《清世祖实录》卷56,顺治八年(李朝孝宗二年,1651)四月庚午条。

家子弟之贤者一二人。王国中所制所产器物可进御者,著为例,每岁贡献于庭用,表王事上至意。各样雕刻象牙等物件,务要加意造作,细腻小巧如法,毋得粗粝。[1]

成宗三年(明成化八年,1472)三月,正朝使知中枢府事韩致仁返国。致仁为韩确子,确即韩贤妃之兄,故致仁屡次出使。其带回韩丽妃、宫人车氏等赐给朝鲜宫室的礼物有:

> 大王大妃殿,金厢青红宝石珍珠满冠髻一顶、大红织金花纻丝一匹、青界地云纻丝一匹、柳青河西罗一匹、娇红红花罗一匹;仁粹王妃殿,柳绿花纻丝一匹、柳青河西罗一匹、锦一匹、大红花罗一匹、银连珠手镯一对;大殿,大红织金花罗一匹、青云罗一匹、娇桃红云纻丝一匹、砂绿花纻丝一匹;中宫,柳青云纻丝一匹、娇桃红花纻丝一匹、银七事一副、银光素手钏一对、金厢青红宝石珍珠茄环一双、金累丝胡卢坠儿一只;月山大君,青纱织金麒麟膝襕一匹、青界地云纻丝一匹;明懿公主,明绿界地云纻丝一匹、青纱铺绒暗膝襕一匹。车氏送仁粹王妃殿,柳黄罗一匹。藏椸子送仁粹王妃殿,深桃红界地花纻丝一匹、柳青界地云纱一匹;大殿,莺哥绿罗一匹;中宫,翠蓝云纻丝一匹。郑同送大殿,翠蓝云纻丝一匹、玉邑界地七宝纻丝一匹、扇子一柄、金子一锭。[2]

---

[1] 《李朝成宗实录》卷136,成宗十二年(明成化十七年,1481)十二月二十二日壬戌条。
[2] 《李朝成宗实录》卷16,成宗三年(明成化八年,1472)三月初五日辛丑条。

使臣赴京时,朝鲜宫廷曾讨论过是否要送韩氏等处人情礼物,担心"今闻中朝法峻,交通宫掖,恐为国累",后来商议的结果是"但韩氏所求,则可以赍去食物,亦依古例,增减赍去"。[1]而持去之物,也须经太监督管,并进御前,皇上再命招韩氏等,亲分与之。[2]成宗八年(明成化十三年,1477)八月,朝鲜遣西陵君韩致礼如京师贺圣节。韩氏赍去别进献物色有:

> 紫绵绸二十匹,绿绵绸二十匹,黄柳青绵绸二十匹,大脯二百个,片脯三百个,文鱼三百尾,香蕈七十斤,昆布三百斤,石菌七十斤,塔士麻二百斤,全鳆三百束,大口鱼五百尾,海松子二百五十斤,乌贼鱼二千尾,广鱼三百尾,槌鳆六百束,干年鱼二百尾,石首鱼卵醢四坛,松鱼盐醢四坛,单刀子二十部,三并刀子二十部,细竹扇二百把,小竹扇二百把。韩氏处回奉,布子一百七十匹,人情紫绸、绿绸各五匹,杂彩花席十张,边儿寝席二十张,细竹扇二百把,小竹扇一百把,回蛤二百流,又一斗,细蛤二百流,班蛤一百流,绣囊儿五个,针家儿十五个,獐牙儿十流,葫芦儿二十流,虎牙儿五流,青瓜儿二十流,中三刀子一百部,小三刀子二百部,猪毛省二百事,真梳一千个,木梳五十个,首髢五十个,全鳆六十束,年鱼一百尾,中脯二百个,片脯二百个,文鱼六十尾,大口鱼二百尾,乌贼鱼三百个,塔士麻一百斤,昆布一百斤,石

---

[1]《李朝成宗实录》卷74,成宗七年(明成化十二年,1476)十二月十六日乙酉条。
[2]《李朝成宗实录》卷120,成宗十一年(明成化十六年,1480)八月十七日甲子条。

菌四十斗。崔氏，车氏，安氏处回奉，布子六十九匹。[1]

世祖十四年（明成化四年，1468）春，明使太监姜玉至朝鲜，带来"入朝宫人佛氏、成氏、车氏、吴氏、安氏、崔氏与故郑氏婢李七宝书契及物，启殿下分付族亲。且皇帝令我亲见族亲等，活计回奏。上令居京者先谒，居外者招来"。[2] 又成宗八年（明成化十三年，1477）正月，奏闻使沈浍等越江，誊写敕书及诰命并闻见事件以启。称太监郑同承圣旨"韩氏、车氏、崔氏、安氏，同在一宫。韩族来时，三氏家人并令入送"。因此成宗传曰："安氏、崔氏、车氏家有可遣人，则遣之"。[3] 十一年（明成化十六年，1480）五月，朝鲜遣工曹判书韩致亨等奉表如京师谢恩。其所贡方物有：

黄细苎布三十匹、白细苎布三十匹、黑细麻布八十匹、黄花席二十张、满花席二十张、杂彩花席二十张、人参一百斤、松子一百斤、杂色马二十匹。

皇太后殿，红细苎布、白细苎布、黑细麻布各二十匹，满花席、杂彩花席各十张。中宫殿同。皇太子殿，白细苎布二十匹，黑细麻布四十匹，满花席、杂彩花席各十张，人参五十斤，杂色马六匹。

别进献物目：紫绵绸十匹，茶褐绵绸十匹，黄绵绸十匹，

---

[1]《李朝成宗实录》卷83，成宗八年（明成化十三年，1477）八月十七日辛亥条。
[2]《李朝世祖实录》卷46，世祖十四年（明成化四年，1468）四月十五日甲辰条。
[3]《李朝成宗实录》卷75，成宗八年（明成化十三年，1477）正月二十四日癸亥条。

大红绵布十匹，黄绵布、柳青绵布、绿绵布、草绿绵布各十匹，黑麻布一百匹，白苎布一百匹。龙香圆墨五十笏，龙香长墨五十笏，针二千个，五事刀子二十部，貂鼠皮一百张。兔毫笔一百柄，黄毛笔二百柄。画面扇四十把，细竹扇三百把，小竹扇三百把。满花席、彩席各十张，强弓、中弓各十张，台古道里箭十枝，豆彦古道里箭四十枝，小古道里箭六十枝，西甫子箭六十枝，居里箭六十枝。人参五十斤。中样砚石十个，小样砚石十个。真葫芦小的十流，真葫芦瓢儿五十个，真葫芦圆的五十个，虎牙五十流，山羊角五十流。细巧文蛤一百流，班蛤一百流，葫芦、鹿角、虎骨、象牙并二十流，茄袋儿二十个，绣囊儿十五个，锦线囊儿五个，贴囊儿十个，葫芦针家儿十个，青瓜儿五十二流，针家儿十五个，青鸠儿十流，绿鸭十流，菱角儿十流，莲花儿十流，鼓儿十流。

同时，使臣还携带有仁粹王大妃答韩氏之书契。其曰：

侄女怀简王妃韩氏，奉复尊姑韩氏侍下：今因天使到国，钦闻皇帝陛下，茂膺景福，从审尊姑康宁，不胜欣抃。侄女与大小亲戚，平安过活，都是恩眷所及。内中钦赐物件，老王妃以下，俱各钦依祗受，皇恩至重，不胜感戴，又受尊姑，多般珍贶，尤切感激。但祝圣寿无疆，兼冀尊姑，永荷皇恩。伏希尊鉴。不腆土宜，俱在别幅。谨拜复。

绣囊儿三个，锦线囊儿二个，针家儿五个，青瓜儿八流，獐牙儿十流，细巧文蛤二十流，班蛤二十流，黄杨木葫芦二十流,扇子一百把,白苎布二十匹,黑麻布二十匹,别幅绣囊儿二个,锦绵囊儿三个,针家儿五个,青瓜儿八流,獐牙儿十流,细巧文蛤三十流,回蛤三十流,扇子一百把,白苎布二十匹,黑麻布二十匹。[1]

同年七月,朝鲜遣礼曹判书李承召、都承旨金季昌、右副承旨成倪于太平馆,封进献物件,两使亲自计点其物件。物目有:

> 万岁牌十座、凤的五座、孔雀的五座、象牙雕刻龙等各样十流、寿山等各样十流、龙船等各样十流、八吉祥二十流、八宝二十流、飞鱼等各样十流、草兽等各样十流、狮子等各样十流、鸳鸯等各样十流、龙鹦鹉等各样十流、甜瓜等各样十流、鸭儿等十流。紫绵绸三十匹、大红绵绸二十匹、黄绵绸二十匹、茶褐绵绸二十五匹、柳青绵绸二十五匹、草绿绵绸二十匹、水绵绸十匹、白细苎布三十匹、苎丝兼织布十匹、紫绵布二十匹、绿绵布二十匹、大红绵布二十匹、黄绵布二十匹、茶褐绵布二十匹、柳青绵布二十匹、草绿绵布二十匹、白苎布衫儿十、黑麻布衫儿十、白苎布裙儿十。髢髢二百、貂鼠皮二百张、土豹皮五张、中样砚石五匣具、小样砚石五匣具、大样黄毛笔二百枝、兔毛笔二百枝、中样黄毛笔二百枝、龙香圆墨一百笏。强弓十张、中弓十张、弱弓十张、台古都里二十

---

[1]《李朝成宗实录》卷117,成宗十一年(明成化十六年,1480)五月初八日丁亥条。

枝、豆乙彦古都里百枝、小古都里六十枝、居里箭六十枝、西甫子六十枝。上品白厚纸五卷、中品白厚纸五卷。细竹扇三百把、画面扇五十把、小竹扇二百把。边花席二十张、满花席二十张。三事刀子五十部、五事刀子五十部、大样单刀五十部、小样单刀五十部。大鹿脯十五束、鹿片脯二百个、干文鱼二百尾、干秀鱼二百尾、干鲢鱼二百尾、干大口鱼三百尾、干全鳆二百束、干乌贼鱼八百尾、干广鱼二百尾、昆布二百斤、答士麻二百斤、海衣一百斤、海菜耳一百斤、石菌一百斤、香蕈一百斤、红烧酒十瓶、白烧酒十瓶、松子二百斤、人参五十斤。象牙葫芦二十流、黄杨木葫芦五十流、真葫芦小的二十流、真葫芦瓢儿五十个、虎牙五十流、獐牙五十流、山羊角五十个。细巧文蛤一百五十流、回蛤一百五十流、斑蛤一百五十流、茄袋儿二十流。各样绣囊儿二十个、各样贴囊儿二十个、葫芦针家儿十个、针家儿三十个。青苎儿五十流、青鸠儿二十流、绿鸭儿二十流、菱角儿二十流、莲花儿二十流、鼓儿二十流。

又韩氏处赠送物件，大别幅付，紫绵绸五匹、绿绵绸五匹、柳青绵绸五匹、白苎布三十匹、黑麻布三十匹、绣囊儿十个、针家儿十个、獐牙儿十流、虎牙儿十流、葫芦儿十流、青苎儿十流、中样三事刀子三十部、小样三事刀子十部、小竹扇五十把、细竹扇五十把、细巧文蛤五十流、回蛤五十流、斑蛤三十流、塔士麻四十斤、昆布四十斤、海衣四十斤、鹿中脯五十个、干文鱼二十尾、干大口鱼五十尾、干全鳆三十束、乌贼鱼二百尾、香蕈二十斤，小别幅付，紫绵绸十匹、大红绵绸十四、绿绵绸十四、柳青绵绸十四、草绿绵绸十四、草绿绵布五匹、柳青绵布五匹、白苎布三十匹、黑麻布五十匹、中样三事刀子三十部、小样三事刀子三十部、细竹扇五十把、小竹扇五十把、绣囊儿十个、獐牙儿十流、针家儿十流、虎牙儿十流、葫芦儿十流、青苁儿三十流、斑蛤三十流、回蛤三十流、细巧文蛤三十流、貂鼠皮被一床、貂鼠皮衣一领、塔士麻五十斤、昆布五十斤、海衣二十斤、鹿中脯五十个、香蕈三十斤、海白菜二十斤、干秀鱼五十尾、干文鱼二十尾、干大口鱼五十尾、干全鳆十五束、干乌贼鱼二百尾。[1]

又同年八月,朝鲜再遣同知中枢府事韩僩,奉表如京师贺圣节,其赍去别进献物目之品种多少,与上述物目基本相同。[2] 又成宗十二年(明成化十七年,1481)十二月,圣节使韩致亨,奉敕自京师回返,其所带回之敕书中,列要求进贡的物目有:

  紫绵绸三十匹、绿绵绸三十匹、大红绵绸二十匹、黄绵绸二十匹、茶褐绵绸二十五匹、柳青绵绸二十五匹、草绿绵绸二十匹、水绿绵布一十匹、白细苎布三十匹、苎丝兼织布一十匹、紫绵布二十匹、绿绵布二十匹、大红绵布二十匹、黄绵布二十匹、茶褐绵布二十匹、柳青绵布二十匹、草绿绵布二十

---

[1]《李朝成宗实录》卷119,成宗十一年(明成化十六年,1480)七月二十二日庚子条。
[2]《李朝成宗实录》卷120,成宗十一年(明成化十六年,1480)八月十九日丙寅条。

四、白苎布衫儿三十件、黑麻布衫儿五十件、上品白厚纸五件、中品白厚纸五件、中样砚石五事匣具、小样砚石二十事匣具、龙香圆墨一百笏、龙香长墨一百笏、强弓十五张、中弓十五张、弱弓二十张、台古都里二十枚、豆乙彦古都里一百枚、小古都里六十枚、居里箭六十枚、西甫子六十枚、牛骨葫芦一百流、黄杨木葫芦一百流、真葫芦小的三十流、真葫芦虆儿一百个、虎牙儿刻龙头一百流、獐牙儿刻龙头一百流、山羊角刻龙头一百流、各样绣囊儿二十个、观音脐五百流、细巧文蛤五百流、回蛤五百流、斑蛤五百流、细巧文蛤观音脐共一挂一百流、茄袋儿二十流、各样鼓囊儿二十个、各样贴囊儿二十个、葫芦针家儿一十个、针家一百个、青瓜儿三百流、青鸠儿五十流、绿鸭儿五十流、菱角儿二十流、莲花儿二十流、鼓儿五十流、茄儿五十流、髢䯻五百把、画面扇三百把、圆靶各样画面扇一百把、三事刀五十部、五事刀五十部、大样单刀一百把、中样单刀二百把、貂鼠皮五百张、土豹皮三十张、象牙靶钻花彩妆单刀三十把（内大样十把、中样十把、小样十把）。象牙雕刻彩妆狮子笔架三座、象牙雕刻彩妆巴山出水龙笔架三座、象牙雕刻彩妆各样人物鸟兽花果盒儿、春盛每样四个三层四季果盒儿、四层龙盒儿、海棠花盒儿、花果盒儿、七层花果翎毛春盛水草金鱼银锭盒儿、枯荷螃蟹腰子盒儿、禽鸟花果盒儿、牡丹花盒儿、花果腰子盒儿、花果翎毛盒儿、人物故事方胜盒儿、花果翎毛八角盒儿、云龙犀牛角盒儿、花匲盒儿、草兽厢儿、花果盒儿、宝相花回文锁口盒儿、象牙雕刻彩妆各样玩戏儿每样五件，睡娃娃、要娃娃、进宝波澌回回、判鬼仙人笑和尚香重波澌跌交娃娃、兔儿寿酒瓶、波澌麒麟招财回回、麒麟狮子獬豸刷毛狮子鹿龙金蟾人猿意马香炉、象牙雕刻彩妆各样人物鸟兽八宝花草吊挂每样七流，龟鹤庆寿花盒、狮象百花人马平安百事大吉散仙捧寿波澌捧珠八宝人物、捧寿星人物、鲍老人物、八宝人物海堂花各样要戏人物、八宝人物、五色绒缠、各样花草春盆每样四盆，宝鸭牧丹花、荷花金鱼、荷花交草、灵芝草兽、荷花鹨、铁铜金各样环提携每样五副，水草鱼绦环提携、牧丹花绦环提携、狮龙绦环提携、花果绦环提携、马绦环提携、铁铜金各样钩子每样五把，番身兽钩子、草兽钩子、天鹿长春花钩子、荷花鹨钩子、杏花鹅钩子、各样黑漆螺钿大小盒儿三十个，灯盖十一挂，观音脐、文蛤、斑蛤、回蛤散的每样一斗，大鹿脯一十五束、鹿片脯二百个、干文鱼二百尾、干大口鱼三百尾、干全鳆鱼二百束、干乌贼鱼八百尾、干广鱼二百尾、干秀鱼二百尾、昆布二百斤、塔士麻二百斤、海衣一百斤、海菜茸一百斤、香蕈一百斤、红烧酒十瓶、白烧酒十瓶、松子二百斤、人参五十斤。[1]

早在成宗九年（明成化十四年，1478）八月，朝鲜君臣就担心所献之物过多，"且恐后日遂为例事"。[2] 而且他们也怀疑这些珍物，是否为郑同等私吞。故是年年底，圣节使韩致亨自京师回返，成宗问："卿所赍别献之物，朝廷知乎否？"致亨曰：

---

[1]《李朝成宗实录》卷136，成宗十二年（明成化十七年，1481）十二月二十二日壬戌条。

[2]《李朝成宗实录》卷95，成宗九年（明成化十四年，1478）八月十一日庚子条。

进献时，校尉四百余人辟除左右，充塞街路，以此观之，朝廷想必知之。且辽东俱录物名送鸿胪寺，鸿胪寺送礼部，礼部郎见而相谓曰："今韩氏尚在，来使亦韩氏之族属，故来献土产也。"郑同有养子六人，其人相语曰："皇帝喜朝鲜献物，亲执玩赏，凡可佩之物，或悬于带上。"

成宗又问："今称圣旨者，其实然欤？"致亨曰：

臣一日往郑同第，有二人对举裹黄袱之物而与臣，臣跪而受之曰："此何物欤？"郑同曰："予亦未知何物也。皇帝命付宰相，必是所求物目也。"[1]

说这话的仍然是郑同，但究竟是否为皇帝圣意，仍在疑似之间。又一行在京师期间，郑同招韩致亨与书状官金永贞于其家，以韩妃所赐银五两、食物七杠赠之。仍言：

本国以别献太重，必有驳议之者。然海错产于海中，鹿脯虽云贵重，不比金玉，何物难得？何弊及于民？若以谓民弊不赀，则殿下所御之膳，分半来献，不亦可乎？虽曰平安、黄海之民劳于转运，然用几人几驮而运乎？自入辽东有车两，何忧转运？昔永乐、宣德、正统年间，鹰子及海青采访使臣往来本

---

[1]《李朝成宗实录》卷99，成宗九年（明成化十四年，1478）十二月二十一日戊申条。

国,道路相望,其供顿劳费,以今较之,不啻万万。况前日弓角贸易及怀简王妃封崇之请,礼部、工部皆请勿许,实赖皇上之恩、韩氏之德,竟蒙俞允。朝廷之待本国非不厚,虽进别献,有何不可?[1]

郑同本是朝鲜人,竟然如此不恤母国百姓之苦,以朝鲜请封,己居其功,故有如此无良之言。成宗十年(明成化十五年,1479)七月,成宗以西陵君韩致礼为圣节使,遭到群臣反对,致礼亦以"臣素羸病患喘,今充圣节使,恐秋高气寒,中道病难行也"为辞,但成宗谓"虽有病,慎护其身,则可无虑。且今多有进献物,卿不得不行"。[2] 八月,司宪府大司宪朴叔蓁等、司谏院大司谏成俔等,交章上疏曰:

> 我国邈在海外,不得比内邦诸侯,虽天子命有司,有司承天子之命,而求之纷纭增益,不知纪极,则固当陈弊而哀吁之,以伸微悃于万一。况未有诏书,而外庭不知中间传语者,只一郑同乎?是必同之狼贪狙诈,欲市私宠于官中,凭韩氏之势,矫天子之言,无疑矣。且其来书,只列物币之数,未有符玺之验,则岂可必以为天子之命?万一以为天子有知,韩氏受本国之赋,称为己物而私献之,必不道殿下之诚,天子亦不过贵异国之产,以为微物而不能却,岂知我国所产,一一书而

---

[1] 《李朝成宗实录》卷99,成宗九年(明成化十四年,1478)十二月二十七日甲寅条。
[2] 《李朝成宗实录》卷106,成宗十年(明成化十五年,1479)七月初四日戊午条。

征之乎？自丁酉以后，无岁不征，今年甚于去年，明年又甚于今年，年年而加，求索无厌，则岂可以一派之涓流，以供尾间之无尽乎？观郑同之意，则虽倾国与之，不以为厌，将不胜权舆，而未免童羖之患矣。我国，壤地褊少，物产有限，而名曰"进献"之物，则中外奔走，寸储而尺聚之，仅备其额，非徒帑藏，将至虚竭，八道绎骚，不得宁息矣。……

今有议者曰：已定之额，不可减也。臣等尤以为不然。若一从物件，不漏锱铢则可矣，如或稍减其数，则多寡等耳。而况其增在我，其减在我，则彼何由知之，纵或知之，亦无妨矣。减一分之苦，减二分，则民减二分之苦。……近年以来，或以韩氏之命，或以宦官之请，大则为使，小则随行，子弟之往，无岁无之。由是，我之纤芥，彼必知之，求我国所产之物，若烛照而数计，是必子弟与译官，交通官掖之所致也。……年多岁久，遂成格例，则不可复有所计，其得失了然明甚，不待辨者而可知。……伏望命改圣节使，又量减物件，以杜后弊，以厚民生。[1]

成宗以为韩致礼赴京乃天子之命，安可违背，虽然是否圣旨尚未可知矣，但安可遥度其真伪。八月初，司宪府、司谏院合司来启曰：

丁酉年，圣节使韩致礼赴京时，柜子八十余；戊戌年，韩

---

[1] 《李朝成宗实录》卷107，成宗十年（明成化十五年，1479）八月初二日乙酉条。

致亨赴京时，柜子百余。今又缮工，造柜子三百余，年年增加。臣等反复思之，后弊难支，请勿遣致礼。[1]

但成宗未采纳群臣之建议，仍遣韩致礼为圣节使，奉表如京师。《李朝成宗实录》编纂之史臣评曰：

> 致礼，确之子。确妹选入朝，为宣宗皇帝后宫，以阿保功，有宠于成化皇帝。与宦官郑同相结，劝帝屡使郑同于本国，敕进服玩饮食之物，备尽细碎，诛求无厌，为生民巨病。又敕令韩氏之族，每岁充圣节使入朝，致礼及其兄致仁、致义，群从致亨、忠仁，侄子僴、儹、健，迭相赴京。带金带犀，皆出帝敕，金银彩段，赏赐无极，韩氏一族，因郑同坐取富贵，而贻害于国，不可胜言矣。[2]

成宗十一年（明成化十六年，1480）四月，郑同复至朝鲜，朝鲜君臣商议向其言进献之弊，以为"别进献之物，皆本国土产，备之不难，但黄海、平安道残敝，大人所知，近来连遭凶歉，加以西征之后，防戍甚紧，人民劳瘁，别献物驮载之弊不赀，恐不能支"。[3]但未能成功。不仅如此，当时此"别献"尚有变为常贡的可能性。成宗十二年（明成化十七年，1481）年底，朝鲜君臣

---

[1]《李朝成宗实录》卷107，成宗十年（明成化十五年，1479）八月初三日丙戌条。
[2]《李朝成宗实录》卷106，成宗十年（明成化十五年，1479）七月初四日戊午条。
[3]《李朝成宗实录》卷116，成宗十一年（明成化十六年，1480）四月二十一日辛未条。

商议：

> 上谓左右曰："今皇帝敕书，以前日别进献物件为常贡，奈何？其中土豹皮、象牙等物，不产本国，此未知实出于皇帝之命否。意必郑同之术也，然安可臆度，而不谨事上之礼乎？"领事李克培对曰："近来皇恩稠重，遽陈请免，则不顺事体。莫若尽心办进，因郑同、韩氏请免，则曰庶有蒙准之理。"知事李克增曰："此非皇帝本意，皆出于郑同，若陈请朝廷，则犹可免也。"[1]

翌年八月，成宗传曰："别进献杂物，已为恒贡，其令户曹作式例。"同时"又议别进献请免事"。[2] 十四年（明成化十九年，1483）十月，伴送使权攒驰启："上使郑同，本月初十日，到生阳馆而卒。"[3] 朝鲜以为"别进献，因韩氏、郑同而始，今则韩氏已逝，郑同又亡，而以通事张有诚为使，因缘宦寺，纳赂求免"。[4] 司宪府大司宪孙舜孝等来启曰："韩氏生时，欲见故乡土物，故有别献人情。今则韩氏已亡，今若不废私献，则臣恐中朝

---

[1] 《李朝成宗实录》卷136，成宗十二年（明成化十七年，1481）十二月初七日丁未条。

[2] 《李朝成宗实录》卷145，成宗十三年（明成化十八年，1482）八月初二日戊辰条；同卷，八月初八日甲戌条。

[3] 《李朝成宗实录》卷159，成宗十四年（明成化十九年，1483）十月十二日辛未条。

[4] 《李朝成宗实录》卷159，成宗十四年（明成化十九年，1483）十月十四日癸酉条。

遂以为常贡而不减矣。"[1]十七年（明成化二十二年，1486）年底，司宪府大司宪朴楗等上疏曰：

> 《书》曰：以四方"惟正之供"。别进献之敕，实由小竖郑同阿谀天子为固宠之计耳。今韩氏已没，亦且假托，岁遣韩族别献。正供不过数十驮，而别献几至百驮，平安、黄海东八站之间，转输之苦，人马僵仆，日以凋残。若因循为恒贡，则吾民之受弊无穷矣。[2]

成化二十三年（李朝成宗十八年，1487）八月，明宪宗驾崩，而郑同养子太监谷清，亦发往宪宗陵园守墓，韩丽妃、郑同、明宪宗皆已物故，这项沉重的负担终于终止，朝鲜"自今永无别献"矣。[3]

结　语

综前所述，本文对明清时期朝鲜半岛所进贡的各类珍稀特产与"别献"进行了大致的分类与考察，从中可以看出其进献有如下特征。

---

[1]《李朝成宗实录》卷157，成宗十四年（明成化十九年，1483）八月十四日甲戌条。
[2]《李朝成宗实录》卷198，成宗十七年（明成化二十二年，1486）十二月十一日壬午条。
[3]《李朝成宗实录》卷210，成宗十八年（明成化二十三年，1487）十二月初三日戊辰条。

其一，鹰鹞、海青与各类动物的进贡，部分地满足了明清帝王穷奢极欲、声色狗马的特殊嗜好，这其中当然也包括朝鲜半岛国王的个人癖好。明宣德帝自幼受其祖永乐帝朱棣宠爱，富贵以生，骄纵而长，又极富才性，酷爱游玩，精于绘画，凡山水人物、花竹草虫，随意所至，皆极精妙。宫中苑宥，极尽奢华，斗鸡走马，园情鹞首，往往涉略。尤爱促织，亦豢驯鸽，极是华靡。时天下承平，帝不仅在宫中玩乐，又颇事游猎玩好，动辄以练兵为名，外出田猎，纵鹰放狗，以是为乐。朝鲜进鹰鹞、海青主要在宣德时期，也就不足为奇了。而前述朝鲜自太祖、太宗以降，亦多鹰鹞是好，喜放海青；成宗拒谏饰非，明朝断贡以后仍然捕养鹰鹞与海青等。中国皇帝与朝鲜国王，炫奇猎怪，贻祸百姓，可谓半斤八两而已。

其二，清朝在沈阳期间与入北京初期，对朝鲜采取惩罚措施，要求进贡之半岛特产品类繁多，如獭皮、獭胆、倭刀、清蜜、蜂蜜、黄柑、柚子、石榴、银杏、生梨、红柿、胡桃、大枣、竹沥、生姜等，往往马驮以载，亟递呈送，若鲜果因运送而压碎或腐烂，还会对其问罪与斥责。但随着两国关系进入正常化，以上特贡则全部免除，康熙以后朝鲜便极少向清朝进贡珍稀动物与半岛特产。

其三，明宪宗时的所谓"别献"，则完全是朝鲜自贻其祸。明永乐帝先后在朝鲜采女，后宫有来自朝鲜的权贤妃、崔惠妃、任顺妃、李昭仪、吕婕妤、韩丽妃（桂兰）等。宣德帝后宫，也有来自朝鲜的成氏、安氏、崔氏、车氏等。其中韩桂兰（1410—1483），历事四朝，始终敬慎如一日，以七十四岁而终。同时，明朝宫中有大量朝鲜籍太监，如海寿、张定安、郑同、昌盛、尹凤、金义、姜玉等，他们往往被遣往朝鲜出使。朝鲜为了图谋自身利益，遂竭力讨好韩氏与太监们,希望他们在明朝皇帝面前为朝鲜说好话、办好事,故有意挑选各种珍玩以献。但后来"别献"几乎变成"例规",不仅没有起到为国谋利的作用,反而成为负担,直到韩妃、郑同卒后,这项"别献"也就随之而亡了。

其四,在明宫中的朝鲜籍太监,给朝鲜带来了极大的负担。明太祖、永乐年间,曾大量向朝鲜征索"火者",这些人在入中国后都在宫廷服务,且经常被明朝派往母国出使,成为皇帝的耳目。他们的长处是谙习朝鲜语音,便于和朝鲜君臣沟通。但也正因为如此,他们对朝鲜的一切了如指掌,依仗皇威,假托圣旨,随意索求,信口雌黄,即朝鲜成宗所称:"凡须索,皆称圣旨,我国岂敢不从!"[1]如成宗十四年(明成化十九年,1483)四月,太监姜玉在王城,"请土豹、黄鹰、唐狗、海菜、海带、卵醢、松菌,将欲进献于皇帝。上遣卫将具谦于咸吉道,捕土豹,令承文院驰书于八道,预备鹰、狗等物"。[2]这些过度需索,是否为姜玉个人私欲,朝鲜又无法查实。又如成宗十二年(明成化十七年,1481)六月,弘文馆副提学李孟贤等上疏曰:

> 郑同本一狎邪奸猾无状小人,昵侍天子左右,凡可以市宠之术,无所不为,因缘韩氏,颇见亲幸。先以赴京使臣所赍些少之物,逼令私献,以试帝心,从而历数土产曰,某物可以悦于口,某物可以悦于目,某物可以便于身体也,以中帝意,至

---

[1] 《李朝成宗实录》卷107,成宗十年(明成化十五年,1479)八月初一日甲申条。
[2] 《李朝成宗实录》卷46,成宗十四年(明成化十九年,1483)四月十七日丙午条。

以服、食、器、用、玩好之物，降敕求之，其损秽帝德甚矣。同于往年，躬到本国，凡有所求，必称圣旨，掯取土产而归，夸示九官，以实己言。今又来也，所求之物，倍于前日，如曰天子诚有是求，则求之之敕，岂独降于前，而靳于后乎？郑同所言，质之无由，安可尽信，而奉之弥谨乎？同初以韩氏之言，白于上曰："每次赴京，请令族亲，充使以遣。"而卒然改曰："此非韩氏，实乃圣旨也。"其言之反复难信类此。[1]

关于要不要贿赂讨好这些太监，朝鲜君臣也常讨论。如世宗十三年（明宣德六年，1431）八月，议政府赞成许稠曰："朝廷政令，不由朝官，皆出自司礼监。昔文王因于羑里，纳赂于纣，然后得免，盖不得已也。今内官不畏敕旨，何必拘于敕谕，而不赠遗乎？"[2]因为如果不满足这些太监，"则必含愤，诬毁我国于皇帝"。[3]正因为如此，朝鲜极尽能事地讨好郑同辈，不仅为他们的祖先整修坟墓，族人封官进禄，还贿赂无数，使其满载而归。他们游山玩水、侵扰百姓、颐指气使、需索不已、无恶不作，令朝鲜君臣愤恨难已，甚至对明朝国政提出怀疑。如《李朝世宗实录》论尹凤曰：

尹凤，本国火者也。初在瑞兴，甚贫贱。永乐年间，被选

---

[1]《李朝成宗实录》卷130，成宗十二年（明成化十七年，1481）六月二十一日甲子条。
[2]《李朝世宗实录》卷53，世宗十三年（明宣德六年，1431）八月初十日壬寅条。
[3]《李朝成宗实录》卷122，成宗十一年（明成化十六年，1480）十月二十六日壬申条。

赴京，出入禁闼，于今三世。欺诳帝聪，以捕海青、土豹、黑狐等事，连年来我，贪求无厌，恣行己欲。于瑞兴起第，将为退老之计，土田臧获，腼面求请，以备家产。使弟重富，位至中枢，至于族亲，靡不受职。其蒙国家之恩至矣，犹为不足，鞍马布币，亦区区请之，无耻甚矣。本国之人，为本国之害，使吾民奔走疲毙，其于昌盛、张定安，何足责乎？自古天下国家之乱，由于宦寺，奉使而来者皆此辈也，则上国之政可知矣。[1]

其实明朝君臣，对这些朝鲜太监的恶行也并非不知。如正德十六年（李朝中宗十六年，1521）八月，巡按山东监察御史杨百之言："太监金义、陈浩奉使朝鲜，沿途需索，辽东一处赃私已千余，他处可知。"并奏曰：

> 今朝廷于诸番国，如占城、安南及满剌加等处，遇有遣使，皆用翰林官或给事中行人衔命以往，况朝鲜比之诸国，尤为秉礼之邦，乃独遣内臣奉使，其辱国损威甚矣。闻朝鲜国王久欲请封，畏使臣之婪索，濡迟至此，故其国中有"一次受封，五年告乏"之语，非所以尊中国服远人也。乞今后遣使朝鲜，皆于文职中择进士出身者充之，不宜使内臣辱国。[2]

---

[1]《李朝世宗实录》卷58，世宗十四年（明宣德七年，1432）十二月初二日丁亥条。
[2]《明世宗实录》卷5，正德十六年（李朝中宗十六年，1521）八月辛巳条。

又成化四年（李朝世祖十四年，1468）岁末，明朝遣太监郑同、崔安出使朝鲜。既行，巡按辽东监察御史侯英奏：

> 辽东连年被建州虏寇侵扰，去岁东征，至今疮痍未起，民穷财尽，今复禾稼不登，米价踊贵，军士缺食。太监郑同等所领随从下人，沿途劳费百端。臣查得先年曾遣翰林院编修陈鉴等素有学行闻望者，出使其国。今同与安，俱朝鲜人，祖宗坟墓，父兄宗族，皆在其地，于其国王未免行跪拜之礼，进嘱托之辞，殊轻中国之体。且朝鲜虽称外国，其人多读书知礼，苟使臣非人，必为所轻。伏乞追寝成命，于翰林院官或六科给事中，推选一员，及行人司官一员，往使为便。

会山东分巡辽海按察司佥事俞璟，亦以为言。明宪宗赞同道：

> 英所言良是。今后赍赏，遣内臣；其册封等礼，仍选廷臣有学行者充正、副使，庶不使中国大体，而亦可服远人之心。[1]

此后，明朝采取的折中措施是：凡明朝登极、告哀等事，则遣翰林院官员出使朝鲜；凡朝鲜诸事，则仍派太监以往。

世宗五年九月（明永乐二十一年，1423），明朝所遣太监海寿返至义州，突入城中，强买强卖，因判牧使成载不遂其意，海寿缚

---

[1]《明宪宗实录》卷61，成化四年（李朝世祖十四年，1468）十二月壬子条。

载而杖之。平安道监司以闻，世宗召政府、六曹议曰：

> "吾以至诚待彼，凡所求索，无不曲从，赠与之物，动计千百。今以不义，辱我边将，其贪婪无耻，至于如此。中国不遣朝臣，专任宦寺，何哉？予欲以此事闻于上国，移咨何如？其速行移本道，究问成载受辱之由以闻。"左议政李原对曰："中朝使臣加我无礼，古无此事。此无他，凡其所求无不从之也。昔河仑于使臣所求，或拒而不从，诚有以也。然移咨之事，当更拟议以启。"[1]

朝鲜君臣屡欲诉达天子，但最后都不了了之。因为他们一方面不敢得罪这些无恶不为的"天使"，另一方面又常常对他们报有希冀。而这些太监在明朝宫廷中，不过是一个使唤答应之侍从与奴仆，哪有胆量与能力为朝鲜办事。其实，朝鲜君臣真应该向朝廷遣使移咨，通过正常手段控诉这些太监的恶行，但他们往往碍于体面，顾忌万端，一味容忍，这也导致这些太监肆无忌惮，更加猖獗，给朝鲜带来了无穷的灾难。

极为有趣的是，明朝需索极多，征责不断，"天使"驾到，假借圣旨，惊扰侵害，无所不求，贪婪无限；朝鲜疲于应付，但仍甘受辱罚，顶礼膜拜，视明朝为文明礼乐所在的中华上国，谒圣朝天，至为尊荣。而清朝体恤属国，多方照拂，"胡使"到国，正礼

---

[1] 《李朝世宗实录》卷21，世宗五年（明永乐二十一年，1423）九月二十七日乙巳条。

之外，少有需索，三五日即返国复命，且清廷不断免除朝鲜的正贡数额，至乾隆朝所贡已减至历史最低，朝鲜所贡反不如清朝赏赐之多；但朝鲜君臣以"小中华"自居，视清廷为胡国、为夷狄，丑诋之为非类，疏离敷衍，咒詈嘲讽，阳奉阴违，无所不至。人之处世，观念先行，美丑好恶，不在于耳闻目接，而在于横隔心中之臆见。处国之道，亦不过如是而已矣！

文王的"正月"还是周王的"正月"

——《泰誓序》"一月"的背后

徐兴无

(南京大学文学院)

内容摘要：伪古文尚书《泰誓》篇载武王伐商之年月，《序》、伪孔《传》、孔颖达《正义》皆以为非文王正朔，伐商之时亦无符应。此说与汉代今文《尚书》之《太誓》相异，其背后实为汉代《春秋》学中《公羊》与《左传》对《春秋》"王正月"的不同解释，由此亦可见汉代政治思想的转变。

关键词：《泰誓》；伐商年月；《春秋》学

经学因为家法师法的不同，对同一文本有不同的解说，这是中国经学中的普遍现象。这一现象，过去多在比较异同或是考辨是非的范围内研究。但如果从思想史的角度考察，其背后实际上隐藏着不同时代的思想运动。本文例举一个经传中最为常见的"正月"辞例，作为一种话语现象加以分析，以见汉代《春秋》学之争议并不能归之于传统学术史上所谓的今学与古学之争,而应属于汉代政治思想的变革。

一、伪古文《泰誓序》中的"一月"

伪古文《尚书》之《泰誓序》曰:

> 惟十有一年,武王伐殷。一月戊午,师渡孟津,作《泰誓》三篇。

按,伪古文《尚书》诸篇前的"序",孔颖达《尧典序·正义》云:"郑玄、马融、王肃并云孔子所作。"但是《泰誓》正文的首句却说:"惟十有三年春,大会于孟津。"因此,被认为是孔安国所作的伪《孔传》于此做了一个补充解释:

> 周自虞、芮质厥成,诸侯并附,以为受命之年。至九年而文王卒。武王三年服毕,观兵孟津,以卜诸侯伐纣之心。诸侯佥同,乃退以示弱。十三年正月二十八日,更与诸侯期而共伐纣。

这个解释中,出现了两次武王在孟津会合诸侯伐商之事。按照伪《孔传》的说法,文王受命为天子,在位九年而卒,武王丧服三年满期,遂于文王十一年约会诸侯至孟津,观测诸侯伐商的决心。尽管诸侯都来响应,但武王仍然退兵示弱。直至文王十三年正月二十八日，武王再次在孟津集合诸侯联军，并渡过孟津，大会誓师，讨伐纣王，作此《泰誓》。也就是说，《泰誓序》中的"一月"应该是《泰誓》中的"惟十有三年春"，而不是"十一年"的"一月"。这个曲折之处，孔颖达《尚书正义》企图说得更加清楚，其曰：

> 《武成》篇云："我文考文王，诞膺天命，以抚方夏。惟九年大统未集。"则文王以九年而卒也。《无逸》称文王"享国五十年"，至嗣位至卒，非徒九年而已。知此十一年者，文王改称元年，至九年而卒，至此年为十一年也。《诗》云："虞、芮质厥成。"毛《传》称"天下闻虞、芮之讼息，归周者四十余国"，故知"周自虞、芮质厥成，诸侯并附，以为受命之年"。"至九年而文王卒"，至此十一年，武王居父之丧"三年服毕"也……知此十一年者，据文王受命而数之。必继文王年者，为其卒父业故也。纬候之书言受命者，谓有黄龙、玄龟、白鱼、赤雀负图衔书以命人主，其言起于汉哀、平之世，经典无文焉，孔时未有此说。《咸有一德》传云："所征无敌，谓之受天命。"此传云："诸侯并附，以为受命之年。"是孔解受命皆以人事为言，无瑞应也。《史记》亦以断虞、芮之讼为受命元年，但彼以文王受命七年而崩，不得与孔同耳。三年之丧，二十五月而毕，故九年文王卒，至此一年服毕。此经武王追陈前事，云："肆予小子发，以尔友邦冢君，观政于商。"是十一年伐殷者，止为观兵孟津，以卜诸侯伐纣之心，言"于商"，知亦至孟津也。

《尚书正义》引伪古文《尚书·武成》篇为证，以十一年为文王卒后、武王服丧已毕之年，因为"三年之丧，二十五月而毕，故九年文王卒，至此一年服毕"。但是《无逸》作为伏生所传今文《尚书》，其中载周公之言曰："文王受命惟中身，厥享国五十年。"《正义》解释为文王在位不止九年，只是受天命改元后九年而卒。文王受天命的证据是"虞、芮质成"，《正义》引《诗经·大雅·緜》和毛《传》之说为证。因为谶纬言文王受命有诸多的瑞应，但《正义》认为谶纬起于汉哀、平之世，一则五经不载，二则孔安国作《传》时尚不知谶纬之说，所以又引《咸有一德》篇伪《孔传》之言，指出孔安国皆以人事解受命。

文王受命十一年，武王丧服毕，观诸侯既有伐商之志，遂于十三年一月渡孟津伐商，作《泰誓》。这个"一月"应该是"文王十三年一月"，故而伪《孔传》将《泰誓序》的"一月"释为"正月"。众所周知，这是伪《孔传》遵守《春秋》学的月例。可是托诸孔子所作的《泰誓序》居然不遵其作《春秋》的书法，竟写作"一月"。对此矛盾之处，《正义》解道：

> 不言"正月"而言"一月"者，以《武成》经言"一月"，故此序同之。《武成》所以称"一月"者，《易·革卦》《彖》曰："汤武革命，顺乎天而应乎人。"《象》曰："君子以治历明时。"然则改正治历，必自武王始矣。武王以殷之十二月发行，正月四日杀纣。既入商郊，始改正朔，以殷之正月为周之二月。其初发时，犹是殷之十二月，未为周之正月，改正在后，不可追名为"正月"。以其实是周之一月，故史以

"一月"名之。顾氏以为"古史质，或云正月，或云一月，不与《春秋》正月同"，义或然也。

《尚书正义》以《尚书·武成》亦书"一月"，再证之以《易传》之语，说明文王虽受天命，但未宣布改正朔。周正建子，以十一月为正月；殷正建丑，以十二月为正月；夏历建寅，以十三月为正月。所以，武王挥师出发虽在文王十三年一月，但于殷历为十二月，伐商之后才改正朔。所以当时周人的史官追述伐商之月，只能称"一月"。但是文王既受了天命，为何不易号改正朔呢？《正义》进一步解释道：

> 《易纬》称"文王受命，改正朔，布王号于天下"。郑玄依而用之，言文王生称王，已改正。然天无二日，土无二王，岂得殷纣尚在，而称周王哉？若文王身自称王，已改正朔，则是功业成矣，武王何得云"大勋未集"，欲卒父业也？《礼记·大传》云："牧之野，武王之大事也。既事而退，追王大王亶父、王季历、文王昌。"是追为王，何以得为文王身称王，已改正朔也？《春秋》"王正月"，谓周正月也。《公羊传》曰："王者孰谓？谓文王。"其意以正为文王所改。《公羊传》汉初俗儒之言，不足以取正也。《春秋》之王，自是当时之王，非改正之王。晋世有王愆期者，知其不可，注《公羊》以为《春秋》制，文王指孔子耳，非周昌也。《文王世子》称武王对文王云："西方有九国焉，君王其终抚诸。"呼文王为"王"，是后人追为之辞，其言未必可信，亦非实也。

文王虽有天命，但并未称王号、改正朔，因为殷纣尚在，天无二日，土无二王，文王功业未成，不能称王、改正朔。正朔必须待武王伐商之后才能更改，文王等先公也须经追述而成为先王。《礼记·文王世子》中所云武王对文王之问，也是后世追述之言。因此《正义》认为：《春秋经》中的"王"，都是当时执政的周天子，否定了《公羊传》将《春秋经》"王正月"中的"王"解为"文王"，也否定了《易纬》所言文王受命即改正朔的说法。

总而言之，《尚书正义》认为，文王受天命之后过了九年而卒，十一年武王丧服毕，初合诸侯伐商，十三年一月再合诸侯伐商，灭商之后称王、改正朔，追称文王为王。至此，史书中才能书写"王正月"之辞。《正义》将《春秋》"王正月"的"王"确定为武王以后的周王，即《左传》所说的"王周正月"。其所使用的解释方式有二：其一是通经释义，以五经文献互证，考据史事，证成《泰誓序》与《孔传》之说，贬斥《公羊》为俗儒之言；其二是据经辨纬，否定谶纬受命符应之说，贬斥郑玄援纬解经。

二、汉代《太誓》中的"文王"

孔颖达《尚书正义》对伪古文《泰誓》的解释看似言之凿凿，文献中的史事似乎互相为证，但其实只是一种用于解释的话语策略，背后表达的是东汉以降古学的思想立场。即便不考虑《泰誓》是晚出伪古文，以《公羊》家的学说视之，伪《孔传》与《尚书正义》亦纯属曲说，仅发二问即可难之：为何文王既受天命而不易号改正朔？如按《正义》"天无二日""土无二王"之说，为何史官书写武王伐商年月时不遵殷商的正朔？

《泰誓》于汉代后得，而汉人所见所得之今、古文《尚书》中的《太誓》应无大差异。钱大昕《答问》认为，伏生虽不传《太誓》，但其所撰《尚书大传》有武王伐商、白鱼入舟诸事，"俱与今文《太誓》同"；而孔安国所得壁中古文《太誓》亦与今文《太誓》同，因为司马迁尝从孔安国问故，《史记》之《周本纪》《齐世家》所载武王伐商事，皆本于《太誓》，"史公既亲见古文，则今文《太誓》之为真《太誓》"[1]。汉代的《太誓》虽已亡佚，但我们仍能从其他文献中考知其大概。

一是从托诸伏生所作的《尚书大传》的辑佚文字中考见今文《太誓》佚说。陈寿祺所辑《尚书大传定本·大誓》云：

> 唯四月，太子发上祭于毕，下至于孟津之上（郑玄注：四月，周四月也。发，周武王也。卒父业，故称太子也）。
>
> 太子发升于舟，中流白鱼入于舟。王跪取出，俟以燎，群公咸曰："休哉！"
>
> 武王伐纣，观兵于孟津，有火流于王屋，化为赤乌，三足。
>
> 周将兴之时，有大赤乌衔谷之种，而集王屋之上者。武王喜，诸大夫皆喜。周公曰："茂哉！茂哉！天下之见此以劝之也，恐恃之。"[2]

---

[1] 钱大昕：《潜研堂文集》卷五，陈文和主编：《嘉定钱大昕全集》第一册，南京：凤凰出版社，2016年，第3页。

[2] 陈寿祺辑校：《尚书大传定本》卷二，清同治十二年刊"古经解汇函"本。

《公羊》学先师董仲舒也读过今文《太誓》，皮锡瑞《尚书大传疏证》指出："《汉书》董仲舒对策引《书》曰：'白鱼入于王舟，有火复于王屋，流为乌。此盖受命之符也。周公曰"复哉！复哉！"'董子所云'复哉'，即《大传》所云'茂哉'。"

二是《史记·周本纪》。其称文王为"西伯"，"盖即位五十年"，虞、芮质成之年，诸侯闻之曰："西伯盖受命之君。"此后五年中，伐犬戎、密须、耆国、邗、崇侯虎，作丰邑，至第七年"西伯崩，太子发即位，是为武王"。《尚书正义》亦云："《史记》亦以虞、芮之讼为受命元年，但彼以文王受命七年而崩，不得与孔同耳。"由于《尚书正义》据《泰誓序》及《孔传》，当然只采《史记》虞、芮质成之事而不用其受命七年之说。《史记》又曰：

> 九年，武王上祭于毕。东观兵，至于盟津。为文王木主，载以车，中军。武王自称太子发，言奉文王以伐，不敢自专。……武王渡河，中流，白鱼跃入王舟中，武王俯取以祭。既渡，有火自上复于下，至于王屋，流为乌，其色赤，其声魄云。是时，诸侯不期而会盟津者八百诸侯。诸侯皆曰："纣可伐矣。"武王曰："女未知天命，未可也。"乃还师归。
>
> 居二年，闻纣昏乱暴虐滋甚……乃遵文王，遂率戎车三百乘，虎贲三千人，甲士四万五千人，以东伐纣。十一年十二月戊午，师毕渡盟津，诸侯咸会，曰："孳孳无怠！"武王乃作《太誓》。

太史公之文，当是据汉代《尚书》中的《太誓》改写而成的。

由上引文献可见汉代的《太誓》与伪古文《泰誓》应该有三点不同。第一，文王受天命后即称王，易号改正朔书"元年"。按《春秋》义法，礼乐征伐自天子出，则今文《太誓》既以文王为受命天子，就当易号改正朔，绝不必待武王伐商之后。证之汉人观念，承今文《太誓》之说者，如《尚书大传》、《史记》、谶纬等皆如此。如《史记·周本纪》曰：

> 诗人道西伯，盖受命之年称王而断虞、芮之讼。后十年而崩，谥为文王。改法度，制正朔矣。[1]

张守节《史记正义》用孔颖达《尚书正义》之说，以"十年"当为"九年"，但按《史记·周本纪》，此"十年"当为"七年"之误（《尚书正义》云《史记》"以文王受命七年而崩"，甚是）。《史记正义》又据孔颖达《尚书正义》以此文王"乃是追王为王，何得文王自称王改正朔也？"而《周本纪》明言文王受命即自称为王，上谥号后即改法度、制正朔，皆当是武王伐商前的举动，故云武王伐商"乃遵文王"，即以天子之名义征伐。又东汉《白虎通·爵篇》曰：

> 天子之子称"太子"。《尚书传》曰："太子发升于舟。"《中候》曰："废考，立发为太子。"明文王时称太子也。

---

[1] 陈立：《白虎通疏证》卷一，吴则虞点校，北京：中华书局，1994年，第30页。

亦据《尚书大传》与谶纬《尚书中候》为说。

第二，武王伐商时，上天已降瑞应，显示天命在周。此时谶纬虽未造作，但《太誓》《史记》等已有叙述，这也是哀、平之际谶纬造作符应的文献根据。

第三，汉代的《太誓》以武王于"十一年十二月戊午"渡孟津，作《太誓》，没有"一月"之说，故其书年月日之例当遵文王正朔。

当然，汉代《太誓》所云也仅仅是一种历史叙事而已。章太炎就曾指出，《周本纪》中武王伐商时自称太子，说明武王尚未即位，故《太誓》"盖周秦间人所作，以释古《太誓》者"。又《逸周书》中有称祀（年）书"王"者，也有不书"王"者。"当知共和以前，纪年之书未具，史官亦随事书之，或用本元，或用受命元，或用革命元。"[1]因此，历史叙事说到底是思想表达的形式而已。

三、《公羊传》的"王正月"

按照《公羊传》的辞例，《春秋经》之首句，即鲁隐公"元年春，王正月"是"春秋之道"的总纲，《公羊》学于此大加阐说。其曰：

---

[1] 章太炎讲，诸祖耿整理：《太炎先生尚书说》，北京：中华书局，2013年，第38页。

> 元年者何？君之始年也。春者何？岁之始也。王者孰谓？谓文王也。曷为先言王而后言正月？王正月也。何言乎王正月？大一统也。

何休解曰：

> 变一为元，元者，气也，无形以起，有形以分，造起天地，天地之始也，故上无所系，而使春系之也。不言公，言君之始年者，王者诸侯皆称君，所以通其义于王者，惟王者然后改元立号。《春秋》托新王受命于鲁，故因以录即位，明王者当继天奉元，养成万物。
> ……
> 文王，周始受命之王，天之所命，故上系天端。方陈受命制正月，故假以为王法。不言谥者，法其生，不法其死，与后王共之，人道之始也。

何休不仅赋予"元"以宇宙意义，而且认为以鲁君之名通义于受命之王，是孔子借《春秋》托新王于鲁之意。受命制正月，是顺应天命的行为。《春秋经》之所以不称文王的谥号而直称"王"，是以文王生时之号代指后世所有的受命之王。因为这个"王"就是一切代表人道的王。徐彦疏曰：

> 文王者，周之始受命制法之王，理宜相系，故见其系春，知是文王，非周之余王也。

问曰：《春秋》之道，今有三王之法，所以通天三统，是以《春秋说》云"王者孰谓？谓文王也。疑三代不专谓文王"，而《传》专云文王，不取三代何？

答曰：大势《春秋》之道，实兼三王，是以《元命包》上文总而疑之，而此《传》专云"谓文王"者，以见孔子作新王之法，当周之世，理应权假文王之法，故遍道之矣。

徐彦认为，"文王"并非指周之余王，而是兼指夏、商、周三代之王，《春秋经》之所以只称"文王"，是因为《春秋》是孔子托鲁《春秋》而作的新王法，因为《春秋》所载之事皆在周代，所以假借周文王作为王道的代表。

对于书"王正月"的辞例，何休解"何言乎王正月？"曰："据定公有王无正月。"徐彦疏曰：

定公元年"春，王三月，晋人执宋仲几于京师"，是有王无正月。凡十二公即位皆在正月，是以不问有事无事，皆书"王正月"，所以重人君即位之年矣。若非即位之年，正月无事之时，或有二月王，或有三月王矣，但定公即位在六月，正月复无事，故书三月王也，其正月时不得书王矣。

《春秋经》十二公即位皆在正月，所以不问有事无事，皆应该书"王正月"。其他年份仅于春季有事之首月书"王"，如隐公三年与四年书"王二月"、隐公七年书"王三月"。此为正例。鲁定公于六月即位，因此无书"王正月"之辞。何休又以三代改正朔解

"王正月"之义：

> 以上系于王，知王者受命，布政施教所制月也。王者受命，必徙居处，改正朔，易服色，殊徽号，变牺牲，异器械，明受之于天，不受之于人。夏以斗建寅之月为正，平旦为朔，法物见，色尚黑；殷以斗建丑之月为正，鸡鸣为朔，法物牙，色尚白；周以斗建子之月为正，夜半为朔，法物萌，色尚赤。

据此，夏正建寅，为黑统；商正建丑，为白统；周正建子，为赤统。而春三月皆书王，以其分别为三代的首月寓三统三正之意。如何休解隐公"三年春王二月"曰：

> 二月三月皆有王者，二月，殷之正月也；三月，夏之正月也。王者存二王之后，使统其正朔，服其服色，行其礼乐，所以尊先圣、通三统。

在何休看来，春王正月、春王二月、春王三月的书例表达了推尊夏、商、周三正之义。

总之，"王正月"包含了天道与人道之开端，"王"指夏、商、周三王，而《春秋经》假以文王。"正月"指夏、商、周三代的正月。

《公羊》以解释《春秋》辞例阐论政治原则，是对董仲舒思想的继承与发挥。《汉书·董仲舒传》载董仲舒《对策》曰：

臣谨案《春秋》之文，求王道之端，得之于正。正次王，王次春。春者，天之所为也；正者，王之所为也。其意曰：上承天之所为，而下以正其所为，正王道之端云尔。

此以"王正月"为王道之端。又曰：

孔子作《春秋》，先正王而系万事，见素王之文焉。

此以《春秋》为王道之寄托。又曰：

三王之道所祖不同，非其相反，将以救溢扶衰，所遭之变然也。故孔子曰："亡为而治者，其舜乎？"改正朔，易服色，以顺天命而已；其余尽循尧道，何更为哉！故王者有改制之名，亡变道之实。

然夏上忠，殷上敬，周上文者，所继之救，当用此也。孔子曰："殷因于夏礼，所损益可知也；周因于殷礼，所损益可知也；其或继周者，虽百世可知也。"此言百王之用，以此三者矣。夏因于虞，而独不言所损益者，其道如一而所上同也。道之大原出于天，天不变，道亦不变，是以禹继舜，舜继尧，三圣相受而守一道，亡救弊之政也，故不言其所损益也。繇是观之，继治世者其道同，继乱世者其道变。今汉继大乱之后，若宜少损周之文致，用夏之忠者。

王道是永恒不变的，新王只要改正朔、易服色，表达顺天命即可，故王有改制之名，无易道之实。但推行王道的方式有两类：一是如尧、舜、禹的禅让，所谓"继治世者其道同"；二是如夏、商、周三代，所谓"继乱世者其道变"。故有上忠、上敬、上文三种救弊之法。

《春秋繁露·三代改制质文》论"王正月"曰：

> 《春秋》曰："王正月。"《传》曰："王者孰谓？谓文王也。曷为先言王而后言正月？王正月也。"何以谓之王正月？曰：王者必受命而后王，王者必改正朔，易服色，制礼乐，一统于天下，所以明易姓，非继仁，通以己受之于天也。王者受命而王，制此月以应变，故作科以奉天地，故谓之王正月也。王者改制作科奈何？曰：当十二色，历各法而正色，逆数三而复。

"三正"是三王"改制作科"的方法，即夏、商、周斗建的三个正月分别为十三月寅、十二月丑、十一月子，形成"逆数三而复"的天道运行模式。"逆数"象征着汤武革命、"继乱世者其道变"的历史发展形式，"三而复"象征着回复王道的循环模式。

所以，《公羊传》的"王正月"不仅仅是月例的"书法"，更是王道政治的"义法"。"书法"是史官遵守的辞例，即《左传》中的"书法不隐"；而"义法"则是儒家建构的"孔子作《春秋》"时制定的法则，即《史记·十二诸侯年表》所云"以制义法，王道备，人事浃"。在《公羊》学的政治观念中，汉代是继三代而起、《春秋》所托的"新王"，应该依《春秋》之道，对周的

"上文"加以损益，回复到夏的"上忠"。

四、《左传》的"王周正月"

《左传》解释"春王正月"曰："王周正月。"即认为"春王正月"指的是周代诸王或是"今王"的正月。西汉刘歆为《左传》宗师之一，《汉书·律历志》载其言曰：

> 《经》曰"春王正月"，《传》曰"周正月"。"火出，于夏为三月，商为四月，周为五月。夏数得天"，得四时之正也。三代各据一统，明三统常合，而迭为首，登降三统之首，周还五行之道也。故三五相包而生。天统之正，始施于子半，日萌色赤。地统受之于丑初，日肇化而黄，至丑半，日牙化而白。人统受之于寅初，日孽成而黑，至寅半，日生成而青。

"火出，于夏为三月，商为四月，周为五月。夏数得天"见于《左传·昭公十七年》。所谓"夏数得天"，孔颖达《春秋左传正义》曰："曰斗柄所指。一岁十二月分为四时，夏以建寅为正，则斗柄东指为春，南指为夏，是为得天四时之正也。若殷周之正则不得正。"即夏、商、周正月的斗建中，唯有夏正之时斗柄在春季，符合天道的自然运行，故称"夏数得天"。但刘歆引此文，重在阐说火星出现之月在三代正朔中的月份换算，即夏的三月就是商的四月、周的五月，如此，在同一月中，夏、商、周的月份成为顺数的模式，天道与人道协同，而不是《公羊》家以三代正朔"逆数三而复"的否定式。在这个模式中,三代的关系不再是"继乱世者其道变",而是正统相继。历史发展的形式只有继承的常态,没有革命的变态。刘歆接着将逆数的黑(夏)、白(商)、赤(周)三统改为顺数的天统(周建子赤色)、地统(商建丑白色)、人统(夏建寅黑色)。在这个统绪中,夏、商、周各为一统,登降于天、地、人之间,周还于五行相生之道。夏、商、周三正的次序由时间关系改为空间关系。

此外,由于汉宣帝时改土德为火德,刘向父子以《周易》"帝出乎震"为据,提出了汉为尧后火德的历史根据,刘歆《世经》以五帝三王皆依五德相生的次序,指出周为木德、汉为火德。《汉书·高帝纪·赞》引刘向《高祖颂》曰:

> 汉帝本系,出自唐帝。降及于周,在秦作刘。涉魏而东,遂为丰公。

《郊祀志·赞》曰:

> 刘向父子以为"帝出于震",故包羲氏始受木德,其后以母传子,终而复始,自神农、黄帝下历唐虞三代而汉得火焉。故高祖始起,神母夜号,著赤帝之符,旗章遂赤,自得天统矣。

《汉书·律历志》所引刘歆《三统历谱》之《世经》呈现出这样的五德相生的朝代模式:

> 太昊帝（伏羲）木德——炎帝（神农）火德——黄帝土德——少昊帝金德——颛顼帝水德——帝喾木德——唐帝（尧）火德——虞帝（舜）土德——伯禹金德——成汤水德——武王木德——（"秦以水德，在周汉木火之间，周人迁其行序"）——汉高祖皇帝（"伐秦继周，木生火，故为火德"）

总之，汉代的朝代统绪在上述语境中成了继周的正统，而不是《春秋》中加以损益的"新王"，这就消解了《公羊》学的革命色彩。

东汉章帝时，贾逵欲立《左传》，章帝"善逵说，使出《左氏传》大义长于二传者"。贾逵奏曰：

> 《左氏》义深于君父，《公羊》多任于权变，其相殊绝，固以甚远，而冤抑积久，莫肯分明。

因此，《左传》学特别强调君父尊卑，这在贾逵学生许慎的《五经异义》中可以明显地察知。[1] 在这样的经学思想背景下，我们才可以理解伪古文经传及孔颖达《尚书正义》强调武王伐商之后才能改正朔、易王号的逻辑。

东汉以降，《公羊》学的"王正月"说逐渐被《左传》学的

---

[1] 参见徐兴无：《东汉古学与许慎〈五经异义〉》，《经纬成文——汉代经学的思想与制度》，南京：凤凰出版社，2015年。

"王周正月"说代替。西晋杜预解释《春秋经》"元年春,王正月"曰:"隐公之始年,周王之正月也。凡人君即位,欲其体元以居正,故不言一年一月也。"解《左传》"王周正月"曰:"言周以别夏殷。"如此,隐公之始年,不再是带有宇宙元气和受命意涵的元年,"王正月"的书例仅指周天子所颁历法的正月,不再是三王和文王的正月。孔颖达《春秋左传正义》解说《春秋经》"元年春,王正月"时,对《公羊》之说特加批驳,其曰:

> 郑康成依据纬候以正朔三而改,自古皆相变。如孔安国以自古皆用建寅为正,唯殷革夏命而用建丑,周革殷命而用建子。杜无明说,未知所从。正是时王所建,故以"王"字冠之,言是今王之正月也。

郑玄所依谶纬"正朔三而改",即董仲舒"逆数三而复";孔安国则以夏以前皆建寅,殷夏革命才有改正之历,故"王正月"非三王之正而是今王之正。《春秋左传正义》又曰:

> 周以建子为正,则周之二月三月皆是前世之正月也,故于春每月书"王"。王二月者,言是我王之二月,乃殷之正月也。王三月者,言是我王之三月,乃夏之正月也。既有正朔之异故每月称王以别之。何休云:"二月三月皆有王者,二月殷之正月也,三月夏之正月也。王者存二王之后,使统其正朔,服其服色,行其礼乐,所以尊先圣,通三统,师法之义,恭让之礼。"服虔亦云"孔子作《春秋》,于春每月书'王',以

统三王之正"。其意以为"王二月""王三月",王是夏殷之王,谓大禹、成汤也。为周室之臣民,尊夏、殷之旧主,每月书"王",敬奉前代,揆之人情,未见其可。杞、宋,二王之后,各行己祖正朔。宋不行夏,杞不行殷,而使天下诸侯遍视二代,考诸典籍,未之或闻。杞、宋不奉周正,周人悉尊夏、殷,则是重过去而忽当今,尊亡国而慢时主,其为颠倒,不亦甚乎!且经之所言"王二月""王三月",若是夏殷之王,当自皆言正月,何以言"王二月""王三月"乎?谓之二月三月,其王必是周王,安得以为夏殷王也?若如《公羊》之说,《春秋》黜周王鲁,则杞非王后,夏无可尊,复通夏正何也?

王正月、王二月、王三月虽包含了三王之正,但只是今王"存三统"的礼制,并非实指三王之正朔,而正因为有三王正朔之异,所以特书"王"于前,强调是"我王"之月。如依《公羊》之说,则夏后之杞、殷后之宋不奉周正,周之臣民反而要奉夏殷的正朔,这不符合《左传》"深于君父"之义,且《公羊》中已视杞国非王者之后,不再尊夏,又何必要尊崇夏正呢?于是《春秋左传正义》总结道:

> 受命之王必改正朔,继世之王奉而行之,每岁颁于诸侯。诸侯受王正朔,故言"春王正月",王即当时之王。《序》云"所书之王即平王",是其事也。《公羊传》曰"王者孰谓?谓文王也"。始改正朔,自是文王所为,颁于诸侯,非复文王之历。受今王之历,称文王之正,非其义也。

所以,《春秋经》中的"王正月"当是东周平王所颁历法的正月,始改正朔者虽是文王,但颁于诸侯的历法是周代各位今王的历法。此时,孔颖达似乎也承认周之正朔为文王所改,与《泰誓》篇《正义》"何以得为文王身称王,已改正朔也"的说法发生了矛盾。因此,所谓"通经释义"的方法,尽管运用文献与史事来考释经义,但基于政治思想和学派立场,只能曲解经文,难免自相矛盾。

总　结

通过对"王正月"的分析,可见汉代《春秋》学语境的改变及其对其他经说的影响。历史叙事的模式差异,意味着汉朝政治理想的改变,从"拨乱世反之正,莫近于《春秋》"(《史记·太史公自序》),转变为"郁郁乎文哉!吾从周"(《论语·八佾》);从改朝换代的革命者转变为礼乐文化正统的继承者,这正是东汉古学与西汉今学在政治思想上形成差异的历史原因,汉代《尚书》说和伪古文《尚书》说同样体现出这样的演变。经学家在解释经典时,其实都是在解释当下。

俞樾的文体自觉与四部学问

——读《俞樾全集》五题

程章灿

(南京大学文学院)

内容摘要：俞樾既是学者，又是文人，他的双重身份及其融汇，突出地体现在他对学术与文学两类著述的文体自觉之上。以学术著述而言，其《群经平议》和《诸子平议》二书，都采用"平议"这种文体，这种富有特色的述学文体对二十世纪的学术界产生了相当大的影响。《古书疑义举例》所采用的"举例"体，承上启下，奠定了其在学术史上的经典地位。俞樾文学创作中所体现的文体自觉更为明确：其诗集编撰呈现年谱体与日记体特色，其日记书写采用《春秋》笔法，其笔记小说融汇学术考据，其楹联创作具有金石学与经学根底，其学术笔记与诗文评合二为一，无不体现其渊通深厚的学术背景。总之，俞樾善于融合新世界与旧传统，善于融会贯通经史子集四部学问，汲古养新，在文化传承上做出了突出的贡献。

关键词：俞樾；《俞樾全集》；文体特色

2021年是晚清著名学者俞樾（1821—1907）诞辰两百周年。凤凰出版社适时推出了由汪少华、王华宝两位教授主编的皇皇三十二册《俞樾全集》[1]，为俞樾诞辰两百周年纪念献上了一份厚礼。俞樾一生博览群书，四部兼通，著作等身，新版《俞樾全集》是最好的见证。从俞樾所留下的著述及其所取得的成就来看，他既可以被列为《儒林传》中的人物，也可以被立为《文苑传》的传主。从儒林的角度来说，他撰有《群经平议》《诸子平议》《古书疑义举例》等传诵久远的学术著作。从文苑的角度来说，他著有诗词、笔记、小说、杂传、楹联等各体文学作品。一方面，这是两类迥然不同的著述，前者确立的是作为朴学家的俞樾的形象，而后者确立的是作为文学家的俞樾的形象。另一方面，由于学者俞樾和文人俞樾毕竟统于一身，因此，这两类著述之间又是相互关涉的，彼此之间有诸多联结和互动。关于俞樾的双重身份及其在两类著述上的突出贡献，前人已经有不少论述，[2]本文不拟重复。本文认为，俞樾在上述两类著述中，都体现了突出的文体自觉。以学术著述而言，其《群经平议》和《诸子平议》二书，都采用"平议"这种文体，这种富有特色的述学文体对二十世纪的学术界产生了相当大的影响。[3]《古书疑义举例》所采用的"举例"体，上承明

---

[1] 汪少华、王华宝主编：《俞樾全集》，南京：凤凰出版社，2021年。下文引用时简称"《俞樾全集》本"。
[2] 例如杜桂萍、马丽敏：《经学思维与俞樾戏曲创作》，《社会科学辑刊》2015年第6期；张晓兰：《以经学为戏曲——论清代东南朴学大宗俞樾的戏曲创作和批评》，《文化艺术研究》2017年第4期。
[3] 例如，钱穆有《两汉经学今古文平议》，北京：人民文学出版社，2020年；黄焯有《诗疏平议》，上海：上海古籍出版社，1985年；张舜徽有《史学三书平

代王行《墓铭举例》等著述[1]，而下开近现代人的同类著述，源源不绝，从而进一步奠定了《古书疑义举例》在学术史上的经典地位。[2]尽管"平议""举例"二体主要集中在学术著作而非具体的文学篇章之中，但它们毕竟代表了俞樾所常用并且偏爱的两种述学文体。相对而言，俞樾文学创作中体现出的文体自觉更为明确，其背后的支撑实为俞樾深厚的学术背景。从文体的视角切入来探讨俞樾的文学与其学术的关系，以往关注者较少，但其实是更有意思，也更有意义的。

俞樾一生主要生活在十九世纪的中国，在他之前，中国文学已经有了三千多年的发展历史，中国诗歌也已有三千多年的发展历史。这三千多年的文学史和诗歌史对俞樾产生了怎样的影响？换句话说，俞樾是怎样看待中国文学史和中国诗歌史的？或者更准确地说，作为一位十九世纪的诗人、文学家，俞樾对中国文学有哪些独特的想法和创新呢？窃以为可以透过文体的视角，尝试对这些问题进行回答。

一、诗集编撰的年谱体与日记体

在文学创作中，俞樾投入精力最多的文体之一是诗歌。俞樾诗

  议》，北京：中华书局，1983年；黄寿祺有《易学群书平议》，北京：北京师范大学出版社，1988年。
[1] 此书收入《四库全书》，易得。
[2] 例如，1956年中华书局出版的《古书疑义举例五种》，其中除了《古书疑义举例》之外，还收入《古书疑义举例补》《古书疑义举例续补》《古书疑义举例校录》《古书疑义举例增补》等四种。

作主要见于《春在堂诗编》《曲园自述诗》《补自述诗》《春在堂词录》等四种著作之中，《俞樾全集》将其合订为两册。此外，俞樾还有少量一些诗作，散见于《风园杂纂》《春在堂随笔》《茶香室丛钞》等书中。总体来看，俞樾诗作数量不算特别多，但在题材和形式上都有鲜明的特点。

第一，在编排形式上，俞樾《春在堂诗编》是严格按照系年顺序编排的。《春在堂诗编》计二十三卷，前十五卷"底本原目录自'乙甲编弟一'至'甲丙编弟十五'，皆注明干支纪年起讫，但无后八卷之目"。[1]其实，《春在堂诗编》后八卷仍然采用类似的编纂体例，分别命名为"丁戊编""己庚编""辛丑编""壬寅编""癸卯编""甲辰编""乙巳编""丙午编"。其中，前两卷"丁戊编""己庚编"的命名格式与前十五卷完全相同，此二卷所收诗跨越不同年份，两个天干分别代表卷首与卷尾诗所在的两个年份。从"辛丑编"开始的六卷，每卷所收皆为当年所作诗，一年一卷，并以当年的干支命名。《春在堂诗编》的这种编排体例，为俞樾诗歌的编年研究提供了极大的方便。当后人为俞樾编制年谱之时，这些严格按照系年顺序编排的诗集，就成为最方便使用的材料。换句话说，《春在堂诗编》的编排具有明显的年谱特点，具有年谱体的特征。

第二，在具体写法上，《曲园自述诗》和《补自述诗》是两组自述生平的组诗，是对《春在堂诗编》的重要补充。《曲园自述

---

[1] 俞樾著，谢超凡整理：《春在堂诗编·目录》，《俞樾全集》本，第1页。

诗》"成于己丑五月，凡一百九十九首诗"[1]，己丑是光绪十五年（1889），其时俞樾六十九岁。《补自述诗》共八十首，作成于十四年后，即光绪癸卯年（1903），意在补前者之遗，其时俞樾已八十三岁。[2]这两种诗集有三点突出的一致性：一是形式上皆为七言绝句，二是题材上皆属于"自述"，三是每篇皆有大量自注，而自注的内容包括补充叙述生平事迹，对诗篇正文进行补充，明确标注其时间、地理或人事背景。如果说《春在堂诗编》是对俞樾年谱的补充，具有年谱体的特征，那么，《曲园自述诗》和《补自述诗》就是对俞樾日记的补充，具有日记体的特征。从这些诗作中可以看出，俞樾喜欢把诗歌当作日记来写，这两组诗歌的自传性色彩特别浓厚，其对日常生活记录的具体与细密，弥补了俞樾日记书写的不足。例如关于《东瀛诗选》编撰的过程，《曲园自述诗》中有详细的记录。其诗云："海外诗歌亦自工，别裁伪体待衰翁。颇唐旧日辀轩使，采尽肥前筑后风。"俞氏自注云："日本国人以其国诗集一百七十余家寄中华，求余选定。自壬午冬至癸未夏，为选定四十卷，又补遗四卷。其国之诗自元和、宽永以来，略备于此矣。日本向无总集，此一选也，实为其国总集之大者，颇盛行于海东也。"[3]从这首诗及其自注中，我们不仅可以清楚地了解此书编

---

[1] 俞樾著，谢超凡整理：《曲园自述诗》，《俞樾全集》本，第953页。
[2] 按：从光绪己丑年至光绪癸卯年，相隔十四年，盖《补自述诗》第一首作于光绪辛丑年（1901），相隔十二年，而最后几首成于光绪癸卯年，相隔十四年。《补自述诗》第一首："十二年前《自述诗》，而今再补昔年遗。"俞氏自注云："余前作《自述诗》，迄于光绪己丑五月。"第七十七首俞氏自注："癸卯年六月二十七日丑时，孙妇又举一男。"第八十首俞氏自注："《自述诗》止此矣。余今年八十有三。"见《俞樾全集·补自述诗》，第957、968、969页。
[3] 俞樾著，谢超凡整理：《曲园自述诗》，《俞樾全集》本，第948页。

撰的过程及其起讫岁月，也可据以探知俞樾本人对此书性质及其意义的认识。总之，这两组自述诗是俞樾诗作日记体特征最为典型的例证。

第三，在内容侧重上，俞樾诗作重视对日常生活的记录，尤其重视捕捉日常生活中的新异内容。读《春在堂诗编》，最强烈的一个感受是，俞樾的诗歌题材体现了他面向世界的开阔视野。可以说，他是一个面向世界或者说放眼看世界的诗人。浏览俞樾的诗作可以发现，其中很多内容是十九世纪其他诗人没有看到、没有写到，甚至没有想到的。他对外国的风物很有兴趣，例如他曾题咏过日本樱花，还在自己的曲园中栽种过一株日本樱花；[4]他也曾题咏过西洋水仙；[5]他还兴致勃勃地品尝过友人馈赠的意大利面，并留下诗篇。[6]对于被大多数传统士人鄙视为"奇巧淫技"的近现代西方科学技术，俞樾充满了好奇，并以开放的胸怀去接纳之。他在诗中曾多次写到西方的照相技术，也题咏过留声机器。[7]当时苏州有一位名叫柏乐文的美国医生，"能洞见人藏府。其法以一球盛电气，使人背球而立，一人以镜窥之，则藏府毕见"，俞樾遂作一诗，"以纪其异"。[8]实际上，这就是早期的透视仪器。俞樾还在诗中写到意大利维苏威火山（他诗中写作"非素伊山"）爆

---

[4] 俞樾著，谢超凡整理：《春在堂诗编》，《俞樾全集》本，第693、735、868页。参看张燕婴：《诗文为媒：俞樾的日本观察、交往与书写》，《中国典籍与文化》2022年第2期。

[5] 俞樾著，谢超凡整理：《春在堂诗编》，《俞樾全集》本，第869页。

[6] 俞樾著，谢超凡整理：《春在堂诗编》，《俞樾全集》本，第790页。

[7] 俞樾著，谢超凡整理：《春在堂诗编》，《俞樾全集》本，第673、757、784页。

[8] 俞樾著，谢超凡整理：《春在堂诗编》，《俞樾全集》本，第903页。

发的情景，[1]虽然是得自传闻，但也足以说明他对世界的浓厚兴趣。《春在堂诗篇》中有很多与日本、朝鲜学者唱酬的作品。[2]日本著名文献学家岛田翰致力于收集俞樾的稿本，曾专程来到中国苏州请俞樾帮忙。俞樾的名声也因此传播至国外，在日本的影响尤其大。俞樾对外国的文学作品也持开放的态度，常饶有兴致地展开阅读。他读过不少外国小说，曾在一首诗题中自言，"沪上近来新出外国小说甚多，病中无事，借以自遣"。[3]如前所述，他也曾在日本学者协助下编成《东瀛诗选》四十卷，共选录五百多位日本诗人的五千二百首诗。[4]可以说，他是最早关心域外汉文学的晚清学者之一。国内通行的中国文学史著作在讲到十九世纪的诗歌之时，大多突出黄遵宪（1848—1905），将其推许为晚清"诗界革命"的主将，特别表彰其"我手写吾口，古岂能拘牵"的创作主张，表彰其敢于将新事物、新名词、新文化、新思想注入诗中，抒写"古人未有之物，未辟之境"。[5]俞樾大体上与黄遵宪同时代，而年辈略早，他以中国传统诗体写他在十九世纪所看到的新世界、新生活、新事物，如果不是比黄遵宪略早，至少也与其同时。而文学史家们往往忽略了俞樾在这一环节上的历史位置。此外，值得强

---

[1] 俞樾著，谢超凡整理：《春在堂诗编》，《俞樾全集》本，第870页。
[2] 如《春在堂诗编》（《俞樾全集》本）第749、763、819、827、840页等等，不胜枚举。
[3] 俞樾著，谢超凡整理：《春在堂诗编》，《俞樾全集》本，779页。
[4] 此书今有整理本，见俞樾编：《东瀛诗选》，曹昇之、归青点校，北京：中华书局，2016年。
[5] 如袁行霈先生主编的《中国文学史》（第二版）第九编第三章"黄遵宪、梁启超与近代后期诗文词"，北京：高等教育出版社，2005年。按，"古人未有之物，未辟之境"一语，见黄遵宪：《人境庐诗草·自序》，陈铮主编：《黄遵宪集》第一册，北京：中华书局，2019年，第110页。

调指出的是，俞樾很重视用诗歌记录日常生活的内容，他诗中写到的新世界、新生活和新事物，就是他所记录的日常生活中最新异、最重要的一部分。

二、日记书写中的《春秋》笔法

现存俞樾日记计有两种，即《春在堂日记》和《曲园日记》，在《俞樾全集》中合订为一册。《春在堂日记》"起于同治六年正月初一（丙辰），终于光绪二年十二月三十日（丙辰），整整十年（即1867年2月5日—1877年2月12日）。其间几乎每天大大小小的人事与活动，包括寄出和收到的信，前往拜访和登门来访的人，上门诊病医生的姓名，第三代出生与亲朋好友去世的时辰，杭州诂经精舍以及清溪书院、五湖书院、龙湖书院、上海求志书院的考题以及成绩前二十名学生的姓名……都一一记载，确是俞樾研究的第一手资料"。[1]《曲园日记》"光绪壬辰（1892）春所记"，"起于阴历二月初十日，终于四月初三日，其年二月小，三月大，共记录了五十三天的起居情况"。[2] 总体来说，俞樾留下的日记的体量不是很大。

俞樾曾孙俞平伯曾表示，俞樾"不经常做日记"[3]，但并没有解释其中缘故。窃以为，俞樾"不经常做日记"的原因主要有两

---

[1] 俞樾著，孙炜整理：《春在堂日记·前言》，《俞樾全集》本，第7页。
[2] 邓云乡：《读〈曲园日记残稿〉》，《学林漫录》第五集，北京：中华书局，1982年，第62页。
[3] 孙玉蓉编：《俞平伯书信集》，开封：河南教育出版社，1991年，第51—52页。

个：其一，这与他的诗歌写法有关，他的日常行事与人际交往大多已见于其唱酬诗作之间；其二，这与他的日记体例有关。俞樾十分重视日记文体，讲究体例，下笔审慎。他将这些体例明确载录于日记之中，下面略举数例：

> 凡客来不见则不书。
> 不书晴雨，与上日同也。凡晴雨与上日同不书。[1]
> 得马谷山抚部书、杜小舫观察书，不书月日，书无月日也。得王补帆正月八日书。
> 未见而书，以自远来也。[2]
> 自此以前皆失记，记剃头始此。[3]
> 吾师莫府聚天下英才，故详志之，俾勿谖焉。[4]

上述诸条涉及见客、天气、收信以及其他书写体例，可见俞樾对自己的日记要写什么、不写什么以及如何写是相当慎重的，他事先制订了体例，并且严格遵守。他对"凡客来不见则不书"一条似乎特别重视，几乎在每年日记的开头都要重申一下这个体例，可能兼有提醒自我和提示读者两种用意。偶有例外，则加注说明："未见而书，以自远来也。"

读俞樾日记，不能不关注他的体例。他在日记中，每天记录收

---

[1] 俞樾著，孙炜整理：《春在堂日记》，《俞樾全集》本，第8页。
[2] 俞樾著，孙炜整理：《春在堂日记》，《俞樾全集》本，第9页。
[3] 俞樾著，孙炜整理：《春在堂日记》，《俞樾全集》本，第19页。
[4] 俞樾著，孙炜整理：《春在堂日记》，《俞樾全集》本，第26页。

到哪些亲友的来信，有的明确标明这封来信是几月几日写的，有的则未标注明确的日期，那是因为来信中本来就没有落款日期。如果不明白这一体例，就无法理解俞樾的细密用心。从根本上看，这种日记写法是模仿《春秋》笔法的。《春秋》有笔法，虽然《春秋》三传对于笔法的解释各有不同，但三家都承认《春秋》笔法之中寓有褒贬，存有义例。如《春秋经》鲁庄公二十三年"夏，公如齐观社"，《左传》："君举必书。书而不法，后嗣何观？"[1]《公羊传》卷八则曰："何以书，讥。何讥尔？诸侯越竟观社，非礼也。"[2]《穀梁传》卷六云："常事曰视。注：视朔是也。非常曰观。"[3]有鉴于此，晋人杜预撰《春秋释例》十五卷，以为"经之条贯，必出于传，传之义例，总归于凡。《左传》称凡者五十，其别四十有九，皆周公之垂法，史书之旧章，仲尼因而修之，以成一经之通体"。[4]《春秋释例》卷十一"经传长历第四十六之二"列举鲁庄公元年以降各年十二月长历，《春在堂日记》每年之前亦列十二月长历，心摹手追。可以说，俞樾在日记写作中引入经学义例，用经学家的态度来写日记，一方面立意高古，另一方面也给日记写作带来严格的要求，不能随意落笔，这就限制了他在日记中的自由发挥，使他只能"不经常做日记"。

---

[1] 赵生群：《春秋左传新注》，西安：陕西人民出版社，2008年，第121、122页。
[2] 《春秋公羊传》卷八，阮元校刻：《十三经注疏》，北京：中华书局，2009年，第4857页。
[3] 《春秋穀梁传》卷六，阮元校刻：《十三经注疏》，第5179页。
[4] 永瑢等：《四库全书总目》，北京：中华书局，1965年，第212页。

三、笔记小说中的学术考据

俞樾对小说之关注,是从学者、经学家或者史学家的身份出发的。他阅读外国小说,也阅读当时流行的武侠小说,其主要的目的是消遣。武侠小说通常被认为是通俗文学,一个致力于经史之学、严肃而博雅的学者,通常是鄙薄武侠小说的,而俞樾不仅阅读《三侠五义》,甚至费时费力对其进行改编,在他那个时代,这是很罕见的行为。一直到二十世纪八十年代,文学研究界的学者都不太把武侠小说当回事,除了当作消遣,很少有人会认真写一本专著或者写一篇论文来研究武侠小说。这使我们对俞樾改编《三侠五义》一事格外惊奇。

根据《俞樾全集》本《七侠五义》整理者撰写的"前言",俞樾对于《三侠五义》的改动,可以概括为"三大一小"。"第一大改动是书名",俞樾认为小说主角实为七侠而非三侠,因此将书名改为《七侠五义》,使其更为符合实际。"第二大改动是重写小说的第一回","援据史传,订正俗说,改头换面,耳目一新"。"第三大改动是将小说的主人公之一颜查散改名为颜眘敏","理由是'以查散二字为名,殊不可解'","余疑'查散'二字乃'眘敏'之讹","这也是典型的经学家的做法"。"至于'小'改订,就是对原小说字句的修改",其例甚多,不胜枚举。[1] 总之,"作为一代经学大师,积极参与一本通俗小说的改写和修订,这样的行为在中国文学史上无论如何都算得上是一种创举,也是一

---

[1] 石玉昆述,俞樾重编,田松青整理:《七侠五义·前言》,《俞樾全集》本,第7—15页。

段佳话"。[1]具体说来,俞樾对待小说的与众不同之处,就是以考据家或者朴学家的路子来研究稗官之学。也就是说,他的稗官之学中融入了经学和史学的素养。

这种态度还体现在他的另两部笔记小说体著作《右台仙馆笔记》和《耳邮》之中。在《俞樾全集》中,这两种被合订为一册。很多学者注意到,"俞樾身为经学大师,其文学创作自然会与普通的作家有所区别,而大多数学者还是会将这两部笔记与清代前期的笔记小说、志怪小说相比较",或评论其记叙简雅,或称赞其情节生动。[2]更值得重视的是,学者们注意到,"作为以高邮王念孙、王引之父子为学术榜样的俞樾,很自然地将考据、音韵、训诂等乾嘉学人的治学态度融入文学创作中,因此加强了笔记的写实性,形成了笔记'学者化'的特点,此说成为评论的主流观点"。[3]众所周知,俞樾出生于道光元年(1821),其生活年代在乾嘉时代之后,但是,俞樾不仅在经史学术方面,而且在笔记小说写作上,都明显受到乾嘉学人的影响。这一方面是乾嘉学术影响的自然延伸,另一方面也有俞氏家学传承的因素。宋莉华在讨论清代笔记小说与乾嘉学派关系的时候,列举了俞樾在这一点上受到其曾祖、父亲影响的证据:

---

[1] 石玉昆述,俞樾重编,田松青整理:《七侠五义·前言》,《俞樾全集》本,第15页。
[2] 俞樾著,王华宝、余力整理:《右台仙馆笔记(附耳邮)·前言》,《俞樾全集》本,第4页。
[3] 俞樾著,王华宝、余力整理:《右台仙馆笔记(附耳邮)·前言》,《俞樾全集》本,第4—5页。

俞鸿渐（生卒年不详），嘉庆二十一年丙子科举人。他"于近世小说家，独推纪晓岚宗伯《阅微草堂笔记五种》"（汪俭《印雪轩随笔》序，扫叶山房石印本）。俞鸿渐所著杂俎小说集《印雪轩随笔》引今据古，俱有根底，颇具学者化特色，对他的曾孙俞樾产生了很大的影响。……俞樾（1821—1907）为晚出的清末学者，被称为乾嘉学派的殿军。其《春在堂随笔》仍打出师法《阅微草堂笔记》的旗号："余著《右台仙馆笔记》，以《阅微》为法，而不袭《聊斋》笔意，秉先君子之训也。"（卷八）[1]

光绪七年（1881）春，六十一岁的俞樾在一首诗中明确表示："注史笺经总收拾，近来学问只稗官。"[2]当时的俞樾不仅正在从事稗官这一门学问，而且他是以乾嘉学人的态度来从事这门学问的。从上文的论述可见，俞樾诗中所言并非戏谑之谈，而是严肃的学术总结。

四、楹联中融入金石学与经学根底

楹联能够成为一门学问，俞樾的前辈梁章钜（1775—1849）居功至伟。梁章钜所撰作的《楹联丛话》《楹联续话》《楹联三话》

---

[1] 宋莉华：《清代笔记小说与乾嘉学派》，《文学评论》2001年第4期。按，此处所引《春在堂随笔》语，见《俞樾全集》本《春在堂随笔》卷八，第164页。
[2] 俞樾：《右台仙馆述怀，次外弟嵇幼纯韵》，《春在堂诗编·己辛编》，《俞樾全集》本，第287页。

诸书，可以说是楹联学的开创性或奠基性著作。俞樾继梁章钜之后，于楹联之学用力甚勤，贡献甚大，值得特别表彰。总结起来，他的贡献主要有如下三点。

第一，俞樾重视楹联，他亲力亲为，撰写了一千多副楹联作品。这些作品经过整理编排，汇集为《春在堂楹联录存》一书，成为《俞樾全集》中很有特色的一册，今题《楹联录存》。据统计，"《楹联录存》收录正文五卷，附录一卷。正文五卷共收录楹联六百零三副，其中挽联三百五十六副，寿联一百三十七副，景物联九十一副，其他贺赠联十九副。附录一卷收录的是集字联，总共集联六百八十九副……全书总共收联一千二百九十二副"。[1] 这一千多副楹联可分为两个部分，其中一部分是他为亲朋好友以及日常社交应酬而写的，包括应邀为寺庙祠堂、亭台楼阁所撰的名胜联，以及挽联、寿联、祝贺新婚的喜联等，题材类型多样，辐射的社交圈子甚大；另一部分则是集字联，详见下文。此外，《曲园杂纂》和《春在堂随笔》中也有若干条谈及楹联的创作、使用与流传。

第二，俞樾编排这些楹联的方式与别人不一样。首先，他给每一副楹联都起了一个题目；其次，他在每个题目之下加了一段小序[2]，介绍这副楹联的写作背景，包括为什么地方、什么人而写，这个地方或这个人与他是什么关系，等等，以便读者更好地理解楹联的内容。例如有一副楹联题为"莫愁湖胜棋楼联"，小序云："楼有徐中山王像，相传王与明太祖奕棋而胜，即以此湖赐之。湖

---

[1] 俞樾著，刘珈珈整理：《楹联录存·前言》，《俞樾全集》本，第3—4页。
[2] 小序之体，源自《诗经》学，毋庸多言。

中荷花弥望无际。"联曰:"占全湖绿水芙蕖,胜国君臣棋一局;看终古雕梁玳瑁,卢家庭院燕双栖。"[1]晚清以来,很多学者都将自己所作楹联收入个人文集之中,但是,在收编之时,很少有人像俞樾这样用心。俞樾的确是把每一副楹联都当作一篇文学作品。梁章钜的《楹联丛话》系列之所以引人入胜,就是因为他将楹联涉及的相关人物之身份及其与作者的关系一一注明,给读者的阅读与欣赏提供了很大的方便。从这一角度来讲,俞樾收录的每一副楹联,都相当于梁章钜的一篇联话。如何收录保留楹联文献,如何传播这类文学作品,俞樾以其《楹联录存》为后来者提供了很好的榜样。

第三,《楹联录存》所录六百八十九副集字联,包括"《集秦篆·绎山碑》九十九副,《集汉隶一·校官碑》一百副,《集汉隶二·曹全碑》九十七副,《集汉碑三·鲁峻碑》一百副,《集汉隶四·樊敏碑》一百零八副,《集唐隶一·纪太山铭》八十一副,《集唐隶·集经石峪金刚经字》一百零四副"。[2]涉及秦篆、汉隶、唐隶等三种风格的书体,包括《绎山碑》《校官碑》《纪太山铭》等七种秦、汉、唐三代碑刻与摩崖石刻经典。这些楹联作品文辞古雅,举重若轻,是俞樾高超的楹联技巧与深湛的金石学识完美结合的结果,对楹联以及七种石刻碑铭文本与书法的传播及其经典化,都产生了积极的推进作用。"此外,俞樾《曲园杂纂》中有《春秋人地名对》一卷,收入人名对六十四副(例如'韩不信'对'陈

---

[1] 俞樾著,刘珈珈整理:《楹联录存》,《俞樾全集》本,第44页。
[2] 俞樾著,刘珈珈整理:《楹联录存·前言》,《俞樾全集》本,第4页。

无须'),地名对五十七副(例如'翳桑'对'槜李')。"[1]对偶是对联的基础,能从《春秋》文本中集齐人地名对一百二十一副,足见俞樾对《春秋》文本的精熟。

总之,俞樾能对楹联学做出如上所述的贡献,是与他的金石学以及经学根底分不开的。

五、学术笔记与诗文评的融汇

在汪少华、王华宝两位主编的《俞樾全集》出来之前,一些俞樾著作早已有了单行本,例如《茶香室丛钞》就有中华书局出版的单行本,收入该社编辑的"学术笔记丛刊"。[2]毫无疑问,《茶香室丛钞》是一本学术笔记,顾名思义,其内容特点是"丛杂",其形式特点是"杂钞"。但是,从某个角度来看,它也可以说是一部诗文话,因为书中有很多既饶有趣味也富有意味的诗文评材料。这里姑举二例。例一:

> 国朝冒丹书《妇人集补》云:"秣陵丁雄飞妇卜氏,名昙,字四香。雄飞在燕都,得四香手书,书中念字俱少一画。始悟念字从人从二心,中去一画,殊见用意也。"按:念本从今从心,非从人从二心也。然闺阁雅意不当泥六书论。[3]

---

[1] 俞樾著,刘珈珈整理:《楹联录存·前言》,《俞樾全集》本,第4页。
[2] 俞樾:《茶香室丛钞》(全四册),贞凡、顾馨、徐敏霞点校,北京:中华书局,1995年。
[3] 俞樾:《茶香室丛钞》卷九"念字去一画"条,《俞樾全集》本,第252页。

丁雄飞是明末清初南京有名的藏书家，其妻卜氏经常资助他买书。丁雄飞远在北京时，卜氏因不放心他，写信时经常旁敲侧击地警告他在外不可有二心。据说她在家书中写到"念"字的时候，采取了一种特殊的写法，不是写作"人""二""心"，而是写作"人""一""心"，为的是提示丁雄飞要一心一意，不能有二心。博览群书的俞樾读到《妇人集补》此条时，情不自禁地引录了这段有趣的故事，并且发表评论，既点明卜氏笔下隐含之意，又表示妇道人家不通六书之学情有可原，可以理解。这段故事不仅可备闺阁风雅之谈资，亦是研究古代女性文学之资料。由此可见，俞樾虽为经学名家，但其读书善于知人论世，为人通达。

例二：

> 明徐燉《笔精》云："饶州番君庙碑，赵文敏书，厚七八寸。文敏在京，郡人欲乞其书碑，重不可载，乃锯其碑面寸许，载至京。文敏书毕，仍合竖之。予至饶，见其合缝宛然，昔人好事如此。"按：此知元时书碑犹无不据石书丹也。[1]

赵文敏即元代大书法家赵孟頫，书名极盛于时，立碑者都想求他书写。但是他有一个条件，即凡是求他书碑者，必须把碑石运到北京赵府。饶州（治今江西鄱阳县）与北京相隔遥远，《番君庙碑》碑石巨大，要把碑石运到赵府，自然十分艰难。有人想了一个

---

[1] 俞樾：《茶香室丛钞·茶香室四钞》卷十五"锯碑求书"条，《俞樾全集》本，第2187—2188页。

办法,将碑石锯薄,这样重量减轻了,运输也就方便了。从这条故事中可以看出当时书碑与立碑的程序,可以看出《番君庙碑》文本生成的过程,也可以看到赵孟頫书法在当时的广泛影响。《茶香室丛钞》中辑录了很多诸如此类的诗文评资料,往往附有俞樾的点评发挥,既体现俞樾的阅读面之广,也体现其视角之独特。除了《茶香室丛钞》之外,俞樾还有其他杂钞笔记之类的书(如《俞楼杂纂》等),也蕴藏有很多诗文评材料,包括诗话、词话、赋话、文话等。俞樾学问涉及经史子集四部,渊通广博,而最适于将各类学问杂糅集合的,就是这类杂钞笔记著述。这类著作不仅值得文学研究者重视,也值得传统学术研究者关注。从文学研究的角度来说,《茶香室丛钞》正是俞樾把经史考据与诗文话或诗文评写作相结合的结果。

借用当下的一种说法,俞樾是十九世纪的"20后",他的生活贯穿了1821年之后的整个十九世纪。十九世纪四十年代以后,中国社会在应对西方列强的侵略和外来文化的冲击的同时,其固有文化也发生了各种改变。要了解十九世纪的中国文化,俞樾是非常好的样本,他所留下的《俞樾全集》是十分珍贵的文献。俞樾善于把新世界与旧传统融合起来,善于把经史子集四部学问融汇起来,汲古养新,在文化传承上做出了突出的贡献。上文从五个方面略加论述,只是管窥蠡测而已。我们应该在此基础之上,从俞樾传承文化的方式与方法中,汲取建设中华民族现代文明的启示,这才是我们今天纪念这位二百年前诞生的先贤的文化意义之所在。

清武英殿本《礼记注疏》平议

王 锷

(南京师范大学文学院)

内容摘要：殿本《礼记注疏》六十三卷是清代政府组织刊刻的《十三经注疏》之一，与《礼记注疏》他本相比，殿本《礼记注疏》句读全书经注疏文和释文，撰写"考证"近七百条，揭示《礼记注疏》文字以及礼制等问题，借助毛本校改部分讹误。然因主事者齐召南等人看到的《礼记》版本有限，监本大量的缺文和错误未能补正。殿本《礼记注疏》之"句读"和"考证"，对《四库》本、阮刻本有一定影响，于当今古籍整理和经学文献研究，仍有借鉴价值。

关键词：武英殿本；《礼记注疏》；《十三经注疏》；经学文献

清武英殿本《十三经注疏》（简称"殿本"）是继元十行本与明闽本、监本、毛本《十三经注疏》[1]之后，清代政府组织刊刻

---

[1] 元十行本为《中华再造善本》影印北京市文物局藏元刻明修本《礼记注疏》

的第一部《十三经注疏》,其中《礼记注疏》六十三卷[1]。对于殿本《礼记注疏》,李寒光《〈礼记注疏〉武英殿本及其考证研究》[2]、任美玲《清代武英殿本〈礼记注疏〉句读及〈考证〉研究》[3]两篇硕士学位论文已有比较全面的考察。然与元十行本及明闽本、监本、毛本,乃至清阮刻本[4]《礼记注疏》相比较,从古籍整理角度来看,殿本在《礼记》版本谱系中具有怎样的学术地位?二百八十多年后的今天,如何评价殿本《礼记注疏》?以上问题尚须讨论。我们从殿本《礼记注疏考证》特点、殿本《礼记注疏》补缺、殿本《礼记注疏》校勘三个方面,考察说明。

一、殿本《礼记注疏考证》特点

明代嘉靖十五年至十七年(1536—1538),李元阳、江以达等在福州刊刻闽本《十三经注疏》;明万历十四年至二十一年

　　六十三卷;闽本有东京闽本与哈佛闽本,东京闽本为日本东京大学东洋文化研究所藏明嘉靖李元阳刻本《礼记注疏》六十三卷,哈佛闽本为美国哈佛大学汉和图书馆藏明嘉靖李元阳刻本《礼记注疏》六十三卷;监本为日本东京图书馆藏明国子监刻本《礼记注疏》六十三卷;毛本有东京毛本与哈佛毛本,东京毛本为日本东京大学东洋文化研究所藏明崇祯毛晋汲古阁刻本《礼记注疏》六十三卷,哈佛毛本为美国哈佛大学汉和图书馆藏明崇祯毛晋汲古阁刻本《礼记注疏》六十三卷。

[1] 殿本《礼记注疏》以线装书局 2013 年影印武英殿《十三经注疏》本为据。
[2] 李寒光:《〈礼记注疏〉武英殿本及其考证研究》,山东大学 2013 年硕士学位论文。
[3] 任美玲:《清代武英殿本〈礼记注疏〉句读及〈考证〉研究》,华东师范大学 2017 年硕士学位论文。
[4] 阮刻本为 1980 年 10 月中华书局影印清嘉庆二十年至二十一年(1815—1816)南昌府学刻《十三经注疏》本《礼记注疏》六十三卷。

（1586—1593），北京国子监刊刻监本《十三经注疏》；崇祯元年至十三年（1628—1640），毛晋汲古阁刻毛本《十三经注疏》。在近一百年中，明代官府、私人先后三次刊刻《十三经注疏》。自顺治元年（1644）清朝建立至乾隆元年（1736），近一百年间，监本与毛本，尤其是毛本《十三经注疏》，经康熙年间修补刷印，仍然在市场通行。读书人研读经学，监本、毛本《十三经注疏》是主要读本。乾隆登基伊始，设三礼馆，纂修《三礼义疏》，下旨令武英殿刊刻《十三经注疏》，这是清代经学发展的必然结果。

殿本一大创新是增加"考证"。乾隆三年（1738）十二月十五日，大学士张廷玉上奏："重刊经史，必须参稽善本，博考群书，庶免舛讹。"乾隆四年（1739）初，方苞任经史馆总裁，要求将经史校勘发现的错误"一一开列，进呈御览"，这就是撰写"校勘记"，即殿本《十三经注疏》"考证"之由来。武英殿校勘《十三经注疏》，方苞提出"先对《十三经》，互稽经传以考舛误，限八月内将底本对完。臣等细加斟酌，缮折进呈御览"。乾隆十一年（1746）年底，武英殿经史校刻完毕，《十三经注疏》凡三百四十六卷十七函。[1]

殿本《礼记注疏考证》，李寒光认为是以毛本《礼记注疏》为底本，用监本对校，参校陈澔《礼记集说》与其他《礼记》经注疏文等撰写的。[2] 齐召南《礼记注疏考证跋语》曰：

---

[1] 张学谦：《武英殿本〈二十四史〉校刊始末考》，《文史》2014年第1辑，第96—106页。
[2] 李寒光：《〈礼记注疏〉武英殿本及其考证研究》，第26—41页。

侍读臣齐召南谨言：《礼记》之列学官也，自郑康成注行，遂配《仪礼》《周官》称"三礼"。自孔颖达正义行，遂配《周易》《尚书》《毛诗》《左氏春秋》称"五经"。汉时称"五经"者，《礼》惟高堂所传，即《周官》不得比并。唐以后，小戴学盛，二礼古经之学反俱不及，其故何耶？《记》本丛书也，撰录非一人，荟粹非一说，自孔门弟子下逮秦汉诸儒所记，并采兼收，故虽不能有纯无杂，然其大者，如《大学》《中庸》，广博精深，为圣贤传道之经训；《曲礼》《少仪》《内则》，实小学之支流余裔；《玉藻》《郊特牲》《文王世子》，实朝庙之文物典章也；《冠》《昏》《乡饮酒》《射》《聘》《燕》诸义，《丧服小》《大》《杂记》《服问》《间传》《曾子问》《三年问》诸篇，既皆《仪礼》之正解余论；而《深衣》《奔丧》《投壶》，则又古经之剩简佚篇，可以补《仪礼》所不及者。《记》以兼收并采而纯杂相半，亦以兼收并采而巨细不遗，选言宏富，便于诵习，视《仪礼》难读、《周官》不全，相去固有间也，此《记》之以丛书得称为经也。康成汉代大儒，兼通五经，尤精礼学，其于《记》也，廓马融、卢植余业，参以《仪礼》《周官》异同，订讹纠缪，索隐钩深，导绝壑断港于通川，辟榛莽崎岖为坦道，缕分条贯，厥功懋焉！虽或旁引纬书，时生异解，祫禘偏信鲁礼，《王制》多指夏殷，五庙但守玄成，七祀惟据《祭法》，六天二地，王肃驳其违，配营南郊，赵匡矫其失。譬则《明堂位》《儒行》，亦在《记》中，大醇小疵，瑕瑜自不相掩。至于礼器制度、先古遗文，本本原原，无非确有根据，故即以宋儒之好，去古注以解经也，独于礼墨守康成，亦步亦趋，不敢于轻议，岂非天人性命之旨，可据理自骋其心思；名物度数之学，必不可凭虚以拟其形似乎哉？郑注既精，孔氏与贾公彦等又承南北诸儒后，斟酌于皇、熊二家，讨论修饰，委曲详明，宜其书之垂世而行远也。国子监《十三经》板本岁久刓敝，讹谬相沿，《礼记》尤甚，《礼运》《礼器》各篇，正义缺文实多。我皇上稽古右文，加意经籍，乾隆四年特命重刊，以惠学者，在馆诸臣遍搜善本，再三雠对，是正文字，凡六年始付开雕。臣召南以读礼家居，奉敕即家编辑，校勘之说附各卷后。臣学识浅陋，不足窥礼学之万一，惟即见闻所及，取郑氏所为《仪礼》《周官》二注，以校此注之从违；取孔氏所为各经正义，以校此疏之得失，衍字脱文，略志本末，其无可据，概从缺疑。至儒先论辨有专切注疏者，亦节录焉。谨编考证如右。臣谨识。

　　福建巡抚臣周学健、詹事臣陈浩、庶子臣林蒲封，侍读臣齐召南、臣观保，侍讲臣德保、编修臣朱佩莲，检讨臣程恂、臣出科联。拔贡生臣周廷高、臣龚世楫等奉敕恭校刊。[1]

齐召南《礼记注疏考证跋语》，先说明《礼记》是丛书，自郑玄作注，地位日益提升，唐代以来，位列五经，超越《仪礼》《周官》；次指出国子监收藏监本《十三经注疏》板片"岁久刓敝，讹

---

[1] 齐召南：《礼记注疏考证跋语》，清武英殿《十三经注疏》本《礼记注疏》卷六十三附。

谬相沿，《礼记》尤甚"，其中"《礼运》《礼器》各篇，正义缺文实多"；再申述乾隆皇帝稽古右文，重视经籍，下旨重刊《十三经注疏》，殿本《礼记注疏》进呈于乾隆四年年底，刊刻于乾隆九年（1744），历时六载；后谓《礼记注疏考证》乃齐召南家居读礼之时，奉敕编辑，编写"考证"时，参考了郑玄《周礼注》《仪礼注》和孔颖达"各经正义"，校勘《礼记》疏文之"讹字脱文"，标注本末。至于参与校勘《礼记注疏》的人员有周学健、陈浩、林蒲封、齐召南、观保、德保、朱佩莲、程恂、出科联、周廷高、龚世楫等十一人。

齐召南编辑的《礼记注疏考证》有多少条？为了便于说明，我们列表如下：

表1 殿本《礼记注疏考证》统计表

卷目	考证（条）	卷目	考证（条）	卷目	考证（条）	卷目	考证（条）
序	2	卷15	13	卷32	12	卷49	14
原目	7	卷16	6	卷33	13	卷50	11
传述人	0	卷17	10	卷34	9	卷51	16
卷1	8	卷18	10	卷35	13	卷52	11
卷2	9	卷19	8	卷36	7	卷53	15
卷3	12	卷20	10	卷37	7	卷54	14
卷4	14	卷21	16	卷38	9	卷55	16
卷5	8	卷22	14	卷39	16	卷56	7
卷6	9	卷23	11	卷40	12	卷57	3
卷7	6	卷24	9	卷41	13	卷58	9
卷8	10	卷25	13	卷42	6	卷59	4
卷9	12	卷26	10	卷43	12	卷60	12
卷10	15	卷27	11	卷44	10	卷61	14

续表

卷目	考证（条）	卷目	考证（条）	卷目	考证（条）	卷目	考证（条）
卷11	10	卷28	11	卷45	14	卷62	9
卷12	14	卷29	13	卷46	16	卷63	7
卷13	11	卷30	15	卷47	7	合计	697
卷14	10	卷31	14	卷48	8		

根据表1，殿本《礼记注疏》有考证六百九十七条。其内容，涉及《礼记》经文、注文、释文、疏文和句读、分章等，具体而言，不仅涉及文字校勘、训诂，也辨析名物度数、礼仪制度，与阮元《礼记注疏校勘记》专注于校勘讹脱衍倒者有别。[1] 兹举《礼记注疏》卷五"考证"二例明辨之。例一：

> 言谥曰类。注疏空空中类字，言比类聘问之礼，请谥于天子空〇臣召南按：《礼记》疏多阙文，旧本并同，无可考补，后凡空处仿此。（5考/1/B/1—3）[2]

案：此条考证，齐召南意思是解释"言谥曰类"注文之疏，缺了三个字，旧本同，"无可考补"，后凡言"空"者，皆谓有缺文。核查元十行本，前两空字作墨钉，"天子"下不缺字，闽本、监本、毛本同。《曲礼》下"言谥曰类"郑《注》曰："使大夫行，象聘问之礼也。言谥者，序其行及谥所宜。其礼亡。"孔《疏》

---

[1] 李寒光：《〈礼记注疏〉武英殿本及其考证研究》，第42—75页。
[2] 5考/1/B/1—3指线装书局影印殿本《礼记注疏》卷五考证第1页B面第1—3行，下同。

曰:"言'象聘问之礼'者,解经中'类'字,言比类聘问之礼,请谥于天子。"[1]前两空字是"解经"二字,后一空字,本不缺字,齐召南失校,且殿本"天子"误为"天于"。

例二:

> 大飨不问卜注○吕氏曰:"冬至祀天,夏至祭地,日月素定,故不问卜。至敬不坛,埽地而祭,故不饶富。"臣召南按:郑以明堂祀五帝为解,太泥。陈澔故深取吕氏说。(5考/2/B/5—7)

案:此条考证,与文字正误无关,是征引宋吕大临、元陈澔之说,补充说明郑注解释礼制之不足。《曲礼》下曰:"大飨不问卜,不饶富。"郑《注》曰:"祭五帝于明堂,莫适卜也。《郊特牲》曰:'郊血,大飨腥。'富之言备也,备而已,勿多于礼也。"孔《疏》曰:

> 此大飨,总祭五帝,其神非一,若卜其牲日,五帝总卜而已,不得每帝问卜。若其一一问卜,神有多种,恐吉凶不同,故郑云"莫适卜",总一卜而已。"不饶富"者,富之言备也。虽曰大飨诸帝,配以文、武,然礼数有常,取备而已,不得以其大飨,丰饶其物,使之过礼。此经直云"大飨",郑知

---

[1] 王锷编纂:《曲礼注疏长编》第4册,扬州:广陵书社,2019年,第1635、1640页。

"祭五帝于明堂"者，以其上文云"不问卜"，又与《月令》季秋"大飨帝"同，诸帝皆在，不得每帝问卜。若其祫之大飨，则《周礼·宗伯》"享大鬼"皆卜，不得云不问卜，知非大祫也。郑引《郊特牲》云"郊血，大飨腥"者，取"大飨"二字，以证此大飨之文。其实彼"大飨"文在"郊"下，谓祫祭也。然此祭五帝莫适卜，而雩总祭五帝得每帝问卜者，以雩祭为百谷祈雨，非一帝之功，故每帝适卜。至于大飨之时，岁功总毕，配以文、武，祭报其功，不须每帝皆卜，故唯一卜而已。[1]

郑玄的意思是在明堂祭祀五帝，惟占卜一次，确定吉日则祭，无须五帝逐一占卜确定祭日。大飨诸帝，礼数有常，取备而已，不得过礼。孔疏进一步解读郑玄之意。但齐召南认为，郑注解释太拘泥，不如吕大临、陈澔解释清晰，故征引吕氏注释，并说明陈澔也选择吕氏之说。

那么，吕大临、陈澔是如何解释的？吕氏曰：

> 大飨，冬日至祀天，夏日至祭地也。因天地阴阳之至，日月素定，故不问卜。至敬不坛，扫地而祭，牲用犊，酌用陶匏，席用藁秸。视天下之物，无以称其德，以少为贵焉，故不饶富。《记》云"飨帝于郊"，又曰"圣人为能飨帝"，则祀天亦可称飨，均祀天地冬夏之日至为大，故曰大飨。若他飨则

---

[1] 王锷编纂：《曲礼注疏长编》第4册，第1884—1885页。

问卜，如"启蛰而郊""郊用辛"之类，及大宰祀五帝"帅执事而卜日"是也。郑氏谓大飨者，祀五帝于明堂，以总飨五帝，不知主何而卜，故曰莫适卜也。然季秋大飨既无素定之日，如冬夏至之比，又不问卜，必以人谋而用之，是以私亵事上帝，不敬莫大焉，其说固不可取矣。郊血、大飨腥，或为季秋大飨可也，然不可一例求之。盖《礼记》之文，本非一书，杂收而得之，言各有所当也。[1]

吕氏认为冬至、夏至祭祀天地，可以称"大飨"，因有固定时间，所以不需要卜日，若其他祭祀如太宰祭祀五帝等是需要卜日的。郑玄将大飨解释为祭祀五帝于明堂，不知五帝"主何而卜"，故曰"莫适卜"，这样的解释是"以私亵事上帝，不敬莫大焉，其说固不可取矣"。陈澔《礼记集说》曰：

> 吕氏曰：冬至祀天，夏至祭地，日月素定，故不问卜。至敬不坛，扫地而祭，牲用犊，酌用陶匏，席用藁秸。视天下之物，无以称其德，以少为贵焉，故不饶富。[2]

陈澔《集说》乃是对吕氏之说的简化引用。

齐召南此条考证，与《礼记注疏》的文字无关，是对《礼记》礼制和郑玄注释的考辨，类似的考证条目很多，反映了当时学者校

---

[1] 王锷编纂：《曲礼注疏长编》第4册，第1885—1886页。
[2] 王锷编纂：《曲礼注疏长编》第4册，第1888页。

勘经书的思想。

二、殿本《礼记注疏》补缺

元十行本《十三经注疏》板片流传到明代正德、嘉靖时期，因时间久远，出现了大量断裂、漫漶和残缺。正德、嘉靖间人虽然对元十行本板片进行过多次修正、补刻，但仍然存在大量缺字和漫漶不清之处，刷印成书，就有很多墨钉、缺文以及错讹。这些缺陷，被后来的闽本、监本、毛本《十三经注疏》不同程度地承袭，《礼记注疏》也不例外。殿本《十三经注疏》是清代乾隆初期由政府组织专家学者校刊的，代表了当时经学文献《十三经注疏》研究的水平，也是对清初近百年《十三经注疏》研究的一次总结。元十行本《十三经注疏》中《礼记注疏》明代补版、修版页中，墨钉缺字最多，大多数也被闽本、监本、毛本《礼记注疏》继承，故齐召南说："国子监《十三经》板本岁久刓敝，讹谬相沿，《礼记》尤甚，《礼运》《礼器》各篇，正义缺文实多。"那么，殿本《礼记注疏》与元十行本及明闽本、监本、毛本，乃至清阮刻本《礼记注疏》相比，对此前各本的缺文校补情况如何？对经注疏文的缺漏校补了多少？校补是否正确？我们以殿本《礼记注疏·礼运》篇为例探讨。

元十行本与明闽本、监本、毛本《礼记注疏》的《礼运》《礼器》篇缺文较多，殿本校刊之时，补缺的情况如何？我们以殿本《礼记注疏》为底本，抽取《礼运》篇经注之疏文，与元十行本及明闽本、监本、毛本乃至清和珅本[1]、阮刻本《礼记注疏》比勘，参校八行本《礼记正义》[2]，探讨殿本《礼记注疏》的校补情况。

《礼运》"昔者仲尼与于蜡宾"节疏曰：

> 孔子既见子游所问，若指言鲁失礼，恐其大切，故广言五帝以下及三王盛衰之事。此一经，孔子自序虽不及见前代，而有志记之书，披览可知。自"大道之行"至"是谓大同"，论五帝之善。自"大道既隐"至"是谓小康"，论三王之后。今此经云"大道之行也"，谓广□□□[3]之行，五帝时也。"与三代之英"者，英，谓英异。并与夏、商、周三代英异之主，若禹、汤、文、武等。"丘未之逮也"者，未，犹不也。逮，犹及也。言生于周衰，身不及见上代，不能备知。虽然不见大道、三代之事，而有志记之书焉，披览此书，尚可知于□□□。（21/2/A/4—8）[4]
>
> 案《仲尼弟子传》云：姓言，名偃，字子游，鲁人也。"大道，谓五帝时也"者，以下云"禹、汤、文、武、成王、□□"，□□□在禹、汤之前，故为五帝时也。云"英，俊选之尤"者，案《辨名□》□："倍人曰茂，十人曰选，倍选

---

[1] 和珅本为日本内阁文库藏清乾隆六十年（1795）和珅影宋刻本《附释音礼记注疏》六十三卷。
[2] 八行本为《中华再造善本》影印国家图书馆藏宋绍熙三年（1192）两浙东路茶盐司刻宋元递修本《礼记正义》七十卷。
[3] □，指殿本空缺一个字。
[4] 21/2/A/4—8 指线装书局影印殿本《礼记注疏》卷二十一第 2 页 A 面第 4—8 行，下同。

曰俊，千人曰英，倍英曰贤，万人曰杰，倍杰曰圣。"《毛诗传》又云："万人为英。"是英皆多于俊选，而俊选之尤异者，即禹、汤、文、武三王之中俊异者。云"志，谓识古文"者，志谓记识之名，古文是古代之文籍，故《周礼》云"掌四方之志"，《春秋》云"其善志"，皆志记之书也。（21/3/A/2—5）

这两段疏文涉及诸本文字异同者有：

1."谓广□□□之行"之"□□□"，元十行本与明闽本、监本、毛本同，八行本、和珅本、阮刻本作"大道德"。阮《校》谓"闽、监、毛本'大道德'三字缺"，是。齐氏《考证》曰："'广'字下阙三字，又，'虽然'下及'尚可知于'下并阙三字，各本俱同，无可考补。"殿本沿袭监本缺三字。

2."并与夏商周三代英异之主"之"商周三"三字，监本、毛本同，元十行本、明闽本作墨钉，八行本、和珅本、阮刻本作"殷周三"，是。阮《校》曰："并与夏殷周三代英异之主：《考文》引宋板同，监、毛本'殷'作'商'，闽本'殷周三'三字缺。"[1]殿本沿袭监本，"殷"作"商"。

3."未犹不也逮犹及也"之"不也逮"三字，八行本、监本、毛本、和珅本、阮刻本同，元十行本、明闽本作墨钉。阮《校》曰："未犹不也逮犹及也：监、毛本同，闽本'不也逮'三字

---

[1] 阮元校刻：《十三经注疏》下册，第1419页上栏。

缺。"[1]阮说是。殿本沿袭监本所补。

4."虽然不见大道"之"不见大"三字，八行本、和珅本、阮刻本同，元十行本、明闽本作墨钉，监本、毛本缺。阮《校》曰："虽然不见大道：惠栋校宋本同，闽、监、毛本'不见大'三字缺。"[2]殿本补监本等所缺"不见大"三字。

5."尚可知于□□□"之"□□□"，监本、毛本同，元十行本、明闽本作墨钉，八行本、和珅本、阮刻本作"前代也"。阮《校》曰："尚可知于前代也：惠栋校宋本同，闽、监、毛本'前代也'三字缺。"[3]阮说是。殿本沿袭监本缺文。

6."鲁人也"之"鲁"，诸本同。阮《校》曰："字子游鲁人也：闽、监、毛本同。齐召南云：'"鲁人"当作"吴人"，今常熟县即子游故里。'"[4]《史记索隐》曰："《家语》云鲁人。按：偃仕鲁为武城宰耳。今吴郡有言偃冢，盖吴郡人为是也。"[5]司马贞《索隐》盖齐氏所本。

7."以下云禹汤文武成王□□□□□在禹汤之前"之"□□□□□"，监本、毛本同，元十行本、明闽本作墨钉，八行本、和珅本、阮刻本作"周公此大道"，是。齐氏《考证》谓"成王"下缺五字，阮《校》曰："周公此大道在禹汤之前：惠栋校宋

---

[1]　阮元校刻：《十三经注疏》下册，第1419页中栏。
[2]　阮元校刻：《十三经注疏》下册，第1419页中栏。
[3]　阮元校刻：《十三经注疏》下册，第1419页中栏。
[4]　阮元校刻：《十三经注疏》下册，第1419页上栏。
[5]　司马迁：《史记》第7册，顾颉刚等点校，赵生群等修订，北京：中华书局，2018年，第2675页。

本同，闽、监、毛本'周公此大道'五字缺。"[1]殿本沿袭监本缺文。

8. "案辨名□□"之"□□"，监本、毛本同，元十行本、明闽本作墨钉，八行本、和珅本、阮刻本作"记云"，是。齐氏《考证》曰："'辨名'下阙二字，当是'记曰'。"阮《校》曰："案《辨名记》云：惠栋校宋本同，闽、监、毛本'记云'二字缺。"殿本沿袭监本缺二字。

9. "万人曰杰"之"人曰"，八行本、监本、毛本、和珅本、阮刻本同，元十行本、明闽本作墨钉。阮《校》曰："万人曰杰：监、毛本同，《考文》引宋板同，闽本'人曰'二字缺。"[2]殿本沿袭监本校补。

10. "而俊选之尤异者"之"而俊"二字，监本、毛本同，元十行本作墨钉，闽本"而"字作墨钉，八行本、和珅本、阮刻本作"是俊"，是。阮《校》曰："是俊选之尤异者：惠栋校宋本同，闽本'是'字缺，监、毛本'是'误'而'。"[3]"是""选"二字，元十行本作墨钉，闽本补"选"字，监本误"是"为"而"补之，毛本、殿本沿袭。

11. "云志谓识古文者"之"古文"二字，八行本、闽本、监本、毛本、和珅本、阮刻本同，元十行本"古"作墨钉，"文"误作"又"，殿本沿袭监本。

12. "志谓记识之名"之"谓"字，监本、毛本同，八行本、

---

[1] 阮元校刻：《十三经注疏》下册，第1419页中栏。
[2] 阮元校刻：《十三经注疏》下册，第1419页中栏。
[3] 阮元校刻：《十三经注疏》下册，第1419页中栏。

元十行本、闽本、和珅本、阮刻本作"是",是。殿本沿袭监本之误。

13. "古文是古代之文籍"之"古代"二字,八行本、闽本、监本、毛本、和珅本、阮刻本同,元十行本"代"误作"伐"。殿本与监本一致。

14. "故周礼云"之"礼"字,八行本、监本、毛本、和珅本同,元十行本、明闽本作墨钉,殿本沿袭监本校补。

就殿本《礼记注疏》之《礼运》篇两段疏文与诸本比勘,有十四条异文,其中十三条殿本与监本一致,说明殿本依据监本翻刻。殿本与监本相同的十三条中,殿本或沿袭监本校补,如第3条;或沿袭监本缺文,如第1、5、7、8等四条;或保持与监本文字一致,如第2、6、9、10、11、12、13、14等八条;惟第4条"虽然不见大道","不见大"三字,元十行本、明闽本作墨钉,监本、毛本缺,殿本补足此三字,证明齐召南等人参考了《礼记注疏》的其他版本或相关文献。[1]

元十行本与明闽本、监本、毛本《礼记注疏·礼器》篇,也存在大量缺文,此处再次抽取注文、释文比较考察。

经文"孔子曰臧文仲安知礼"节注文释文曰:

> 文仲,<u>鲁公子彄之曾孙臧孙辰也</u>。庄、文之间为大夫,于时为贤,是以非之,<u>不正礼也</u>。文二年"八月丁卯,大事于大

---

[1] 《礼运》篇之缺文,拙文《阮刻本〈礼记注疏校勘记〉质疑——以〈礼运〉篇为例》有讨论,《杭州师范大学学报》(社会科学版)2016年第1期,又见拙著《〈礼记〉版本研究》,北京:中华书局,2018年,第469—483页。

庙，跻僖公"，始逆祀，是夏父弗綦为宗伯之为也。奥，当为"爨"，字之误也，或作"灶"。礼，尸卒事而祭馈爨、饔爨也。时人以为祭火神，乃燔柴。（23/22/A/6—10）

父，音甫。不綦，音忌；不，亦作"弗"。燔，音烦，又芳云反。奥，依注作"爨"，七乱反，下同。驱，苦侯反。大庙，音泰，下注"大平"、下文"大庙"并同。跻，子西反，升也，本又作"跻"。馈爨，昌志反，下七乱反。（23/22/A/10—B/2）

此节注文、释文与诸本比勘后，异文有：

1. 注文"鲁公子驱之曾孙臧孙辰也"，八行本、闽本、监本、毛本、和珅本、阮刻本同，元十行本缺"孙臧""也"三字，"辰"误作"反"。殿本与监本同。

2. 注文"庄文之间为大夫"，八行本、闽本、监本、毛本、和珅本、阮刻本同，元十行本缺"庄"字，"文"误作"又"，"间"误作"问"。殿本与监本同。

3. 注文"不正礼也"，八行本、毛本、和珅本、阮刻本同，元十行本与明闽本、监本缺"也"字。殿本据毛本补"也"字。

4. 注文"文二年八月丁卯"，八行本、闽本、监本、毛本、和珅本、阮刻本同，元十行本缺"文二年八月"五字。殿本与监本同。

5. 注文"始逆祀"，八行本、闽本、监本、毛本、和珅本、阮刻本同，元十行本缺"祀"、误"也"。殿本与监本同。

6. 注文"是夏父弗綦为宗伯之为也"，和珅本、阮刻本同，元十行本与明闽本、监本缺"为也"二字、"宗伯"作"宗人"，八行本、毛本同。《礼记郑注汇校》曰："宗人，抚州本、余仁仲本、岳本、嘉靖本、八行本、十行本、毛本同，和珅本、殿本、阮刻本、吴氏朱批、《丛刊》本作'宗伯'。"[1]《左传》作"宗伯"，殿本据改，据毛本补"为也"二字。

7. 注文"奥当为爨字之误也或作灶礼尸卒事而祭饎爨饔爨也"二十二字，阮刻本同，八行本、毛本、和珅本"事"作"食"，是；元十行本唯存"而祭""爨饔爨"五字，闽本、监本多补"饎"一字，殿本据毛本补"奥当为爨字之误也或作灶礼尸卒事""也"十六字，然误"食"为"事"。

8. 注文"时人以为祭火神乃燔柴"，八行本、毛本、和珅本、阮刻本同，闽本、监本缺此十字，殿本据毛本补。阮《校》曰："是夏父弗綦为宗伯之为也奥当为爨字之误也或作灶礼尸卒食而祭饎爨饔爨也时人以为祭火神乃燔柴：毛本同，岳本同，嘉靖本同，卫氏《集说》同，惠栋校宋本同，《考文》引古本同。闽、监本自'为也'以下多缺文。"[2]阮说是。

9. 释文"父音甫不綦"五字，毛本、和珅本、阮刻本同，元十行本、明闽本作墨钉，监本缺，殿本据毛本补。

10. 释文"燔音烦又芳云反奥依注作爨七乱反下同"十七字，毛本、和珅本、阮刻本同，元十行本、明闽本作墨钉，监本缺，殿本据毛本补。

11. 释文"音泰下注大平下文大庙并同跻子西反升"十七字，

---

[1] 王锷：《礼记郑注汇校》上册，北京：中华书局，2020年，第352页。
[2] 阮元校刻：《十三经注疏》下册，第1437页下栏。

毛本、和珅本、阮刻本"泰"作"太",其他同;元十行本、明闽本作墨钉,监本缺,殿本据毛本补。

12. 释文"饎爨昌志反下七乱反",监本、毛本、和珅本、阮刻本同,元十行本"爨昌"、下"反"字作墨钉,闽本补"反"字,殿本沿袭监本。

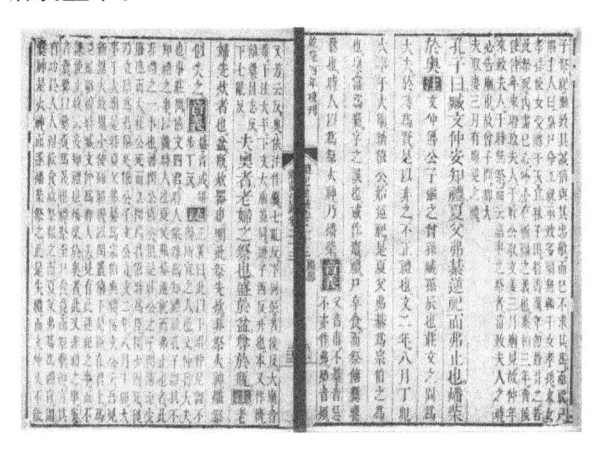

图 1　殿本《礼记注疏》卷二三第 22 页

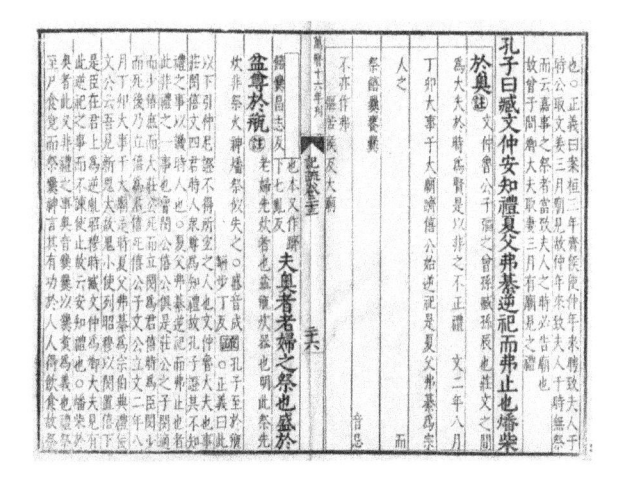

图 2　天津图书馆藏监本《礼记注疏》卷二三第 26 页

此节异文十二条，注文八条、释文四条。殿本沿袭监本正确者五条，即第1、2、4、5、12条；殿本据毛本补正监本者七条，即第2、6、7、8、9、10、11条。后面七条，虽然毛本已经改正，殿本据毛本补，补足监本缺文七十四字，非常难得。（参见图1、图2）

就《礼运》《礼器》篇注文、释文、疏文之大段缺文来看，殿本《礼记注疏》的校刊呈现以下特点：一是殿本确实是依据监本为底本校刊的；二是殿本对校的版本有限，大量沿袭了监本的缺文；三是监本缺文的校补方面，对注文、释文之缺文，基本能够补全，对疏文的缺文，所补甚少；四是殿本对校的注疏本唯有毛本。

三、殿本《礼记注疏》校勘

殿本《礼记注疏》校勘时，依据监本为底本，参考毛本以及有关文献，除对监本缺文进行了校补之外，对底本的经注疏文也进行了校勘考证。那么，与八行本、元十行本、闽本、监本、毛本、和珅本、阮刻本比较，殿本《礼记注疏》的校勘质量如何？在监本基础上有何进步？我们选取基本没有缺文的殿本《礼记注疏》卷三十六《学记》篇疏文，与元十行本及明闽本、监本、毛本，乃至清和珅本、阮刻本比勘，考察殿本的校勘质量。

1. 疏文："'发虑宪'者，发谓起发，虑谓谋虑，宪谓法式也。言有人不学而起发谋虑，终不动众，举动必能拟度于法式，故云'发虑宪'。"（36/1/A/10）

案：八行本、元十行本、闽本、监本、毛本、和珅本、阮刻本同。齐氏《考证》曰："按文义，只应云'言有人不学而起发谋虑，必能拟度于法式'耳，'终不动众举动'六字，并衍文也，因各本并同，故仍之。"齐氏疑问，待考。

2.疏文："所学者，圣人之道在方策者。"（36/1/B/8）

案："所学者圣人之道在方策"十字，是"其必由学乎"之注文，元十行本与明闽本、监本、毛本及清和珅本、阮刻本作"〇注所学者圣人之道在方策〇正义曰"，八行本作"□注所学至方策□正义曰"。孔疏在解释经注时，为了便于阅读，在疏解之前，标注被释经注"某某至某某"，如果被释经注简短，则直接征引，下接"正义曰"三字起，加以解释。此处八行本标注起讫语"所学至方策"，前后有空格，并加"注"字区别。元十行本直接征引"所学者圣人之道在方策"十字，将空格改为"〇"，闽本、监本、毛本、和珅本、阮刻本予以继承。殿本在校刊时，改编监本疏文排序，先将解经之疏排在前面，标"正义曰"解释经文；后加"注"字，再以"正义曰"起疏解注文，删除孔疏中经注的起讫语以及其他"正义曰"，这是一种有别于其他《礼记注疏》本的新式体例。如此节"正义曰宪法释诂文"前，八行本有"□注宪法至之事□"，元十行本与明闽本、监本、毛本及清和珅本、阮刻本作"〇注宪法也言发计虑当拟度于法式也求谓招来也谀之言小也动众谓师役之事〇"，殿本皆删除。遵此体例，"所学者圣人之道在方策"十字当删除，殿本漏删。

3.疏文："学不舍业。"（36/2/A/9）

案："学"上，八行本有"言"字，元十行本与明闽本、监本、毛本及清和珅本、阮刻本脱。

4. 疏文："高宗梦傅说作《说命》三篇。"（36/2/A/10）

案："傅"，元十行本与明闽本、监本、毛本同，八行本、和珅本、阮刻本作"得"，是。

5. 疏文："是故学然后知不足也者。"（36/3/A/1）

案："也"，八行本、监本、毛本、和珅本同，元十行本、明闽本、清阮刻本作"之"。浦镗《十三经注疏正字》卷五十三曰："也字衍。"[1]八行本此叶钞配，足利本无"也"字[2]，可证"也"或作"之"者，皆衍文。

6. 疏文："朝夕出入，恒就教于塾。"（36/4/A/7）

案："就"，闽本、监本、毛本同，八行本、元十行本、和珅本、阮刻本作"受"，是。

7. 《白虎通》云："古之教民，百里皆有师。"（36/4/A/7）

案："百"，八行本、元十行本、闽本、监本、毛本、和珅本、阮刻本同。阮《校》曰："古之教民百里皆有师：闽、监、毛本同，卫氏《集说》同，卢文弨校云：'百'乃'者'字之讹。"[3]卢说是，《白虎通》作"者"，当属上读。

8. 疏文："以教世子及群后之子。"（36/4/A/10）

案："及"，元十行本与明闽本、监本、毛本及清和珅本、阮刻本同，八行本无此字，疑是。阮《校》曰："以教世子及群后之子：闽、监、毛本同，惠栋校宋本无'及'字，卫氏《集说》

---

[1] 沈廷芳、浦镗：《十三经注疏正字》，影印文渊阁《四库全书》本，第192册，第701页。
[2] 孔颖达疏：《影印南宋越刊八行本礼记正义》中册，北京：北京大学出版社，2014年，第995页。
[3] 阮元校刻：《十三经注疏》下册，第1525页中栏。

同。"[1]

9. 疏文:"余诸侯于国。"(36/4/B/1)

案:"余诸",八行本、元十行本、闽本、监本、和珅本、阮刻本同,毛本"诸"误作"者"。阮《校》曰:"余诸侯于国:闽、监本同,毛本'诸'误'者',惠栋校宋本无'余'字,卫氏《集说》同。"阮元误记,八行本有"余"字。

10. 疏文:"记礼者引旧《记》之言。"(36/4/B/9)

案:"之",八行本、元十行本、闽本、监本、和珅本、阮刻本同,毛本作"者",非。

11. 疏文:"士为小师。"(36/5/A/3)

案:"小",闽本、监本、毛本同,八行本、元十行本、和珅本、阮刻本作"少",是。

12. 疏文:"五族为党,为州五州为乡。"(36/5/A/5)

案:"为州",元十行本与明闽本、监本及清和珅本、阮刻本同,八行本、毛本"为州"上有"五党",是。阮《校》曰:"五族为党为州:惠栋校宋本作'五党为州',毛本同,卫氏《集说》同,此本'五党'二字脱,闽、监本同。"[2]阮说是,殿本亦失校。

13. 疏文:"郑注《州长》职云:'序,周党之学。'"(36/5/A/8)

案:"周",闽本、监本、毛本同,八行本、和珅本、阮刻本

---

[1] 阮元校刻:《十三经注疏》下册,第1525页中栏。
[2] 阮元校刻:《十三经注疏》下册,第1525页中栏。

作"州",是。

14. 疏文:"欲<u>今</u>学者畏之。"(36/6/B/9)

案:"今",八行本、元十行本、闽本、监本、毛本、和珅本、阮刻本皆作"令",是。

15. 疏文:"皇氏云:'以为始教,谓春时学<u>士</u>始入学也。'"(36/7/B/1)

案:"士",八行本、闽本、监本、毛本、和珅本同,元十行本、清阮刻本脱。阮《校》曰:"谓春时学始入学也:补案,'始'上当有'士'字。"[1]阮氏失校。

16. 疏文:"今为学者歌之,欲使学者得为官,与君臣相燕乐,<u>容</u>自劝励。"(36/7/B/4)

案:"容",八行本、元十行本、闽本、监本、毛本、和珅本、阮刻本皆作"各",是。

17. 疏文:"谓学者始来入学,<u>教</u>云始入学习之也。"(36/7/B/4)

案:"教",八行本、元十行本、闽本、监本、毛本、和珅本、阮刻本皆作"故",是。

18. 疏文:"《尔雅·释木》云:'楰,山<u>扰</u>。'"(36/7/B/6)

案:"扰",闽本、监本、毛本同,八行本、元十行本、和珅本、阮刻本作"榎",是。阮《校》曰:"释木云楰山榎:惠栋校

---

[1] 阮元校刻:《十三经注疏》下册,第1525页下栏。

宋本同，卫氏《集说》同，闽、监、毛本'榎'误'扰'。"[1]

19. 疏文："若有疑滞未曉。"（36/7/A/4）

案："曉"，闽本、监本、毛本同，八行本、元十行本、和珅本、阮刻本作"晓"。阮《校》曰："若有疑滞未晓：闽本同，监、毛本'晓'作'曉'，卢文弨校云：'晓'，此卷内俱作'曉'，可两通。"[2]阮、卢说是。

20. 疏文："各与其友闲居。"（36/8/B/8）

案："闲"，监本、毛本同，八行本、元十行本、闽本、和珅本、阮刻本作"同"，是。阮《校》曰："各与其友同居：闽本同，惠栋校宋本同，监、毛本'同'字并误'闲'，卫氏《集说》同。"[3]阮说是。

21. 疏文："学，不学操缦，不能安弦者。"（36/8/B/8）

案："安"，八行本、闽本、监本、毛本、和珅本同，元十行本、清阮刻本脱。阮《校》曰："学不学操缦不能弦者：补，各本'弦'上有'安'字。"[4]

22. 疏文："杂服，自袞而下至皮弁、朝服、玄端之属。"（36/9/A/3）

案："自袞而下至皮弁、朝服、玄端之属"，八行本、闽本、监本、毛本、和珅本同，元十行本、清阮刻本作"至皮弁至朝服玄端服属之类"，非。阮《校》曰："杂服至皮弁至朝服玄端服属

---

[1] 阮元校刻：《十三经注疏》下册，第1525页下栏。
[2] 阮元校刻：《十三经注疏》下册，第1525页下栏。
[3] 阮元校刻：《十三经注疏》下册，第1525页下栏。
[4] 阮元校刻：《十三经注疏》下册，第1525页下栏。

之类：闽、监、毛本作'杂服自袞而下至皮弁朝服元端之属'不误。"[1]

23. 疏文："礼，谓礼之经也。"（36/9/A/3）

案："之"，元十行本与明闽本、监本、毛本及清阮刻本同，八行本、和珅本无此字，是。阮《校》曰："礼谓礼之经也：惠栋校宋本无'之'字，此本'之'字误衍，闽、监、毛本同。"[2] 阮说是。

24. 疏文："则不能耽玩乐于所学之正道。"（36/9/A/6）

案："乐于所学"，八行本、元十行本、闽本、监本、和珅本、阮刻本同，毛本作"乐于"误"不"字，"学"误作"习"。

25. 疏文："然，如此者。"（36/9/A/9）

案："者"，元十行本与明闽本、监本、毛本及清和珅本、阮刻本同，八行本作"也"，是。阮《校》曰："然如此也：惠栋校宋本作'也'，此本'也'误'者'，闽、监、毛本同。"[3]

26. 疏文："若能藏修息游。"（36/9/A/9）

案："修息"，八行本、闽本、监本、毛本、和珅本同，元十行本"息"上衍"游"字。阮《校》曰："若能藏修游息游：补案，'息'上'游'字误衍。"[4]

27. 疏文："言安乐业既深。"（36/9/A/9）

案："乐"，监本、毛本同，八行本、元十行本、和珅本、阮

---

[1] 阮元校刻：《十三经注疏》下册，第1525页下栏。
[2] 阮元校刻：《十三经注疏》下册，第1526页上栏。
[3] 阮元校刻：《十三经注疏》下册，第1526页上栏。
[4] 阮元校刻：《十三经注疏》下册，第1526页上栏。

刻本作"学",是。阮《校》曰:"言安学业既深:闽本同,惠栋校宋本同,监、毛本'学'误'乐'。"[1]

28. 疏文:"必知此深由本师。"(36/9/A/9)

案:"此深",八行本、元十行本、闽本、监本、毛本、和珅本同,阮刻本"深"上衍"是"字。阮《校》曰:"必知此是深由本师:闽、监、毛本无'是'字。"[2]元十行本空一格,阮刻本误添"是"字。

29. 疏文:"亲师在乐群之后,而此前亲师后乐友者。"(36/9/A/10)

案:"师",八行本、和珅本同,元十行本与明闽本、监本、毛本及清阮刻本脱。阮《校》曰:"而此前亲后乐友者:惠栋校宋本'亲'下有'师'字,此本'师'字脱,闽、监、毛本同。"[3]

30. 疏文:"常能敬重其道。"(36/9/B/5)

案:"常",闽本、监本、毛本、和珅本同,八行本、元十行本、阮刻本作"当",是。阮《校》曰:"当能敬重其道:惠栋校宋本同,闽、监、毛本'当'作'常'。"[4]

31. 疏文:"但诈吟长咏以视篇简而已。"(36/10/B/3)

案:"诈吟",元十行本与明闽本、监本及清和珅本、阮刻本同,毛本"诈"误作"讴",八行本"吟"上有"呻"字,是。阮《校》曰:"但诈吟长咏:惠栋校宋本'吟'上有'呻'字,

---

[1] 阮元校刻:《十三经注疏》下册,第1526页上栏。
[2] 阮元校刻:《十三经注疏》下册,第1526页上栏。
[3] 阮元校刻:《十三经注疏》下册,第1526页上栏。
[4] 阮元校刻:《十三经注疏》下册,第1526页上栏。

此本'呻'字脱，闽、监本同，毛本亦脱'呻'字，'诈'又误'讴'。"[1]

32. 疏文："心皆不譊而孟浪。"（36/10/B/6）

案："譊"，监本、毛本同，八行本、元十行本、闽本、和珅本、阮刻本作"晓"；"孟浪"，闽本、监本、毛本同，八行本、元十行本、和珅本、阮刻本作"猛浪"。阮《校》曰："皆不晓而猛浪：惠栋校宋本同，闽、监、毛本'晓'误'譊'，'猛'误'孟'。"[2]

33. 疏文："是不用已之忠诚也。"（36/10/B/6）

案："不"，八行本、阮刻本同，元十行本与明闽本、监本、毛本及清和珅本作"以"，非。

34. 疏文："教者佛戾也。"（36/10/B/9）

案："教者佛戾也"，元十行本与明闽本、监本、毛本及清和珅本、阮刻本同，八行本无此五字。阮《校》曰："教者佛戾也：闽、监、毛本同，惠栋校宋本无此五字。"[3]

35. 疏文："教者既背违其理。"（36/10/B/9）

案："背"，元十行本与明闽本、监本、毛本及清和珅本、阮刻本同，八行本作"悖"。阮《校》曰："教者既背违其理：闽、监、毛本同，惠栋校宋本'背'作'悖'。"[4]

36. 疏文："未发，情慾未生。"（36/11/B/2）

---

[1] 阮元校刻：《十三经注疏》下册，第1526页上栏。
[2] 阮元校刻：《十三经注疏》下册，第1526页上栏。
[3] 阮元校刻：《十三经注疏》下册，第1526页上栏。
[4] 阮元校刻：《十三经注疏》下册，第1526页上栏。

案:"慾",元十行本与明闽本、监本、毛本及清和珅本、阮刻本同,八行本作"欲"。阮《校》曰:"未发情慾未生:闽、监、毛本同,岳本同,嘉靖本同,惠栋校宋本'慾'作'欲',卫氏《集说》同,《考文》引古本同。《释文》出'情慾'云:'音欲,下注"情慾"同。'〇按,'欲'正字,'慾'俗字。"[1]

37. 疏文:"此朋友琢磨之益。"(36/12/A/4)

案:"磨",元十行本与明闽本、监本、毛本及清和珅本、阮刻本同,八行本作"摩"。阮《校》曰:"此朋友琢磨之益:闽、监、毛本同,惠栋校宋本'磨'作'摩'。〇按,作'摩'是也。段玉裁云:'摩挲之功精于礛研,凡"琢摩"字从"石"作"磨"者,非。详《说文注》。'"[2]阮说是。

38. 疏文:"虽欲追悔欲学。"(36/12/B/6)

案:"欲",元十行本与明闽本、监本、毛本及清阮刻本同,足利本、和珅本作"复",是。阮《校》曰:"虽欲追悔欲学:闽、监、毛本同,《考文》引宋板上'欲'作'复'。"[3]

39. 疏文:"徒勤苦四体,终难成也。"(36/12/B/6)

案:"四体",元十行本与明闽本、监本、毛本及清和珅本、阮刻本同,足利本"体"下有"而"字,是。阮《校》曰:"徒勤苦四体终难成也:闽、监、毛本同,惠栋校宋本'终'上有'而'字。"[4]

---

[1] 阮元校刻:《十三经注疏》下册,第1526页上栏。
[2] 阮元校刻:《十三经注疏》下册,第1526页上栏。
[3] 阮元校刻:《十三经注疏》下册,第1526页中栏。
[4] 阮元校刻:《十三经注疏》下册,第1526页中栏。

40. 疏文："谓独自习学而无朋友。"（36/12/B/8）

案："习学"，元十行本与明闽本、监本、毛本及清和珅本、阮刻本同，足利本作"学习"，是。阮《校》曰："独学谓独自习学：闽、监、毛本同，惠栋校宋本'习学'作'学习'。"[1]

41. 疏文："故恒言我师持加功于我者。"（36/17/B/4）

案："持"，监本同，八行本、元十行本、闽本、毛本、和珅本、阮刻本作"特"，是。"者"，元十行本与明闽本、监本、毛本及清和珅本、阮刻本同，八行本作"也"，是。阮《校》曰："故恒言我师特加功于我者：闽、毛本同，监本'特'误'持'，惠栋校宋本'者'作'也'。"[2]

42. 疏文："心且不解则答问之人不相喜说。"（36/17/B/9）

案："答问"，元十行本与明闽本、监本、毛本及清和珅本、阮刻本同，八行本作"问答"，是。阮《校》曰："心且不解则答问之人：闽、监、毛本同，惠栋校宋本'答问'作'问答'。"[3]

43. 疏文："以为设喻譬，善能答问难者。"（36/17/B/10）

案："以"，元十行本与明闽本、监本、毛本及清和珅本、阮刻本同，八行本作"亦"，是。"喻譬"，八行本、元十行本、闽本、监本、和珅本、阮刻本同，毛本倒作"譬喻"。阮《校》曰："以为设喻譬善能答问难者：闽本、监本同，惠栋校宋本'以'作'亦'，毛本'喻譬'字误倒。"[4]

---

[1] 阮元校刻：《十三经注疏》下册，第1526页中栏。
[2] 阮元校刻：《十三经注疏》下册，第1526页下栏。
[3] 阮元校刻：《十三经注疏》下册，第1526页下栏。
[4] 阮元校刻：《十三经注疏》下册，第1526页下栏。

44. 疏文："亦待其一问。"（36/17/A/5）

案："亦待其一问"，八行本、元十行本、和珅本、阮刻本同，闽本、监本"问"误作"间"，毛本"亦"误作"以"。阮《校》曰："亦待其一问：闽、监本'亦'字同，'问'误'间'，毛本'问'字同，'亦'误'以'。"[1]

45. 疏文："言积习善冶之家。"（36/19/A/6）

案："习"，毛本同，元十行本与明闽本、监本及清阮刻本作"言"，八行本、和珅本作"世"，是。阮《校》曰："言积言善治之家：惠栋校宋本'积言'作'积世'，卫氏《集说》同，此本误，闽、监本同，毛本'世'误'习'。"[2]阮说是。

46. 疏文："故此子弟仍能学为袍裘补续兽皮，片片相合，以令完全也。"（36/19/A/6）

案："令"，八行本、元十行本、闽本、监本、毛本、和珅本、阮刻本作"至"，是。

47. 疏文："则可有志于学矣。"（36/19/B/2）

案："矣"，元十行本与明闽本、监本、毛本及清和珅本、阮刻本同，八行本作"也"。阮《校》曰："则可有志于学矣：闽、监、毛本同，卫氏《集说》同，惠栋校宋本'矣'作'也'。"[3]

48. 疏文："此经论师道之要。"（36/19/B/9）

案："此经"，八行本、元十行本、闽本、监本、毛本、和珅本、阮刻本同，毛本"此"下衍"之"字。阮《校》曰："〇此经

---

[1] 阮元校刻：《十三经注疏》下册，第1526页下栏。
[2] 阮元校刻：《十三经注疏》下册，第1526页下栏。
[3] 阮元校刻：《十三经注疏》下册，第1526页下栏。

论师道之要：闽、监本同，毛本'○此经'作'此一经'。"[1]

49. 疏文："夫学为官之理，本求博闻强识，非习于一官。"（36/20/A/5）

案："习"，和珅本同，元十行本与明闽本、监本、毛本作"言"，八行本、阮刻本作"主"，是。阮《校》曰："非主于一官：惠栋校宋本作'主'，卫氏《集说》同，此本'主'误'言'，闽、监、毛本同，今正。"[2]

50. 疏文："官，谓分职在位者。"（36/20/B/7）

案："者"，元十行本与明闽本、监本、毛本及清和珅本、阮刻本同，足利本、八行本无此字，是。阮《校》曰："官谓分职在位者：闽、监、毛本同，《考文》引宋板无'者'字，卫氏《集说》同。"[3]

51. 疏文："鲛龙生焉。"（36/21/A/10）

案："鲛"，闽本、监本、毛本同，八行本、元十行本、和珅本、阮刻本作"蛟"。阮《校》曰："鲛龙生焉：惠栋校宋本同，闽、监、毛本'鲛'作'蛟'。"[4]

52. 疏文："初为积渐，后成圣贤也。"（36/21/B/1）

案："圣贤"，元十行本与明闽本、监本、毛本及清和珅本、阮刻本同，足利本、八行本作"贤圣"。阮《校》曰："初为积渐后成圣贤也：闽、监、毛本同，惠栋校宋本'圣贤'作'贤

---

[1] 阮元校刻：《十三经注疏》下册，第1526页下栏。
[2] 阮元校刻：《十三经注疏》下册，第1526页下栏。
[3] 阮元校刻：《十三经注疏》下册，第1526页下栏。
[4] 阮元校刻：《十三经注疏》下册，第1526页下栏。

圣'。"[1]

将殿本《礼记注疏》卷三十六《学记》篇与八行本、元十行本、闽本、监本、毛本、和珅本、阮刻本对校,得疏文之异文校记五十五条[2],殿本《学记》与监本比较,无论文字对错,相同者四十五条,不同者十条。

在殿本与监本相同的五十五条中,监本错误被殿本沿袭者,如疏文第 3、4、6、7、11、12、13、18、20、23、25、27、30、31、38、39、40、41、43、52 条,合计有二十二条,接近一半,殿本皆未能改正。

在殿本与监本不同的十条疏文中,第 2 条属于漏删,第 29、33、44 条属于改正监本之误,第 14、16、17、45、46、49 条属于误改,则殿本改正监本之误者仅有三条。

通过《学记》篇疏文的校勘,可以得出与上一节相近的结论:殿本依据监本刊刻,殿本对校的版本有限,大量沿袭了监本经注疏文的错误,当然,有些错误并非监本始有,而是源自元十行本、明闽本;殿本校改疏文的主要依据是毛本。

结　语

殿本《礼记注疏》六十三卷是清代政府组织刊刻的《十三经注疏》之一,与清代以前的八行本《礼记正义》和元十行本、明闽

---

[1] 阮元校刻:《十三经注疏》下册,第 1526 页下栏。
[2] 疏文第 32、41、43 条等四条,各包含两条。

本、明监本、明毛本以及之后的清和珅本、清阮刻本《礼记注疏》比较，殿本《礼记注疏》以监本为底本刊刻，其优点有三：一是句读全书经注疏文和释文；二是撰写"考证"近七百条揭示《礼记注疏》文字以及礼制等有关问题；三是借助毛本和其他相关文献，补足底本部分缺文，校改部分讹脱衍倒等错误。然因主事者齐召南等人看到的《礼记》版本和相关成果有限，殿本也存在两点缺陷：一是底本监本大量的缺文和错误未能补正；二是因改编疏文体例，即将经文之疏集中放前，注文之疏合编置后，删除原疏文中经注文起讫语和多数提示语"正义曰"以及间隔号"〇"，这样的编排，反而给读者阅读疏文带来不便，且有漏删、误排疏文之现象。殿本《礼记注疏》对后来的《四库》本、阮刻本产生了一定影响，尤其是其"句读"和"考证"，不仅启迪后学，且对当今古籍整理和经学文献研究，仍有一定借鉴价值。

简析《新撰字镜》中贮存的《玉篇》梁讳字[*]

苏 芃 赵英达

（南京师范大学文学院）

内容摘要：《新撰字镜》在编纂过程中曾经参考《玉篇》等字书，因而也贮存了一定量的《玉篇》梁代避讳字。论文抉发十四例梁讳字，其中两例在原本《玉篇》残卷中可以找到直接的对应证据，十二例借助《篆隶万象名义》、宋本《玉篇》等材料可证实亦为避梁讳改字。梁代避讳字作为一项重要的区别性特征，可为厘析《新撰字镜》中的原本系《玉篇》材料提供一个新的角度。

关键词：《新撰字镜》；《玉篇》；梁讳字

《新撰字镜》是日本僧人昌住在醍醐天皇昌泰四年（901）完成的汉字辞书。根据其序言可知，作者在编纂过程中先后参考了《玉篇》《切韵》与玄应《一切经音义》等文献。

原本《玉篇》现存七个残卷，虽非一时一地之物，但其中五个

---

[*] 本文为2023年度教育部人文社会科学研究一般项目"古写本《玉篇》征引儒家十三经及汉晋古注辑考"（23YJA751014）研究成果之一。

残卷中都存在改"顺"为"从",改"纲"为"维""纮""绳",改"刚"为"坚"等严格的梁讳改字现象("顺"避萧衍父亲萧顺之,"纲""刚"避萧纲),其底本可溯源至南朝梁代。[1]到了宋本《玉篇》,这些梁讳改字不少已被回改。

通过与《说文》《广雅》以及汉魏古注等早期材料的对读,我们发现《新撰字镜》中也存在对应的梁讳改字现象。进一步将《新撰字镜》与原本《玉篇》残卷、《篆隶万象名义》以及宋本《玉篇》等材料进行比较,可以确认其中大部分内容确实承自原本系《玉篇》[2]。厘清避讳字的演变过程,有助于我们更清楚地了解《新撰字镜》、宋本《玉篇》等书的成书过程,亦有益于原本《玉篇》的辑佚工作。

本文尝试对《新撰字镜》中承袭的十四例梁讳改字进行探研。每条例证内部先列中古辞书异文,[3]其次给出我们的分析。其中,比勘原本《玉篇》对应文字,具有直接证据的梁讳改字两例,缺少原本《玉篇》对应文字,但可推测为梁讳改字的十二例。

---

[1] 详参苏芃:《原本〈玉篇〉避讳字"统"、"纲"发微》,《辞书研究》2011年第1期;苏芃:《玄应〈一切经音义〉暗引〈玉篇〉考——以梁讳改字现象为线索》,《文史》2018年第4期。原本《玉篇》七个残卷中剩余的两个残卷之"心部"和"鱼部"残佚严重,分别仅存五个字头和二十个字头。

[2] 顾野王《玉篇》自梁代成书以后就被不断删改,到了北宋时期,陈彭年等重修的《玉篇》已将书证引文删除殆尽,与《玉篇》原本面貌相去甚远。我们将与古写本《玉篇》残卷风貌近似的《玉篇》(保留大量书证、严格避梁讳)定义为"原本系《玉篇》",与之相对的是"宋本系《玉篇》"。

[3]《新撰字镜》在同一个字头下常糅合不同性质的材料,因此不能简单地依据反切或训释判定其编纂材料的直接来源,而应全面考虑与其编纂相关的各类材料,分别确认反切与训释的来源。

一、具有直接证据的梁讳改字两例

1. 譿。《新撰字镜·言部》："譿，胡桂反。慧字。才智也。儇也。察也。譓[1]，上字。从也。"（第158页）[2]

原本《玉篇·言部》："譿，胡桂反。《字书》或慧字也。慧，才智也。儇也。察也。在心部也。譓，《字书》亦譿字也。司马相如《封禅书》：'义征不譓。'《汉书音义》曰：'譓，从也。'野王案：训'从'亦与'惠'字义同，在叀部也。"（第291页）[3]

《篆隶万象名义·言部》："譿，胡桂反。才智也。察也。从也。儇也。譓，慧字也。从也。"（第85页下栏）[4]

宋本《玉篇·言部》："譿，胡桂切。材智也。察也。譓，同上。"（第179页）[5]

按，《汉书·司马相如传下》："陛下仁育群生，义征不譓。"颜师古注引文颖曰："譓，顺也。"[6] 此处"譓"为顺服之义，"譓，顺也"的"顺"，原本《玉篇》避萧顺之讳，改为"从"，

---

[1] "譓"在《玉篇》系字书中皆作为"譿"字的异体字出现，故先列字头"譿"，次列"譓"。
[2] 本文引用《新撰字镜》皆据1993年巴蜀书社《佛藏辑要》第33册影印天治本。
[3] 本文引用《玉篇》残卷皆据2002年上海古籍出版社《续修四库全书》第228册影印日本"东方文化丛书"本。"野王案"后的"训"字，原卷误为"羽"。
[4] 本文引用《篆隶万象名义》皆据1985年中华书局影印日本"崇文丛书"本。
[5] 本文引用宋本《玉篇》皆据广西师范大学出版社《宋版玉篇二种》影印日本宫内厅书陵部藏宋本。
[6] 班固：《汉书》，北京：中华书局，1962年，第2605页。

《篆隶万象名义》《新撰字镜》袭之。

《篆隶万象名义》《新撰字镜》中"譓"字皆为"譓（胡桂反）"的异体，其反切用字与训释次序皆与原本《玉篇》有整齐的对应关系。尤其是《新撰字镜》，几乎就是原本《玉篇》的节引，没有任何调整，可知《新撰字镜》此处训"从"者当源出于原本《玉篇》无疑。

2. 繻。《新撰字镜·糸部》："繻（繻）繻（繻），二同。古桂反。维纮中绳。"（第211页）

原本《玉篇·糸部》"繻"下引《说文》："维纮中绳也。"（第619页）

《篆隶万象名义·糸部》："繻，胡卦反。维纮（纮）中绳。"（第273页下栏）

宋本《玉篇·糸部》："繻，允恚、胡卦二切。维纮中绳也。"（第505页）

按，《说文·糸部》："繻，维纲中绳。"[1]原本《玉篇》因避萧纲讳，改"纲"为"纮"[2]，《篆隶万象名义》《新撰字镜》以及宋本《玉篇》皆有承袭。

---

[1] 许慎：《说文解字：附检字》，影印陈昌治刻本，北京：中华书局，1963年，第275页上栏。

[2] 详参苏芃：《玄应〈一切经音义〉暗引〈玉篇〉考——以梁讳改字现象为线索》。

二、可推测为梁讳改字的十二例

1. 倭。《新撰字镜·人部》:"倭,於为反。平。从皃。长也。慎皃。东海中女王国也。"(第76页)

《篆隶万象名义·人部》:"倭,於为反。长也。"(第15页下栏)

宋本《玉篇·人部》:"倭,於为切。《说文》云:'顺皃。《诗》云:周道倭遲。'又乌禾切。国名。"(第56页)[1]

按,《说文·人部》:"倭,顺皃。"[2]《新撰字镜》"顺皃"作"从皃",当据原本《玉篇》避萧顺之讳改字而来。

附带推测一下《新撰字镜》此条的编纂过程。《篆隶万象名义》中虽然没有"从皃"一训,但与《新撰字镜》共有"长也"一训,可知原本《玉篇》中当已有此训释。其后的"慎皃。东海中女王国也"当来自《切韵》系韵书,"倭"字在《切韵》中共有两读[3]:

S.2055《切韵·支韵》於为反(逶):"倭,慎皃也。

---

[1] 此处宋本《玉篇》已据《说文》回改避讳字,而未依从原本《玉篇》。
[2] 许慎:《说文解字:附检字》,第162页下栏。
[3] 《广韵·哿韵》乌果切小韵亦收此字,然 S.2071《切韵》、P.3693《切韵》、敦煌本《王韵》、故宫本《王韵》皆不收此读,当是中唐以后才补入《切韵》系韵书的。

《诗》曰'周道倭徎'也。"

S.2071《切韵·哥韵》乌禾切（倭）："倭，东海中女王国。乌和反。二。"

"慎皃""东海中女王国"两训与《切韵》系韵书全同。《新撰字镜》编者当是先据《玉篇》系字书添加训释"从皃""长也"，又据《切韵》系韵书增加"慎皃""东海中女王国"，其次序即是《切韵》本身的韵目次序。

2. 训。《新撰字镜·言部》："訓、训，决[1]运反。去。导也。教也。善也。道也。从也。诚也。"（第163页）

《篆隶万象名义·言部》："训，翊运反。诚也。导也。教也。从也。"（第80页下栏）

宋本《玉篇·言部》："训，许运切。教训也。诚也。"（第172页）

玄应《一切经音义》卷五《密迹金刚力士经》下卷音义："训欣，呼运反。训，导也。教也。诚也。"[2]

按，《广雅·释诂一》："训，顺也。"[3]此为声训。《篆隶

---

[1] 董婧宸女史提示，此处反切上字"决"恐有讹误，所疑甚是。今据池田证寿考证（https://viewer.hdic.jp/），《新撰字镜》此处"训"字条目的直接来源是玄应《一切经音义》，参考玄应《音义》反切，"决"或是"许"字形讹。

[2] 徐时仪：《一切经音义三种校本合刊》（修订第2版），上海：上海古籍出版社，2023年，第116页下栏。

[3] 王念孙：《广雅疏证》，北京：中华书局，2004年，第10页上栏。

万象名义》《新撰字镜》"训，从也"当据原本《玉篇》避萧顺之讳改字而来。

从训释内容与次序上看，《篆隶万象名义》《新撰字镜》与玄应《一切经音义》皆极相近，同出一源，亦可知此训"从也"出自原本《玉篇》。

3. 婉。《新撰字镜·女部》："婉，乌宛反。从也。曲也。约也。"（第177页）

  《篆隶万象名义·女部》："婉，乌远反。从也。曲也。约也。"（第25页上栏）

  宋本《玉篇·女部》："婉，於远切。婉媚。《说文》云：'顺也。'"（第72页）

按，《说文·女部》："婉，顺也。"[1]《新撰字镜》"顺"作"从"，当据原本《玉篇》避萧顺之讳改字而来。

《新撰字镜》与《篆隶万象名义》的训释和次序完全相同，当源出原本《玉篇》。《慧琳音义》卷十七《大乘显识经》上卷音义："闲婉，威达（远）反。《毛诗传》：婉，从也。婉犹美也。《说文》：顺[2]也。从女，宛声。"[3]《毛诗·新台》"燕婉之

---

[1] 许慎：《说文解字：附检字》，第261页上栏。
[2] 《慧琳音义》此处引《说文》训释径作"顺"，不避讳，其所据《说文》当与传世本《说文》同。
[3] 徐时仪：《一切经音义三种校本合刊》（修订第2版），第794页下栏。

求",毛《传》:"婉,顺也。"[1]《慧琳音义》引毛传文亦训"从",当是转引原本《玉篇》文。由此可知《新撰字镜》《篆隶万象名义》中"从也"一训,当是删节原本《玉篇》引《毛诗》经注而来。

4. 訑。《新撰字镜·言部》:"訑,於万、於阮二反。慰也,从也。婉字。(第161页)

> 《篆隶万象名义·女部》:"訑,扵万反。慰,从。婉字。"(第84页下栏)
> 宋本《玉篇·言部》:"訑,於万、於阮二切。慰也。从也。亦作婉。"(第177页)

按,原本《玉篇·言部》:"詑,於万反、於阮反。《说文》:'詑,慰。'《声类》:'詑,从也。'野王案:此亦婉字,在女部也。"(第277页)此"詑"字,虽然字形与"訑"字略有差异,但从反切用字和释义两方面来看,当即《新撰字镜》"訑"字的编纂来源。

"訑"与"婉"存在假借关系,"从也"之训来自"婉"字的释义"顺",因避梁讳改作"从",详参上条关于"婉"字的讨论。所以"訑"作"从"这个义项在古书中并不存在,《汉语大字典》(第二版)"訑"字据宋本《玉篇》设立的义项②"从",当

---

[1] 阮元校刻:《十三经注疏》,影印清嘉庆刊本,北京:中华书局,2009年,第656页上栏。

改成"通'婉',顺也"。

5. 孏。《新撰字镜·女部》:"孏,理卷反。从也。"(第179页)

　　《篆隶万象名义·女部》:"孏,理卷反。从也。"(第25页上栏)

　　宋本《玉篇·女部》:"孏,力沈切。《说文》曰:'顺也。'"(第73页)

按,《说文·女部》:"孏,顺也。"[1]《新撰字镜》"顺"作"从",当据原本《玉篇》避萧顺之讳改字而来。

另外,"孏"字《切韵》收在"狝韵"力兖反小韵。本小韵S.2071《切韵》、P.3693《切韵》不收此字,敦煌本《王韵》及《广韵》收之,皆同训"从",当是王仁昫据《玉篇》系字书增补。《新撰字镜》此处训释虽与《切韵》系相同,但并非引自《切韵》系,而是与《切韵》系同出《玉篇》系字书。

6. 娓。《新撰字镜·女部》:"娓,妄秘、妄鬼二反。美也。从也。"(第179页)

　　《篆隶万象名义·女部》:"娓,妄秘、妄鬼二反。美也。从也。"(25页下栏)

　　宋本《玉篇·女部》:"娓,亡利、眉鄙二切。美也。又

---

[1] 许慎:《说文解字:附检字》,第261页上栏。

音尾。"（73页，篇上33叶上1行2字）

按，《说文·女部》："娓，顺也。"[1]《新撰字镜》"顺"作"从"，当据原本《玉篇》避萧顺之讳改字而来。

故宫本《王韵·至韵》美秘反（郿）："娓，从。又妄鬼反。"此亦是承原本《玉篇》收字。《王韵》据《玉篇》系字书补字时，所出又切用字往往保留《玉篇》原貌，此即其例。《广韵》亦承《王韵》收此字，训释仍保留"从也"，但改又音为直音。

7. 犪。《新撰字镜·牛部》："犪，如召、而绍二反。牛驯伏也。安也。饶广也。从也。"（第256页）

《篆隶万象名义·牛部》："犪，如昭反。从也。安也。驯也。"（第231页下栏）

宋本《玉篇·牛部》："犪，而小、而照二切。牛柔谨也。从也。安也。又驯也。《尚书》犪而毅字如此。嬈，同上。"（第442页）

按，"犪"与"嬈""扰"是异体字关系。《尚书·皋陶谟》："扰而毅。"伪孔《传》："扰，顺也。"[2]《篆隶万象名义》《新撰字镜》与宋本《玉篇》训释中"顺"作"从"，当皆据原本《玉篇》避萧顺之讳改字而来。

---

[1] 许慎：《说文解字：附检字》，第262页上栏。
[2] 阮元校刻：《十三经注疏》，第291页上栏。

8. 理。《新撰字镜·玉部》:"理,良士反。分也。界也。正也。吏也。从也。谛也。性也。事也。治也。媒也。"(第313页)

《篆隶万象名义·玉部》:"理,力纪反。正也。吏也。分也。性也。事也。道也。从也,治也,媒也。"(第5页下栏)

宋本《玉篇·玉部》:"理,力纪切。治玉也。正也。事也。道也。从也。治狱官也。"(第26页)

按,《广雅·释诂一》:"理,顺也。"[1]《篆隶万象名义》《新撰字镜》与宋本《玉篇》训释中"顺"作"从",当皆据原本《玉篇》避萧顺之讳改字而来。

又"理"字S.2071《切韵》、敦煌本《王韵》、故宫本《王韵》、故宫本《裴韵》、《广韵》皆音"良士反",从反切用字看,《新撰字镜》此处反切盖取自《切韵》系,但是其注文内容当多取自《玉篇》。

9. 楮。《新撰字镜·木部》:坚木也。波ゝ曾乃木。又奈良乃木。"(第379页)

《篆隶万象名义·木部》:"楮,昌老反。坚木也。瘤也。木病也。"(第116页上栏)

---

[1] 王念孙:《广雅疏证》,第10页上栏。

宋本《玉篇·木部》:"楢,以周、赤沼二切。《说文》曰:柔木也,工官以为软轮。"(第241页)

按,原本《玉篇》因避萧纲嫌名讳,改"刚"为"坚"。《山海经·中山经》:"(崌山)其木多楢杻,多梅梓。"郭璞注:"楢,刚木,中车材。"[1]《说文·木部》:"楢,柔木也,工官以为奥轮。"《说文》所训之"柔木"与《山海经》郭璞注之"刚木"正相对,段玉裁注曰"盖此木坚韧,故'柔''刚'异称而同实耳"[2]。从"刚""柔"对应的角度看,亦知相较《篆隶万象名义》《新撰字镜》训释中的"坚"字,"刚"当为早期形式,《新撰字镜》此处或出自原本《玉篇》引《山海经》郭璞注文。

10. 猷。《新撰字镜·犬部》:"猷,在大部。若也。已也。图也。若[也]。丛也。"(第591页)

《篆隶万象名义·犬部》:"猷,余周反。谋也。图也。(苦)[若]也。道也。圆也。"(第235页上栏)

宋本《玉篇·犬部》:"猷,余周切。图也。亦与犹同。"(第447页)

按,《广雅·释诂一》:"猷,顺也。"[3]《新撰字镜》

---

[1] 袁珂校注:《山海经校注》(增补修订本),成都:巴蜀书社,1993年,第191页。
[2] 许慎撰,段玉裁注:《说文解字注》,第240页下栏。
[3] 王念孙:《广雅疏证》,第10页上栏。

"顺"作"从",当据原本《玉篇》避萧顺之讳改字而来。

值得注意的是,其训释"若也"在注文中出现了两次。考虑到第二处"若也"与"从也"同在条目之末,则不宜认为此处重出是简单的衍文。更可能的情况是,该条目整体完成之后,又有一次据《玉篇》的增补行为。而增补者忽略了"若也"已在前文出现,故径将"若也,从也"补在条目末尾。据本条考证,或可将其析为至少两个来源。

11. 攺。《新撰字镜·攴部》:"攺,余止反。毅攺,大坚卯,以辟逐鬼。"(第613页)

《篆隶万象名义·攴部》:"攺,余中反。逐鬼。"(第179页上栏)

宋本《玉篇·攴部》:"攺,余止切。大刚卯。以辟鬼。"(第344页)

按,《说文·攴部》:"攺,毅攺,大刚卯,以逐鬼魃也。"[1]《新撰字镜》"刚"作"坚",当据原本《玉篇》避萧纲嫌名讳改字而来。可能因为此处训释源自《说文》,宋本《玉篇》依据传世本《说文》回改了避讳字。

从反切看,《新撰字镜》"余止"、宋本《玉篇》"余止"、《篆隶万象名义》"余中[2]",皆当源自原本《玉篇》。从注文

---

[1] 许慎:《说文解字:附检字》,第69页下栏。
[2] 《篆隶万象名义》下字"中"盖"止"字形讹。

看，《新撰字镜》"以辟逐鬼"之"辟"字，二徐本《说文》及《广韵》所引《说文》皆无。可知此处异文今本《说文》为一系，而《新撰字镜》《玉篇》另为一系，亦当源出《玉篇》。

12. 毅。《新撰字镜·殳部》："毅，囗（公）才反。改，大坚卵也。"（第673页）

宋本《玉篇·殳部》："毅，公才切。毅者，刚卯也。"（第330页）

《篆隶万象名义·殳部》未收此字头。

按，《说文·殳部》："毅，毅改，大刚卯也。以逐精鬼。"[1]《新撰字镜》"刚"作"坚"，当据原本《玉篇》避萧纲嫌名讳改字而来。宋本《玉篇》回改了避讳字，同上条。

《玉篇》在中古时期影响广泛，《篆隶万象名义》《新撰字镜》与玄应《一切经音义》等书的编纂多取材于原本系《玉篇》。由于小学文献的文本层次复杂，其间注音、释义部分往往缺少区别性特征，所以厘清《新撰字镜》中哪些部分取材于原本系《玉篇》的难度极大。前贤虽有许多探索[2]，但仍有研究空间。张磊曾总

---

[1] 许慎：《说文解字：附检字》，第66页下栏。
[2] 如著作：胡吉宣《玉篇校释》（上海：上海古籍出版社，1989年）、〔日〕贞苅伊德《新撰字镜の研究》（东京：汲古书院，1998年）、张磊《〈新撰字镜〉研究》（北京：中国社会科学出版社，2012年）、〔韩〕金玲敬《〈新撰字镜〉引书研究及引文校考：以〈玄应音义〉〈原本玉篇〉〈切韵〉为中心》（上海：上海辞书出版社，2022年）、姚永铭《〈原本玉篇残卷〉校证》（杭州：浙江古籍出

结《新撰字镜》引《玉篇》的七种体例：（一）与原本《玉篇》完全对应例；（二）据顾氏案语例；（三）据顾氏引文用语例；（四）据顾氏说明异体例；（五）据原本《玉篇》与《新撰字镜》所误皆同例；（六）据原本《玉篇》与《新撰字镜》俗字相合例；（七）《新撰字镜》引文与《切韵》及玄应《一切经音义》无关，且与《篆隶万象名义》相合例。[1] 金玲敬在此基础上又做细致比勘，揭示出"基于原本《玉篇》引文，再引用其他底本之例"[2]。实际上，梁代避讳字作为一项重要的区别性特征，亦可为厘析《新撰字镜》中的原本系《玉篇》材料提供一个新的角度，这是过往学者所忽略的。

值得说明的是，因为《切韵》系韵书、玄应《一切经音义》等书的内容中也有源出原本系《玉篇》的部分，昌住又曾明确指出《切韵》、玄应《一切经音义》也是他编纂《新撰字镜》的重要参考，那么《新撰字镜》中出现的梁讳改字之例，仅可作为判定该处文本始源于原本系《玉篇》的证据。至于其直接文献来源，尚须结合注音、释义材料进行具体判断。

此外，尚有一点余论。以本文讨论的梁讳字为例，涉及明引或暗引《说文》之处，宋本《玉篇》释义多做回改，如《说文》

版社，2023 年）；论文：朱葆华《关于天治本〈新撰字镜〉中的原本〈玉篇〉佚文》（《中国文字研究》2007 年第 1 辑）、郑张尚芳《〈字镜〉附抄原本〈玉篇〉佚字校录》（《历史语言学研究》第十辑，商务印书馆，2016 年）等都曾厘析过《新撰字镜》中的原本系《玉篇》材料。

[1] 张磊：《〈新撰字镜〉研究》，第 219—231 页。
[2] 〔韩〕金玲敬：《〈新撰字镜〉引书研究及引文校考：以〈玄应音义〉〈原本玉篇〉〈切韵〉为中心》，第 291 页。

“倭，顺皃”“婉，顺也”“嫿，顺也”以及“敃”“彀”二字暗引的《说文》“大刚卯”，《新撰字镜》等书皆保留梁讳面貌，宋本《玉篇》悉数改回了“顺”“刚”。但暗引《说文》之“纗，维纲中绳”，宋本《玉篇》依然保留了“维纮中绳”，或是因未覆核《说文》，或是以为此处释义存古，故作保留。然而，不涉及《说文》的梁讳，宋本《玉篇》多未回改，如“𢣋，从也”“理，从也”，或因难于核覈，未察梁讳改字。由此梁讳回改现象，亦可知北宋重修《玉篇》之时，《说文》已是较为权威的经典字书。

仲盂父簋铭文所见以宗法治家的现象[*]

贾海生

(浙江大学古籍研究所)

内容摘要：仲盂父簋是新见西周早期的有铭铜器，铭文记载了从君统中别出的仲盂父为其已亡的叔子作器而使叔子之子祭祀其父的历史事实，将器铭置于当时的宗法制度下，可以断定仲盂父之所以为叔子作器，目的是实现以宗法治家，推远小宗之统，保证大宗之统与小宗之统的界限泾渭分明。

关键词：仲盂父簋；宗法制度；推远小宗

吴镇烽《商周青铜器铭文暨图像集成续编》第二卷著录了一件某位收藏家所藏有铭铜器，题名仲盂父簋，编号为0403，断为西周早期时器，同时还提供了器形与铭文照片并隶写了铭文。[1] 为了便于据铭文展开讨论，先依行款格式引其释文于下：

---

[*] 本文为国家社科基金冷门绝学专项研究项目"出土文献与礼乐文明研究"（22VJXG008）的阶段性成果。
[1] 吴镇烽编著：《商周青铜器铭文暨图像集成续编》第二卷，上海：上海古籍出版社，2016年，第35页。

中（仲）盂父乍（作）氒（厥）
弔（叔）子宝器，
氒（厥）子𫷷（胡）其永
用事氒（厥）宗。

从仲盂父簋的器形照片来看，该器为敞口深腹双耳，腹饰成组的兽面纹而以竖棱间隔开，耳上端有略微突出的兽首，而下端则为上钩的垂珥，圈足较高而足沿外侈，饰以成组的鸟纹而亦以竖棱间隔开。就器形而言，仲盂父簋与陕西宝鸡竹园沟M7出土的作宝彝簋极为相似。王世民等将作宝彝簋列为Ⅰ型圈足簋中的第3式，视为西周早期的典型器形。[1] 以作宝彝簋为参证，可以推断仲盂父簋当亦是西周早期时器，吴镇烽对仲盂父簋的断代有类型依据。

从仲盂父簋的铭文来看，铭中既没有无法辨识的古文字，亦无难以通释的特殊文句，似无深意可言。因此，自仲盂父簋刊布以来，并没有引起学术界广泛的关注与讨论。陋见所及，仅张志鹏、张健在讨论贾孙叔子犀盘时略微涉及了仲盂父簋，认为铭中的"叔子"显然应是指"子胡"（也可称之为"叔子胡"），即"仲盂父"排行为"叔"、名"胡"的儿子。[2] 然而铭文既言"厥子胡其永用事厥宗"，无论宗是指宗庙还是指宗族，都反映了宗法的观念不仅已深入人心，而且还是指导日常社会生活的准则。因此，若

---

[1]　王世民、陈公柔、张长寿：《西周青铜器分期断代研究》，北京：文物出版社，1999年，第59—60页。
[2]　张志鹏、张健：《山东诸城都吉台墓出土贾孙叔子犀盘续考》，《中原文物》2022年第5期，第106页。

将器铭置于当时的宗法制度下，铭文所见人物的关系以及隐藏在铭文背后的深意皆可揭而明之。实际上，铭文提供了一个观察西周早期大夫阶层以宗法治家的例证，值得继续进行深入的研究。为了揭示铭文所见以宗法治家的现象，须先对铭中"叔子"之称的意蕴、其人身份及其与"仲盃父"和"厥子胡"的关系做出明确的判断。

西周以来的铜器铭文中，表示伯叔之义的"叔"字大都写作"弔"，而"弔"本是"缴"之初文，传世文献中又往往以《说文》训为"拾也"的"叔"字通于伯叔之"叔"，因而许多学者都认为表示伯叔之义的"弔"或"叔"皆属始终没有本字的假字，而"弔"与"叔"并不是本字与假字的关系。[1] 铜器铭文与传世文献之所以分别借"弔"或"叔"表示伯叔之义，当是时代、地域等因素不同造成的结果。因"弔"与"叔"皆是同一本字的假字，二者在语音上必有相似之处。白一平、沙加尔将"弔"与"叔"的上古音分别拟作 *tˤ[i]wk(>tek)、*s-tiwk(>syuwk)，*s- 是一个派生名词的前缀，冠于不送气的清塞音 *t- 之前，则演变为中古汉语的 sy-。[2] 若不计"叔"在上古音中的前缀 *s-，则"弔"与"叔"二字的音节完全相同而仅有辅音咽化与否的差异。虽然"弔"与"叔"都是表示伯叔之义的假字，就"叔"字而言，假借既久，遂失本义，于是"叔"字便成为表示伯叔之义的专字，研金诸家往往

---

[1] 李圃主编，古文字诂林编纂委员会编纂：《古文字诂林》第三册，上海：上海教育出版社，2001年，第435—439页；李圃主编，古文字诂林编纂委员会编纂：《古文字诂林》第七册，上海：上海教育出版社，2002年，第422—429页。

[2] BaxterSagartOC 2015-10-13, 678, 3143, http://ocbaxtersagart.lsait.lsa.umich.edu; William H. Baxter and Laurent Sagart, *Old Chinese: A New Reconstruction*, Oxford University Press, 2014, p.56, p.135.

就以叔字释"弔"。

铜器铭文与传世文献中,以"弔"或"叔"构成的人名,不拘一格,例不胜举,字后缀以"子"字,亦例中之一式。通检铜器铭文,不难发现"叔子"是相对于"伯子""仲子""季子"的称谓,因为"伯子""仲子""季子"亦屡见于西周以来的铜器铭文。如《商周青铜器铭文暨图像集成》(以下简称《铭图》)著录有:

宫氏白(伯)子元梧戈。(《铭图》17060/春秋早期)
田告作中(仲)子彝。(《铭图》03262/西周早期)
虢季子白作宝盘。(《铭图》14538/西周晚期)

伯、仲、叔、季虽然是表示排行次第的标识,但用于指代具体人物时,单字不便于称呼,于是就在伯、仲、叔、季之后缀以"子"字以成辞,铭文所见"伯子""仲子""叔子""季子"皆是明证。由于"伯子""仲子""叔子""季子"仅仅是表示排行次第的通称,若用于指称具体人物时,往往还前冠氏名、后缀私名,前引铭文中的"宫氏伯子""虢季子白"皆是显例。

"叔子"本是表示排行第三的通称,若前冠氏名或后缀私名,无疑是指具体的人物,同时兼明其人排行第三。实际上,在具体的语境中,亦见仅以表示排行第三的"叔子"指称某一具体人物的现象。铜器铭文与传世文献对于上述两种情况,都有可以为证的记载。铭文云:

叔子作厥母宝彝。（《铭图》04448/西周中期）

干氏叔子作仲姬客母媵盘，子子孙孙永宝用之。（《铭图》14474/春秋早期）

叔子𣪘作孟姜祖大宗盆，以匄永令是保。（《铭图》19237/战国早期）

就上引三例铜器铭文而言，14474号器铭所言"干氏叔子"中的"叔子"显然是在表示排行第三。因为冠于"叔子"之前的"干氏"已表明其所属之氏，则"干氏"之后的"叔子"必非氏称而是序其排行，可见"叔子"本是表示排行次第的通称，可用于指称任何身处叔位之人。以14474号器铭推之，04448号、19237号器铭中的"叔子"当也是表示排行次第而非氏称，"叔子"后所缀"𣪘"字不过是其私名而已。传世文献中亦有可以与上引铭文互相参证的记载，如《左传·哀公八年》云：

公宾庚、公甲叔子与战于夷，获叔子与析朱锄，献于王。

杨伯峻云："公宾、公甲俱复姓，见《广韵》'公'字注。"[1]文中"公甲"既是复姓，则缀于其后的"叔子"当是表示排行的称谓，与前引14474号器铭中的"干氏叔子"相提并论，则"叔子"的旨意已不言而喻。再如《国语·晋语六》云：

---

[1] 杨伯峻：《春秋左传注》，北京：中华书局，1990年，第1649页。

> 赵文子冠，……见苦成叔子，叔子曰："抑年少而执官者众，吾安容子。"

韦注云："苦成叔子，郤犨。"根据《广韵》入声二十陌下"郤"字之注，郤姓之"郤"俗作"郄"。《潜夫论·志氏姓》云"郤犨食采于苦，号苦成叔。……苦成，城名也，在盐池东北"[1]，郑樵据以断"苦为别封之邑"[2]。"苦成"既是封邑之名，古时有以邑为氏的惯例，若言其氏，或称"苦氏"，或称"苦成氏"，则缀于"苦成"之后的"叔子"无疑就是表示排行第三的称谓。

综合铭文与文献中有关"叔子"的记载，可以断定前引铭文及文献中的"叔子"犹如见于铭文的"伯子""仲子""季子"，皆是当时分别长幼次第的通称，可用于指称任何身居伯、仲、叔、季之位的人，而不限于一族一氏、一时一地。仲孟父簋铭中的"叔子"当也不例外，在铭文中既指一个具体的人物，同时也表明其人排行第三。于此需要略做补充说明的是，西周以来附在人名之后或排行字后的"子"字，到了春秋以后就不仅仅是增成音节的词缀，而是被赋予了实际的意义。贵为执政大夫者以子为称，如石祁子（《左传·庄公十二年》）、季子（《春秋·闵公元年》）等；匹夫受人尊崇亦以子为称，如历史人物老子、孔子等，顾炎武对此曾

---

[1] 王符：《潜夫论笺校正》，汪继培笺，彭铎校正，北京：中华书局，1985年，第443、462页。
[2] 郑樵：《通志二十略》，北京：中华书局，1995年，第83页。

有明确的论述。[1]

古时以伯、仲、叔、季附于人之字中，其用在于分别长幼之次，若同辈兄弟不止四人，则有"积仲""积叔"的权变之法以济伯、仲、叔、季四名之不足，即位居伯子之弟的若干人皆以"仲"或皆以"叔"称之。在这种情况下，"仲"或"叔"并不表示实际的排行次第。根据《仪礼·士冠礼》贾疏的说法，夏、商二代尚质则积仲，周家崇文则积叔，武王之子管叔、霍叔二人皆积叔为称就是崇文的表现。假如仲盂父作器铸铭时果然遵循了周家崇文积叔的惯例，则铭中的"叔子"就不一定是表示排行第三的实称，而是泛指仲子之弟。

就铭中"厥叔子"之称以领格代词"厥"冠于"叔子"之前的现象而言，可据以断定，"叔子"当指仲盂父的第三子。再就西周以来制作礼器的通例而言，铭文凡言为某人制作礼器，大都表明器是为了祭祀某人而作，则铭中"作厥叔子宝器"一语的意思是说仲盂父为了祭祀其"叔子"制作了宝器，透露了"叔子"已先于仲盂父而亡。再就铭中"厥子胡其永用事厥宗"一语的文脉而言，此句上承前文"作厥叔子宝器"一语，不难断定"厥子"当指叔子之子，而"胡"则是其私名。

前文已点明仲盂父簋铭文涉及西周以来的宗法制度，下面就再对宗法的结构、本质略做说明以为论述的依据。

西周王朝建立之后，为了防止兄弟争位而相互残杀，周公致政成王，从而确立了嫡长子继承制。上行下效，嫡长子继承制遂成为

---

[1] 黄汝成：《日知录集释》，长沙：岳麓书社，1994年，第142—144页。

各个阶层普遍遵循的准则。于是推本崇嫡的宗法制度逐渐完善了起来，其用在于分别嫡子与庶子的尊卑、严明尊统与卑统的界限、约束各统不得相互越界。[1] 关于结构完整的宗法制度，《礼记》的《丧服小记》《大传》皆有明确的说明，而又以《大传》的叙述略详，引之如下：

> 君有合族之道，族人不得以其戚戚君，位也。……别子为祖，继别为宗，继祢者为小宗。有百世不迁之宗，有五世则迁之宗。百世不迁者，别子之后也。宗其继别子之所自出者，百世不迁者也。宗其继高祖者，五世则迁者也。

综合郑注、孔疏而言，宗法制度的完整结构是君统嫡嫡相传，属于绝宗之统，君之诸弟不得宗之，只能以臣道自居；君之诸弟从君统中分出而为别子，别子亦称公子，别子所领之宗嫡嫡相传至于百世不迁而为大宗之统；别子之诸弟从大宗之统中分出而各领其宗，所领之宗亦嫡嫡相传至于五世则迁而为小宗之统；宗法制度之下，君统、大宗之统、小宗之统之间的界限泾渭分明。程瑶田曾对宗法的结构与本质做过简要的概括："宗法者，为大夫士立之，以上承天子、诸侯而治其家者也。"[2]

既然西周以来的社会自上而下都贯穿着宗法制度，那么从宗法

---

[1] 贾海生：《周公之胤与宗法之设》，《中国文化》2023年总第57期，第75—81页。
[2] 程瑶田：《宗法小记》，阮元编：《清经解》第三册，上海：上海书店，1988年，第646页。

的角度观察仲孟父簋铭文所记历史事实，就不难对铭文所见人物的关系做出合理的判断，进而揭示铭文反映的宗法现象及铭文背后隐藏的深意。

器主人在铭文中自称"中孟父"，"中"字通"仲"，已是不争的共识。以《仪礼·士冠礼》所见宾为冠者所命之字的格式是伯某甫、仲某甫、叔某甫、季某甫而言，"仲孟父"显然是以字为称的典型格式，"仲"表示排行第二，"孟"即加冠时受于宾的字，"父"与"甫"通，皆是男子之美称。铜器铭文所见伯唐父（《铭图》2449/西周中期）、伯考父（《铭图》4783/西周中期）、仲禹父（《铭图》2052/西周晚期）、仲原父（《铭图》6318/西周中期）、叔商父（《铭图》1937/西周晚期）、叔向父（《铭图》4792/西周晚期）、季右父（《铭图》2760/西周晚期）、季良父（《铭图》14774/西周晚期）等皆是以字为称的例证，与《士冠礼》所言宾为冠者所造之字的典型格式相合，可证以字为称是当时流行的风尚。需要进一步指出的是，仲孟父之称既以仲字明其排行第二，透露了其身份不是长子而是长子之弟，那么仲孟父能为其叔子作器而使叔子之子胡永事厥宗，则表明叔子当是从大宗之统中分出的领宗之人，而叔子之子则是继祢的小宗宗子。依此而言，仲孟父之称透露了仲孟父当是从君统中分出的别子，其兄继位为君，而己则是自成大宗之统的首领。《左传·隐公八年》孔疏引服虔云："公之母弟则以长幼为氏，贵適统，伯、仲、叔、季是也；庶公子则以配字为氏，尊公族，展氏、臧氏是也。"以其所论为证，则"仲孟父"之称明确地表明了其人是从君统中分出的别子，受爵例不过大夫。图示铭文所见人物关系如下：

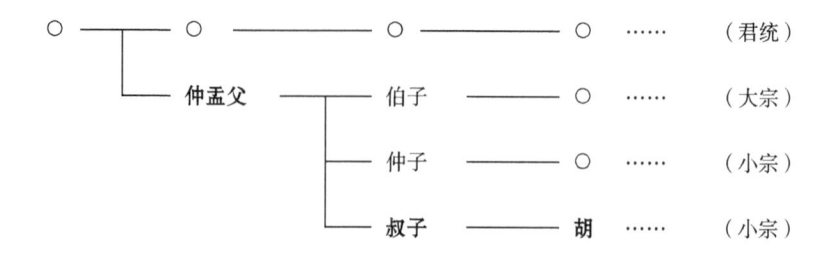

```
○ ─────── ○ ─────── ○ ─────── ○ ……  （君统）
     └── 仲孟父 ──┬── 伯子 ─── ○ ……  （大宗）
                  ├── 仲子 ─── ○ ……  （小宗）
                  └── 叔子 ─── 胡 ……  （小宗）
```

　　叔子从大宗之统中分出而为小宗之统的首领，不幸先于其父仲孟父而亡，其子胡继祢而为小宗宗子，固当逐时祭祀其已亡的先父。《礼记·祭法》云："適士二庙一坛，曰考庙，曰王考庙，享尝乃止，（显）[皇]考无庙，有祷焉，为坛祭之，去坛为鬼。官师一庙，曰考庙，王考无庙而祭之，去王考为鬼。庶士、庶人无庙，死曰鬼。"根据郑玄的解释，適士是上士，官师是中士或下士，庶士则是府史胥徒之属。庶士、庶人虽然因为身份低贱不得立庙，却不可因之而废先父之祭。《王制》云："庶人祭于寝。"相互推阐，可知无庙的庶士、庶人是在寝中祭祀为鬼的先父。假如叔子之子受爵为士，依周礼的规定，得以为其父立庙而祭之；假如叔子之子身为庶人而不得为其父立庙，则在寝中祭祀其父。无论叔子之子是在庙中祭祀其父，还是在寝中祭祀其父，以簋馈食当是所行祭祀之礼必须践行的重要仪节，《仪礼》的《特牲馈食礼》《少牢馈食礼》所记士大夫祭祀祖祢的礼典皆有以簋馈食的仪节可以为证。

　　既然馈食所用之簋是祭祀典礼不可或缺的重要礼器，若叔子之子没有财力制作祭祀其父所用馈食之簋，根据《仪礼·丧服传》中"有余则归之宗，不足则资之宗"的规则而言，当取资于大宗之家。盛世佐云："'有余'、'不足'，谓支子之私财。支庶之赢余匮乏，皆宗子总揽其大纲而为之衰益于其间，故宗法立而天下无贫富不平之患。"[1]仲盂父身为从君统分出的别子，虽无宗子之名，却是自成大宗之统的首领，固有大宗宗子之实，因继叔子为后的小宗宗子财力不足而为之制作祭祀叔子所用之簋，当是其不容推卸的责任。因此，以前引《丧服传》之语而论，仲盂父簋铭文所见统领大宗之人为身在小宗之统的人制作祭祀典礼所用之簋，本是宗法制度下身居大宗宗子之位的人应有的行为方式。

然而就宗法之设本是为了严明各统之间的界限、约束各统不相越界的实质而言，仲盂父为叔子作器以使其子得以逐时祭祀叔子，就并非仅仅出于振穷济困的责任，而是有其他用意寓于其中。因为仔细体味仲盂父在器上所铸之铭文，不难发现仲盂父实际上是借助为叔子作器实现其以宗法治家的目的。具体而言，铭中"中盂父作厥叔子宝器"一语，在于向族人表明叔子是排行第三的庶子，其来自大宗之统的出身已决定了其身份是自成小宗之统的首领，虽已亡故，仍是一宗之统之所自出，不可没其名而使继之者无所系属；又以"厥子胡其永用事厥宗"一语，向族人表明叔子之子能以器主持叔子之祭，无疑就是继叔子为后的合法继祢宗子，只有以叔子之子为继祢宗子，上系叔子，下启宗统，出于叔子一脉的嫡子才有所系、庶子才有所宗。

仲盂父之所以要以宗法治家，或许根本的原因是推远小宗之

---

[1] 盛世佐：《仪礼集编》，袁茵点校，杭州：浙江大学出版社，2021年，第713页。

统，以确保自己所领的大宗之统与叔子所领的小宗之统界限分明。假如叔子已亡而不以叔子之子为继祢宗子，任由其游离于宗法之外，不仅叔子之祭无人主之，而且以叔子之子为宗的人也不知所宗，导致的结果必然是叔子一脉的子孙因无祖可尊、无宗可敬而散无友纪，有纷争则无宗子居中调停以消双方之怒，有灾害则无宗子团结族亲以守望相助，有困乏则无宗子均衡赢余以济不足，有大事则无宗子组织力量以共克时艰。无奈之下，叔子一脉或舍己之宗、去己之族而依归于大宗之家以求自保，则更为严重的结果便是大宗之统与小宗之统的界限不明，不仅可能出现尊其不当尊之祖、敬其不当敬之宗的现象，甚至可能为了争夺大宗之家的财产而不免与大宗之统的从兄从弟相互残杀。因此，只有为叔子之统确立宗子以推远小宗之统，才能从根本上断绝叔子之子孙越其小宗之统而以大宗之统为己之宗统的非分之想，从而使叔子之子孙心甘情愿地接受出身卑微的命运而无任何怨恨之叹。

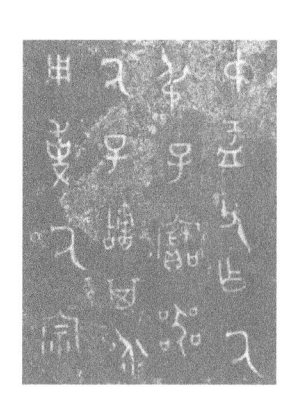

图 1　仲盉父簋器形与铭文照片（《商周青铜器铭文暨图像集成续编》）

说安大简《仲尼曰》"古之学者自为"

王挺斌
（浙江大学汉语史研究中心）

内容摘要：今本《论语·宪问》："子曰：'古之学者为己，今之学者为人。'"安大简《仲尼曰》作"中（仲）尼曰：'古之学者自为，含（今）之学［者］为人。'""为己"与"自为"相对。整理者认为"为己"即为自己，"自为"表示自己做。但古书中有不少"自为"就是为自己的意思，因此安大简《仲尼曰》的"自为"之意应该趋同于《论语·宪问》之"为己"。

关键词：安大简；《论语》；自为

《论语·宪问》："子曰：'古之学者为己，今之学者为人。'"这是一句流传很广的话，历来是广大读书人治学的座右铭。这两句话的字面意思并不难懂，杨伯峻先生在《论语译注》中将其译为："古代学者的目的在修养自己的学问道德，现代学者的目的却在装饰自己，给别人看。"[1]这段译文主要参考了《荀

---

[1] 杨伯峻：《论语译注》，北京：中华书局，2009年，第3版，第152页。

子·劝学》"君子之学也，以美其身；小人之学也，以为禽犊"，《北堂书钞》引《新序》"古之学者，得一善言，以附其身；今之学者，得一善言，务以悦人"，《后汉书·桓荣传》"为人者，凭誉以显物；为己者，因心以会通"等。"古之学者为己，今之学者为人"中的两个"为"，犹《论语·学而》"为人谋而不忠乎"之"为"，现在念 wèi，介词。安徽大学所藏战国竹书（简称"安大简"）中有《仲尼曰》一篇，其中正好抄录了相关文句，但略有不同，整理者提出了新的看法，值得讨论。

安大简《仲尼曰》简 7：

> 中（仲）尼曰："古之学者自为，含（今）之学［者］为人。"

今本"古之学者为己"之"为己"，与简本"古之学者自为"之"自为"相对应。这支简最早公布于《文物》2022 年第 3 期。当时整理者指出：

> 《韩非子·外储说右下》："此明夫恃人不如自恃也，明于人之为己者，不如己之自为也。"《淮南子·兵略》："故善用兵者，用其自为用也；不能用兵者，用其为己用也。"可见"自为"与"为己"意思应稍有区别。"自为"即"为自"，代词宾语前置，"为己"即"为我"。《慎子·因循》："故用人之自为，不用人之为我，则莫不可得而用矣。"简本"自为"与"为人"相对，应更符合孔子的原意。古书中也有不少

"为人"与"自为"相对的例子。如《孟子·告子下》:"淳于髡曰:'先名实者,为人也;后名实者,自为也。'"《庄子·天下》:"其为人太多,其自为太少。"《淮南子·兵略》:"举事以为人者众助之,举事以自为者众去之。"[1]

这段话亦大致见于后来正式出版的整理报告中。[2]但是上述画线的部分有改动,即变为"'自为'表示自己做,'为己'即'为我'"。改动之前,画线句单独来看是正确的,但跟段落主旨不符;改动之后,逻辑就清楚了。整理者是想区别"自为"与"为己",前者表示自己做,后者表示为自己,简本"自为(自己做)"更符合孔子原意。按照这个意见,简本"古之学者自为"之"为",应该念wéi。

但是这个看法未必成立。引发整理者提出新说的,主要是上揭几条书证,我们不妨逐一分析一下。为方便说明问题,我们将引出所论书证的上下文。

第一,《韩非子·外储说右下》:"公仪休相鲁而嗜鱼,一国尽争买鱼而献之,公仪子不受。其弟谏曰:'夫子嗜鱼而不受者何也?'对曰:'夫唯嗜鱼,故不受也。夫即受鱼,必有下人之色,有下人之色,将枉于法,枉于法则免于相。虽嗜鱼,此不必能[自给][3]致我鱼,我又不能自给鱼。即无受鱼而不免于相,虽嗜鱼,

---

[1] 徐在国、顾王乐:《安徽大学藏战国竹简〈仲尼〉篇初探》,《文物》2022年第2期,第76页。按,标点有改动。
[2] 安徽大学汉字发展与应用研究中心编,黄德宽、徐在国主编:《安徽大学藏战国竹简(二)》,上海:中西书局,2022年,第48页。
[3] 或校"自给"二字为衍文。

我能长自给鱼。'此明夫恃人不如自恃也，明于人之为己者不如己之自为也。"这个故事饶有兴味，大致说的是公仪休在鲁国做宰相的时候，非常喜欢吃鱼，但他却拒绝别人给他送鱼，因为他知道，如果接受了别人的鱼，自然就会受制于人，将来可能因此做出徇私枉法的事，乃至被罢官，到时候肯定没人再给他送鱼，自己也难以自给。由此总结出来的道理就是"恃人不如自恃""人之为己者不如己之自为"，两句话主旨一致，正如现在所谓"靠别人不如靠自己""求人不如求己"。"人之为己者不如己之自为"，周勋初先生译为"靠别人为自己不如自己为自己"。[1]"人之为己"与"己之自为"确实不同，但区别并不是"为己"和"自为"带来的，而是"人"与"己"带来的。"人"与"己"是一组相对的代词，前者可称为旁称代词，后者为己身称代词；[2]《论语·学而》"不患人之不己知，患不知人也"中"人"与"己"即相对而出，完整一点也可以讲成"不患人之不己知，患［己］不知人也"。"为己"和"自为"都是为自己，但他人为自己和自己为自己自然是不一样的。整理者把"自为"解释成自己做，"人之为（wèi）己者不如己之自为（wéi）"在表述上恐怕并不合适，或许应该讲成"人之为（wèi）己［为（wéi）］者不如己之自为（wéi）"，前半句要添加一个"为（wéi）"，因而这种解释并不太好。"人之为己者不如己之自为"之"自为"还是应该理解成为自己。

---

[1]《韩非子》校注组编写，周勋初修订：《韩非子校注》（修订本），南京：凤凰出版社，2009年，第392页。
[2] 杨伯峻、何乐士：《古汉语语法及其发展》（修订本），北京：语文出版社，2001年，第132—133页。

第二，《淮南子·兵略》："故明王之用兵也，为天下除害，而与万民共享其利，民之为用，犹子之为父，弟之为兄，威之所加，若崩山决塘，敌孰敢当！故善用兵者，用其自为用也；不能用兵者，用其为己用也。用其自为用，则天下莫不可用也；用其为己用，所得者鲜矣。"这是讲战争目的的功利性，如果战争有利于士兵自身，他们自然会奋不顾身；如果战争仅有利于将帅或君王等统治者，士兵的积极性自然会降低。"自为"是为士兵自己，"为己"则是为将帅或君王等统治者，两处所指有区别，但字面意思都可以解释成为自己。《淮南子·兵略》："举事以为人者众助之，举事以自为者众去之。""为人"就是为他人，"自为"则是为自己，这里仍指将帅或君王等统治者。《淮南子·兵略》："霸王之功不世出者，自为之故也。""自为"亦同之。总之，这些"自为"绝对不能解释成自己做。

第三，《慎子·因循》："天道因则大，化则细。因也者，因人之情也。人莫不自为也，化而使之为我，则莫可得而用矣。是故先王见不受禄者不臣，禄不厚者不与入难。人不得其所以自为也，则上不取用焉。故用人之自为，不用人之为我，则莫不可得而用矣。"这里所说的道理与《淮南子·兵略》有点类似，强调了人性有自私的一面，亦即"自为"，"为我"则是为统治者，这有悖于人性，因此君主要统治百姓，一定要顺应这种"自为"的人性。"自为""为我"之"为"，都是介词，念 wèi，字面意思都可以解释成为自己，但所指略有不同。

第四，《孟子·告子下》："淳于髡曰：'先名实者，为人也；后名实者，自为也。'"赵岐注："名者，有道德之名也。实者，有治国惠民之功实也。"注重名实的，自然是为他人着想；轻视名实的，则是为自己着想。淳于髡的话，与孟子所谓"达则兼济天下，穷则独善其身"类似，但是"独善其身"是美言，实际上也可以讲成自私自利不作为，因此淳于髡接着便问："夫子在三卿之中，名实未加于上下而去之，仁者固如此乎？"以此来和孟子辩论。此处的"自为"也是为自己，不是自己做。

第五，《庄子·天下》"其为人太多，其自为太少"，说的是宋钘、尹文这些人心存天下，为人奔波，而不顾自身。"为人"就是为他人，"自为"则是为自己。

由以上诸例来看，"自为"都是说为自己，并不能解释成自己做，"自为"就是"为己"，与"为人"正好相对。这里尚有一点疑问需要厘清，"自"这个代词比较特殊，一般放在动词前面，形似副词，比如《论语·公冶长》"见贤思齐焉，见不贤而内自省也"之"自省"，《孟子·离娄上》"夫人必自侮，然后人侮之；家必自毁，而后人毁之；国必自伐，而后人伐之"之"自侮""自毁""自伐"，"自"皆前置。这一点整理者原本已经点出，单独来看是对的，但其主旨却要将"自为"与"为己"区分开来，放在原文中逻辑不通，因此后来做了改动。我们在上文通过逐条分析了书证发现，这些"自为"都是为自己的意思。[1]安大简《仲尼曰》简7"古之学者自为，含（今）之学[者]为人"之"自为"与今本"为己"就是一个意思，没必要说简本更符合孔子原意。更

---

[1] 当然，其他古书中有些"自为"可以解释为自己做。此外，"自为"也可以用作人名，见于《史记》《汉书》与汉印等，到底是为自己还是自己做，意思尚难判定，有待进一步研究。

何况，假如按照新说讲成"古之学者自为（wéi），含（今）之学［者］为（wèi）人"，语义上显得杂乱不协。

图1　安徽大学藏战国竹书《仲尼曰》简7

图2　元相台岳氏荆溪家塾刻本《论语集解》

附记：笔者在博士研究生招生考试面试时，彭林老师曾以"古之学者为己，今之学者为人"两句话作为告诫，因此印象深刻。今见安大简《仲尼曰》正好有这两句，有些惊喜。文章写作过程中，曾与汪维辉、魏宜辉、邬可晶、石小力等先生交流，谨致谢忱！

魏晋博物志怪的变容与书写

余　欣　周金泰

（浙江大学古籍研究所　湖南大学岳麓书院）

内容摘要：博物志怪是以记述殊方异物为主的特殊志怪类型，是传承古代博物知识的重要文献载体。魏晋时期博物志怪撰作进入高峰期，本文选取典型作品《博物志》、"汉武博物小说"（《汉武故事》《汉武洞冥记》《汉武内传》）、《神异经》及《十洲记》，讨论博物志怪在魏晋时代发生的新变以及它们与博物之学的关系：《博物志》所云"博物"不能径直等同于"博物学"，但仍具有用以讨论古代博物学发展的重要价值；"汉武博物小说"的特征是有人物参与其中，体现出人与物的特殊互动；《神异经》《十洲记》在模仿《山海经》的同时淡化了地理元素，表明魏晋之际博物志怪发生了从"地志"到"物志"的转变。

关键词：魏晋；博物志怪；博物学

中国传统博物学脉络之一是以《山海经》为代表的志怪祯祥之学，其文献载体是记述异域、异人、异物、异俗的各类"博物志怪",常与殊方地理之学关系密切,又表现为"地理博物志怪"。《山海经》考祯祥变怪之物,见远国异人之俗,毫无疑问奠定了此脉络之基石。先秦文献中《穆天子传》也表现出地理博物特点,该书又名《周王游行记》,主要讲述周穆王西游昆仑见西王母的故事。按书中所载,周穆王西行历一万四千里,去到了许多异域部族,对这些地理空间的记述也以殊方异物为主,伴随周穆王足迹,各类物种轮番上阵。常见物种书写结构是:时间→周穆王到某地→某地有某物。试举一例:"甲子,天子北征,舍于珠泽,以钓于流水。曰珠泽之薮,方三十里。爰有萑苇、莞蒲、茅萯、蒹蒌。"[1]

博物志怪撰作在汉代稍显沉寂,至魏晋则再度迎来高潮,一时涌现出大量同类作品。其原因是多方面的:汉以来持续对外交通,奇珍异宝不断涌入,极大扩充了时人的物象认知;"知识至上"学风渐行,士人大多务博好奇,"君子耻一物不知"成为彼此间的默契;佛道等制度性宗教兴起,并与传统方术合流,方士们夸谈海外奇境,刻意编排渲染。凡此种种,共同构筑了魏晋博物志怪发达的丰富知识语境。

魏晋博物志怪有一些常见共性。比如常托伪汉人所作,但实际作者多为六朝儒生方士,甚至也有道士参与其中;又如所述异物大多荒诞不经,但也有一些具备现实依据;等等。我们想着重指出的是,魏晋博物志怪在行文结构、叙述策略、内容风格等方面均依稀可见《山海经》的影子,但又呈现出细微差异。因此本文以"魏晋

---

[1] 郭璞注,王贻樑、陈建敏校释:《穆天子传汇校集释》,北京:中华书局,2019年,第91页。

博物志怪的变容与书写"为题，讨论魏晋博物志怪如何在因袭模仿《山海经》的同时又从时代知识语境出发试图做出突破的问题。

从鲁迅《中国小说史略》到李剑国《唐前志怪小说史》，过往研究常在小说史脉络中讨论博物志怪，鲜有博物学的考察视角。本文拟选取《博物志》、"汉武博物小说"（《汉武故事》《汉武洞冥记》《汉武内传》）、《神异经》与《十洲记》等典型作品进行讨论，但对它们的叙述各有侧重：《博物志》与"博物学"同含"博物"二字，但《博物志》不能径直等同于博物学，讨论侧重点是"博物志怪"与"博物学"的关系问题；"汉武博物小说"的重要特征是有人物参与其中，讨论侧重点是博物志怪中人与物的互动关系问题；《神异经》《十洲记》在模仿《山海经》的同时淡化了地理元素，讨论侧重点是魏晋博物志怪从"地志"到"物志"发生转变的问题。

一、《博物志》与博物学

《博物志》为西晋张华所著，《晋书·张华传》称"华著《博物志》十篇"[1]，拥有明确的作者信息，这在早期博物志怪中是比较难得的。张华，字茂先，范阳方城（今河北固安）人。范阳张氏是中古望族，特别是在南梁时期曾通过与兰陵萧氏世代联姻而跻身甲族，唐相张柬之、张九龄等人均曾攀附伪冒范阳张氏，足见该

---

[1] 房玄龄等：《晋书》卷三十六《张华传》，北京：中华书局，1974年，第1077页。

氏族影响之大。张华虽非始祖，但范阳张氏声名鹊起却始于张华。即便没有写下《博物志》，张华也足以名留青史。晋武帝司马炎时，他是力主伐吴的三大臣之一（另两位是羊祜和杜预），是三家归晋这一重大历史进程中的隐形推力。晋惠帝司马衷继位后，他位极司空，官居要位。西晋历史上臭名昭著的"八王之乱"前后持续十六年之久，但这十六年并非一直处于动乱之中，中间八年天下能够保持相对安宁，便归功于皇后贾南风将朝政委于张华。

张华拥有"西晋名臣"与"《博物志》作者"双重身份，这直观体现在《晋书》本传上。《晋书·张华传》不仅记录张华的仕宦经历，更用大量笔墨描绘其博物事迹，包括辨海凫毛、辨龙肉鲊、辨蛇化雉等等。但这些辨物故事大多虚妄，且叙事模式化，情节走向同孔子辨物很像。这其实是先秦时便已产生的一类"辨物事语"，在汉代，东方朔是这类辨物事语中常见的主角；魏晋六朝，这个主角又换成了张华。张华辨物故事最初见于《异苑》等六朝志怪，唐初史臣将其收入本传，有意建构了张华博物之士的形象。或许正由于张华写出了光怪陆离的《博物志》，唐人才乐于相信这些故事为真。

抛开传说，张华的确可称博物，本传称其"博物洽闻，世无与比"。这源自张华喜好聚书阅读，史称"天下奇秘，世所希有者，悉在华所"[1]。据说连当时掌管秘阁藏书的挚虞都时常要向张华借书，目录学史上颇负盛名的《中经新簿》也由张华协助荀勖完成。中古时代，阅读仍是文人获取知识的主要途径，不难想见，张

---

[1] 房玄龄等：《晋书》卷三十六《张华传》，第1074页。

华正是凭借堪称冠绝文坛的丰富藏书而做到"朗赡多通"的。另外值得注意的是，张华尤好"图纬方技之书"，这种兴趣取向与撰作《博物志》相合。那么哪些阅读经历影响了《博物志》呢？《博物志》序言称："余视《山海经》及《禹贡》、《尔雅》、《说文》、地志。"不过这段文字存在争议，可能是全书序言，也可能仅是卷一《地理略》的小序。就目前通行本《博物志》而言，唐久宠曾统计全书引文可考书目，列于下：

> 《河图括地象》、《考灵耀》、《援神契》、《史记·封禅书》、《东方朔传》、《神仙传》、桓谭《新论》、《河图玉板》、《周官书》、《诗含神雾》、《周书》、《春秋经》、《春秋公羊传》、《左氏传》、《礼记》、《南荆赋》、《墨子》、《列子》、《曾子》、《荆州图语》、《神农经》、《孔子家语》、魏文帝《典论》、曹植《辨道论》、左元放《荒年法》、《列传》、《徐偃王志》、《淮南子》、《新书》、《国语》、《越绝书》、《魏志·东夷传》、《皇览·冢墓记》、《十洲记》、《竹书纪年》、《归藏易》、《山海经》、《论衡》、《晏子春秋》、《括地图》、《徐州地理志》、《韩诗外传》、《春秋繁露》、《风俗通义》、《战国策》、《魏略》、《抱朴子》、《西京杂记》等。[1]

---

[1] 唐久宠：《张华博物志之编成及其内容》，静宜文理学院中国古典小说研究中心主编：《中国古典小说研究专集（2）》，台北：联经出版事业有限公司，1980年，第33—34页。

涉及经典、正史、诸子、诗文、纬书、方技、数术等多类典籍，为《博物志》之"博"提供了保障。

关于张华撰《博物志》暨《博物志》的成书，是存在争议的。东晋王嘉《拾遗记》中有一则关于《博物志》成书的著名典故：

> 自书契之始，考验神怪，及世间闾里所说，撰《博物志》四百卷，奏于武帝。帝诏诘问："卿才综万代，博识无伦，远冠羲皇，近次夫子，然记事采言，亦多浮妄，宜更删剪，无以冗长成文。……今卿《博物志》，惊所未闻，异所未见，将恐惑乱于后生，繁芜于耳目。可更删截浮疑，分为十卷。"[1]

根据这段记载，晋武帝时张华就已著成《博物志》，且原书有四百卷体量，后删为今所见十卷。不过这则故事可信度不高，今人范宁校证《博物志》时便指出晋武帝曾下过"禁星气谶纬之学"的命令，张华大概不会将一部多谶纬之言的"忤逆之作"献给武帝。[2]又清人姚际恒云："魏晋间人何尝著书四百卷者？"[3]事实上，不仅著书四百卷令人难以置信，将四百卷删为十卷的悬殊比例更加夸张，应是故意制造叙事反差的小说家言。而且《拾遗记》记载武帝诘问毕，旋即于御前赐给张华青铁砚、麟角笔等异物用以删书，更属荒诞。因此，据《拾遗记》认为《博物志》成于武帝之

---

[1] 王嘉撰，萧绮录，齐治平校注：《拾遗记校注》，北京：中华书局，1981年，第210—211页。
[2] 范宁：《前言》，张华撰，范宁校证：《博物志校证》，北京：中华书局，2014年，第1页。
[3] 黄云眉：《古今伪书考补证》，济南：齐鲁书社，1980年，第221页。

时缺乏根据。但上引姚际恒否定《拾遗记》记载的同时，进一步认为《博物志》"浅猥无足观，决非华作"，则是疑古过甚了。《博物志》究竟成于何时？王媛在《张华研究》一书中的分析思路值得借鉴，她主要通过考察《博物志》引书进行分析，发现《博物志》多次征引汲冢书及《关中记》等相对晚出书的情况，从而得出《博物志》成于晋惠帝元康年间的结论。[1]

《博物志》的成书还有一个问题，那就是我们所见今本《博物志》肯定已非原貌。这个问题古今学者讨论比较多，可分两类意见。一种是比较极端的意见，如胡应麟《少室山房笔丛》、《四库总目提要》、鲁迅《中国小说史略》等，都认为《博物志》已亡佚，现在见到的本子是后世好事者掇取诸书所引《博物志》并杂采其他小说而复成的辑本。其中以《四库全书总目》的评价影响最大："或原书散佚，好事者掇取诸书所引《博物志》而杂采他小说以足之，故证以《艺文类聚》《太平御览》所引，亦往往相符。其余为他书所未引者，则大抵剽掇《大戴礼》《春秋繁露》《孔子家语》《本草经》《山海经》《拾遗记》《搜神记》《异苑》《西京杂记》《汉武内传》《列子》诸书，饾饤成帙，不尽华之原文也。"[2]另一种意见相对温和，如范宁《博物志校证·后记》、李剑国《唐前志怪小说史》等认为《博物志》并未亡佚，但在后世流传整理过程中存在窜乱删削情形。松本幸男也指出，张华撰《博物志》十卷本的完本虽然已不存在，但《四库提要》否定今本的资

---

[1] 王媛：《张华研究》，北京：北京师范大学出版社，2015年，第217—224页。
[2] 永瑢等：《四库全书总目》卷一四二，北京：中华书局，1965年，第1213页。

料价值，过于偏执。[1] 上述意见孰是孰非尚无定论，不过今本已非原本是没有争议的。今本《博物志》既非完帙，那该如何看待其价值？我们觉得，不必过度否定今本。如果今本是后人掇取复成的，那这些文字广被诸书征引才有幸被保留辑佚出来，恰说明今本条目之重要性；如果今本是未亡佚但经后人改易的删削本，那么这些文字始终未遭裁汰，也能说明今本条目之重要性。

《博物志》在史志及私人目录中多有著录，但分类不尽相同。《隋书·经籍志》将其归入杂家类，两唐书将其归为小说家，《宋史·艺文志》复归杂家类；晁公武《郡斋读书志》将周日用、卢氏注过的《博物志》归入小说家，而陈振孙《直斋书录解题》将《博物志》著录在杂家类，又将周卢注本著录在了小说家；《四库全书总目》则将其归入"小说家类琐语之属"。[2] 综上，《博物志》著录分类最常见"杂家"与"小说家"两种情形，后者相对常见。两种分类不存在因时代变化谁取代谁的问题，因为《博物志》确实归入杂家或小说家都说得通：归入杂家是因为该书丛脞芜杂，难以专门归类，同时也可能与该书掇取四部载籍的成书特点有关；归入小说家则主要强调该书仿《山海经》而作的志怪特色，且包含不少故事性较强的传说。

《博物志》的主要内容，我们引范宁《博物志校证》"前言"中比较精练的概括：

---

[1] 〔日〕松本幸男：《『四库提要』の『博物志』評價について》，《学林》第11号，1988年，第80—112页。
[2] 永瑢等：《四库全书总目》卷一四二，第1215页。

《博物志》这本书的内容包罗很杂,有山川地理的知识,有历史人物的传说,有奇异的草木虫鱼以及飞禽走兽的描述,也有怪诞不经的神仙方技故事的记录,其中还保存了不少古代神话的材料,对于研究中国古代文学和历史的人是有参考价值的。[1]

《博物志》卷首的篇目虽是明刊本所拟,但大体上体现了原书的知识分类结构。具体来看,第一卷分"地理略""地""山""水""山水总论""五方人民""物产"七目,主要包括方国地域、山川河道等地理内容,也包括人民与物产内容,不过是从地理角度来谈五方人民居住生产差异以及不同土地形态下的风物特产;第二卷分"外国""异人""异俗""异产"四目,这一卷是仿《山海经》的内容,多数文字直接取自《山海经》,主要内容是对异域殊方世界的想象;第三卷分"异兽""异鸟""异虫""异鱼""异草木"五目,这一卷内容也大多取自《山海经》,主要内容以奇异动植为主,多乌有之物,且以奇见为贵;第四卷分"物性""物理""物类""药物""药论""食忌""药术""戏术"八目,这一卷内容较杂,看似没有中心,但其实都是谈物性物理的,共同主题是辨识物性宜害,讲药物、饮食、戏术的部分也侧重这个主题,最终目的是辨方物物宜以趋利避害、养生延年;第五卷分"方士""服食""辨方士"三目,主要取材《后汉书·方术列传》《三国志》中讲神仙方术事迹的,涉

---

[1] 范宁:《前言》,张华撰,范宁校证:《博物志校证》,第2页。

及服食、养生、房中、导引、尸解等方技内容；第六卷分"人名考""文籍考""地理考""典礼考""乐考""服饰考""器名考""物名考"八目，本卷可视为杂考，但考的内容五花八门，涉及帝王名士、典籍作者、礼制刑罚、服饰乐器等诸多层面，其中"物名考"侧重动植之名；第七卷为"异闻"，主要讲历史人物的传闻故事，大多怪诞玄幻，这一卷小说意味最浓；第八卷为"史补"，主要是可补正史的杂史知识；第九、十卷分别为"杂说上"和"杂说下"，内容驳杂，巫史兼有，多为方术怪谈，"杂说"也可理解为无法归入前八卷的零散内容。[1]

梳理完《博物志》的内容，很自然引出一个问题，里面内容都属于博物学吗？因为《博物志》与博物学同含"博物"字眼，所以很自然会把两者联系起来。过去讲中国古代博物学，也总把《博物志》的地位抬得很高，不乏"中国古代博物学代表作"之类的提法，甚至认为把"natural history"译成"博物学"，也与《博物志》有关。但上述说法可能存在问题。近代有些所谓"中国博物学书目"，列了《诗经》《尔雅》以及各类花草谱录，却唯独没把《博物志》列进去。那该如何看待《博物志》与博物学的关系呢？

---

[1] 范宁《博物志校证》为我们提供了展开讨论的文本基础。关于《博物志》的文本生成、佚文辑录、考辨，尚有以下论著可资参考：〔日〕松本幸男《『列子』の説話と張華『博物志』》，《立命館文学》第508号，1988年，第1—25页；〔日〕松本幸男《博物志佚文補正（上）》，《学林》第12号，1989年3月，第77—106页；〔日〕松本幸男《博物志佚文補正（下）》，《学林》第13号，1989年11月，第62—94页；博物志研究班《博物志校笺（1）卷一卷二》，《东方学报》第59册，1987年，第463—590页；Roger Greatrex, *The Bowu Zhi: An Annotated Translation* (Skrikfter utgivha av Föreningen für Orientaliska Studier 20). Stockholm, 1987。

作为中文词汇的"博物"有三种含义：第一，古代广义博物，指博通万物，无所不知；第二，古代狭义博物，宋以后逐渐形成的以《诗经》《尔雅》名物注疏为背景的多识鸟兽草木之名之学；第三，近代对译"natural history"的博物，指对动植矿等自然物种进行辨名、分类、摹状的一类知识。近代用"博物"对译"natural history"，知识背景与第二种博物含义有关，因为它和"natural history"相似度较高。本文所理解的博物学则是以现代 natural history 为锚点，并将其置入中国传统知识语境而衍生出的新概念。而《博物志》之"博物"取的是第一种含义，是古代表意宽泛的博物。这样看来，《博物志》是不能径直等同于博物学的。

《博物志》以"博物"入名，主要强调所收内容瑰奇诡谲，具有志怪志异的书写诉求。《博物志》之"博物"恰与《晋书》对张华的评价相合，其文云："华强记默识，四海之内，若指诸掌。武帝尝问汉宫室制度及建章千门万户，华应对如流，听者忘倦，画地成图，左右属目。帝甚异之，时人比之子产。"[1] 这个"博物"无所不包，既有动植矿等可与博物学直接对应的内容，也有历史、典章、礼俗等与博物学无关的内容，共同标准是：少见偏见、怪异玄幻，在当时知识流通条件下知晓之人不多，能够体现记录者的博识多闻。只要符合上述标准，它们都能被收入《博物志》。讨论《博物志》与博物学的关系，某种程度上就是讨论我们已经辨析过的问题：古代宽泛博物概念与博物学的关系。两者不能等同，但在表意上有重合之处，精神上也有内在沿袭性。

---

[1]　房玄龄等：《晋书》卷三十六《张华传》，第 1070 页。

《博物志》与博物学不是一回事，但像民国学者那样开列博物学书单时把《博物志》排除在外，显然也不对。他们之所以做如此处理，可能并不是认为《博物志》没有博物内容，而是认为相关记载太荒诞了，与当时刻意追求理性进步的思潮不符。从本文厘定的博物学概念标准出发，《博物志》至少有四点"博物学价值"：

它包含很多探秘异域殊方的猎奇内容。集中体现在卷一"五方人民""物产"两目以及卷二卷三等仿《山海经》而作的部分，这些章节表现出鲜明的地理博物特色，对异域的想象刻画以异人异物等博物内容为主，从而构成一场中国古代独具特色的"博物发现之旅"。

它包含很多直接描写动植矿的内容。卷二"异产"、卷三整卷、卷四"药物""药论""食忌""药术"、卷五"服食"、卷六"物名"都是集中讲自然物种的篇目，其他篇目也散见相关内容。不难发现《博物志》虽取广义博物之意，但狭义博物所指称的自然物种仍居其主流，这是因为博通万物之"万物"中，千奇百怪的自然物种乃其大宗。又因《博物志》所记多为奇异动植矿，故记述重点就是辨识、辨名以及描摹性状，加之《博物志》条目式的文本结构，使得这部分内容读起来和专业博物谱录十分相像。

它包含大量记述精怪祥瑞的内容。视精怪祥瑞为需要辨识审视的天降自然之物，是中国传统博物学的重要特征。《博物志》虽没有直接相关篇目，但记录了麒麟、凤凰、玄武、灵芝等多种动植祥瑞，而它取材《山海经》异兽的部分又以记录精怪为主，甚至在"戏术""方士""异闻""史补""杂说"等人物传说为主的情节性较强的非博物篇目中，精怪祥瑞也经常作为重要的故事点缀元素而出现，共同构筑了作为志怪类文本的《博物志》玄幻怪诞的博物书写特色。

它包含很多探讨物种变异及物性物理的内容。博物学的重要知识分支是对物种观察摹状以理解其性状变异特征，《博物志》涉及这方面的内容集中体现在卷四。今本卷四体量极大，内容丰富，多取材于《淮南万毕术》《神农本草经》，除对本草药理相对科学的观察外，还有大量关于不交而孕、异种化生、断而复续的神异记载，从中可以看到古代对人与物种以及物种与物种关系的理解，是中国古代独特博物观念及思维方式的生动体现。

二、"汉武博物小说"：建构人间化的帝王博物学

魏晋集中问世了一批以汉武帝为主人公的小说，包括《汉武故事》《汉武洞冥记》和《汉武内传》[1]。这批小说以汉武帝求仙为中心，充斥大量方仙异物描写，表现出鲜明的"博物"特征，我们统一称之为"汉武博物小说"。

"汉武博物小说"虽为帝王题材，但少讲武功韬略，而颇多致物修仙的玄幻记载，实为《山海经》一系博物志怪。魏晋博物志怪在继承《山海经》特色的同时，亦发生了诸多契合时代语境的变容。就"汉武博物小说"而言，其明显变化是人间帝王介入，使博

---

[1] 须指出的是，三部作品的成书年代素有争议，仅少数学者认为它们是汉代作品，一般认为它们是六朝作品。鲁迅指出："现存之所谓汉人小说，盖无一真出于汉人。晋以来，文人方士，皆有伪作，至宋明尚不绝。文人好逞狡狯，或欲夸示异书，方士则意在自神其教，故往往托古籍以衒人。"见鲁迅：《中国小说史略》，北京：中华书局，2010年，第15页。

物志怪由以地理为线索转向以人物为线索铺排异物，这使得若干新问题浮现了出来：博物学本质上是人与自然互动的知识，我们该如何看待博物志怪中人与物的关系？帝王这一特殊身份会对博物学发展施加何种影响？

上述疑问实则共同指向了博物学中的一个重要环节——物种搜求。以西方博物学为参照，"维多利亚时代"之所以被称为"博物学的黄金时代"，是与帝国资源支持下的全球性地理勘测及标本采集活动分不开的。由此昭示的事实是，博物学不仅是亲睦自然的"乡土知识"，更是与权力交织在一起的"国家知识"。"汉武帝时代"则可提供审视这一命题的中国经验。

武帝在位期间，外事四夷，内侈宫室，帝王个人意志主导的异物搜求活动规模空前，《史记·大宛列传》谓之"吏卒皆争上书言外国奇怪利害，求使"[1]。而这一"历史记忆"在魏晋博物志怪中进一步发酵，生成更加瑰丽的"汉武博物世界"，从而使"历史记载"与"文学创作"形成互动。

"汉武博物小说"中《汉武洞冥记》的博物色彩最为浓厚，其序云："武帝以欲穷神仙之事，故绝域遐方，贡其珍异奇物及道术之人。"[2]卷三又云："帝升苍龙阁，思仙术，召诸方士言远国遐方之事。"全书主要讲的就是围绕武帝求仙的异国、异物及异俗。

---

[1] 司马迁：《史记》卷一百二十三《大宛列传》，北京：中华书局，1982年，第2版，第3849页。
[2] 引文据王国良《汉武洞冥记校释》，收入王国良：《汉武洞冥记研究》，台北：文史哲出版社，1989年，第39—108页。下文有关《汉武洞冥记》的引用均据此版本，为行文简洁，不再出注。

《汉武洞冥记》与《山海经》虽无直接因袭关系，但记述主题及行文风格存在渊源。如《汉武洞冥记》写到"瑶琨碧草"："瑶琨，去玉门九万里，有碧草如麦，割之以酿酒，则味如醇酎，饮一合，三旬不醒。但饮甜水，随饮而醒。"先叙述地理空间，再叙述异物及其功效，这样的处理方式与《山海经》并无二致。

此外，更应关注两者的差异，并以此理解地理博物传统在汉魏之际发生的新变。此前已有学者稍涉此问题，注意到《汉武洞冥记》的真实度高于《山海经》。[1]《山海经》想象成分居多，所记多不可考，《汉武洞冥记》则真假参半，如广为学界征引的"元封三年，大秦国贡花蹄牛"，是反映早期中西交通的重要史料[2]。李剑国认为《汉武洞冥记》对异域的描写相对近实，反映了"武帝时西域诸国的传说化"。

从博物学视角切入，两者又有何差异呢？

《山海经》以山、海为叙事架构，采取的是以"地理"为中心的空间顺序；《汉武洞冥记》从武帝降生写到暮年，中间穿插求仙事迹，采取的则是以"人物"为中心的时间顺序。《山海经》性质近于"地理志"，说明早期博物志怪与地理的结合较为紧密。但魏晋时期，博物志怪日益从地志中分离出来，转变为以"博物"为中心的写作，《汉武洞冥记》叙事顺序调整反映的正是这一趋势。事实上，在《汉武洞冥记》之前并不乏以人物为中心的博物志怪，如

---

[1] 李剑国：《唐前志怪小说史》，北京：人民文学出版社，2011年，第194—195页。

[2] 如张星烺将其归入汉武帝时大秦国人贡之记载，参见张星烺编著：《中西交通史料汇编》，北京：华文出版社，2018年，第93—94页。

《穆天子传》，以及《史记·大宛列传》中与《山海经》并提的《禹本纪》。只是《穆天子传》讲周穆王游历天下以观四荒，《禹本纪》虽亡佚，但从题目亦不难推断应以大禹治水划定九州为依托，所以这两部书中的主人公都处于"空间游动"状态，实际仍未突破以地理为中心的叙事架构。

《汉武洞冥记》中"地理"服务于"人物"，其地理书写重点也由"八荒"转至"长安"。《山海经》叙事以"某地有某物"为主，《汉武洞冥记》虽也有此类叙事，如上引瑶琨碧草一例。但它更多采取"某地贡某物"和"某地献某物"形式，如"勒毕国贡细鸟""西域献虎龙"等。还有些异物非异国贡献，而是由东方朔等术士远游带回，如"东方朔从西那汗国归，得声风木十枝献帝"。因此，伴随异国贡献与域外访奇，殊方异物最终统一流向了长安。《山海经》中地理叙事具有多个中心，《汉武洞冥记》则更突出长安的中心地位。这种转变，当然与异物最终持有者武帝居于长安有关，此外也与汉魏以来长安神圣信仰空间的持续建构过程有关。在汉魏社会记忆中，长安是帝都，也是神都[1]，"八荒"最终亦服膺于以"长安"为中心的天下秩序。

《山海经》记述异物，重点在"名"，因为它有"精怪辨识手册"的功能，这与博物学中的"辨识"行为有关；《汉武洞冥记》记述异物，重点则在贡献活动及异物功效，这与博物学中的"搜集"及"应用"行为有关。《汉武洞冥记》叙事可分"外"与

---

[1] 详细讨论可参看冯渝杰：《汉代长安的神圣化与大众信仰》，《历史研究》2021年第6期。

"内"两部分,"外"指异国异物;"内"指武帝求仙,尤以兴建仙宫楼台为主。"外"与"内"处在互动之中。如卷二讲到元封年间武帝在"内"建起神明台:"起神明台,上有九天道金床、象席,虎珀镇杂玉为簟。帝坐良久,设甜水之冰,以备沐濯。酌瑶琨碧酒,炮青豹之脯。果则有涂阴紫梨、琳国碧李,仙众与食之。"而神明台所陈异物则来自"外":"瑶琨碧酒"上文已有提及;"甜水之冰"是东方朔游历虞渊而带回的;"紫梨""碧李"亦可在同书对"涂山""琳国"的描绘中得见。"外"与"内"的互动充分表明,八荒异物被贡献至长安并进入实际应用层面。

上述差异的出现,首先源自两种文本的性质有别。《汉武洞冥记》序云:"今籍旧史之所不载者,聊以闻见,撰《洞冥记》四卷,成一家之书。"这说明《汉武洞冥记》的记述主题虽同于《山海经》,但自我定位却非《山海经》一类巫觋志怪,而隐约透露出"补史"追求,所以《汉武洞冥记》引入了"时间"与"人物"这两个重要的历史要素。

此外,差异的出现也反映了汉魏之际博物知识自身的变动:一方面,《汉武洞冥记》叙事真实度上升是汉代中西交通发达的结果。《山海经》虽也提到"西胡",但与汉人所云西域不是一个概念,它所写到的"西域"多为虚造。伴随张骞凿空,真实的异国境况逐步取代了想象中的异域遐方,从而扩大了博物志怪的取材范围。另一方面,从《山海经》"某地有某物"到《汉武洞冥记》"某国贡某物",凸显了中原王朝对于周边异物的实际占有,这一转变反映出早期中国"贡物"与"博物"两个传统的合流。贡物作为周边国家臣服于中原王朝的礼仪象征,可追溯至《禹贡》所谓

"禹别九州，随山浚川，任土作贡"[1]。值得注意的是，在后来的记载中贡物渐与异物合流，如《逸周书·王会解》讲到周成王于东都洛邑接受诸侯贡物，其中不乏黑齿、白民、九尾狐等异物，胡应麟指出："《王会》杂以怪诞之文。……《王会》怪鸟奇兽多出入《山海经》。"[2]《汉武洞冥记》以异物做贡，应是这一传统的延续。异物流入长安后，不仅有礼仪象征意义，也有助武帝升仙的实际应用意义。

通过以上对比分析，大致可总结出两种地理博物传统：一种是以《山海经》为代表的巫觋化的地志博物传统，它依地理空间顺序"展示"殊方异物，目的是教人辨识万物；另一种是以《汉武洞冥记》为代表的人间化的帝王博物传统，它依帝王生命顺序"占有"殊方异物，目的是服务帝王长生事业。这一转变也使博物学从对物种的辨识、命名、分类转向了搜集、收藏、应用。

《汉武故事》和《汉武内传》虽不像《汉武洞冥记》博物色彩鲜明，而近于杂传体志怪，但二书亦以武帝求仙为主题，实际仍有大量记述异国异物的博物内容。一般认为《汉武内传》乃增饰《汉武故事》而来，两书所记中心事件皆为武帝见西王母，在该仪式中，各类异物轮番登场，集中反映出文本的博物特征。

西王母本身就是颇具博物色彩的神话人物，其事迹最常见于博物典籍：《汉武故事》和《汉武内传》所载武帝见西王母可归入"西王母会君"母题，较早原型是《穆天子传》所载穆王见西王母

---

[1] 孔安国传，孔颖达正义：《尚书正义》，阮元校刻：《十三经注疏》，北京：中华书局，1980年，第146页。
[2] 胡应麟：《少室山房笔丛》，上海：上海书店出版社，2009年，第340页。

传说[1]；《汉武故事》描绘西王母称"载七胜""有二青鸟如乌，夹侍母旁"[2]，则沿袭了《山海经》"西王母梯几而戴胜杖。其南有三青鸟，为西王母取食"的记载[3]；张华《博物志》亦载武帝见西王母[4]，不少内容与《汉武内传》相同，两者应存在文本因袭关系或具有相同的文献源头。[5]

西王母见于博物典籍的原因有二：第一，西王母来自异域，异域催生博物想象。讨论西王母形象演变的成果极多，一般认为西王母在成为神话人物前可能是西方原始部族的首领[6]。关于其活动区域，《史记·大宛列传》云"安息长老传闻条枝有弱水、西王母"[7]，又《汉书·地理志》云金城郡临羌县"西北至塞外，有西王母石室"[8]，临羌在今青海湟源东南，安息则远至西亚，甚至《后汉书·西域传》还说西王母在大秦西[9]。以上诸说互有抵

---

[1] 郭璞注，王贻樑、陈建敏校释：《穆天子传汇校集释》，第143—169页。
[2] 王根林校点：《汉武故事》，上海古籍出版社编：《汉魏六朝笔记小说大观》，上海：上海古籍出版社，1999年，第163—178页。下文有关《汉武故事》的引用均据此版本，为行文简洁，不再出注。
[3] 袁珂校注：《山海经校注》（最终修订本），北京：北京联合出版公司，2014年，第267页。下文有关《山海经》的引用均据此版本，为行文简洁，不再出注。
[4] 张华撰，范宁校证：《博物志校证》，第97页。
[5] 小南一郎认为，《博物志》与《西京杂记》《拾遗记》《汉武内传》性质相同，均非志怪小说，而是源于"百戏技艺"，这类作品的作者可能是魏晋时期的职业说故事人。这一观点值得重视。参看小南一郎：《中国的神话传说与古小说》，孙昌武译，北京：中华书局，2006年，第142—181页。
[6] 如胡应麟指出《穆天子传》中的西王母"盖亦外国之君"，见胡应麟：《少室山房笔丛》，第329页。
[7] 司马迁：《史记》卷一百二十三《大宛列传》，第3481页。
[8] 班固：《汉书》卷二十八《地理志》，北京：中华书局，1962年，第1611页。
[9] 范晔撰，李贤等注：《后汉书》卷八十八《西域传》，北京：中华书局，1965年，第2920页。

悟，且大多并无实据，但西王母来自西方异域似乎是时人共有的观念。第二，西王母是"异物持有者"。《山诗经》中西王母已由人而神，其神格形象在汉代逐步定型为掌管福寿之神，并成为民间崇拜的重要对象，这与彼时的长生追求密不可分。[1]西王母不仅自己"欣然而上寿"，同样也可助人长生，因为她掌管仙药，相关记载最早见于《淮南子·览冥》"羿请不死之药于西王母"[2]，仙药亦多为人间不可得见的异物。

《汉武故事》和《汉武内传》的博物学特征，主要通过西王母"异物持有者"的形象来体现。两部小说对《淮南子》中的"不死之药"做了具体化处理，仙药被分为两个层级：一层是仙桃，食之可"极寿"；另一层是各类"太上之药"，是真正的"不死之药"。西王母以武帝"欲心尚多"，仅施其仙桃。《汉武故事》和《汉武内传》均开列了仙药名单，多为玉蕊、灵瓜、巨草等人间不可得见的异物。由于《汉武内传》中的仙药名单同《道迹经》《洞真太上智慧经》《上清消魔经》三部道经基本一致，西王母甚至还向武帝讲解呼吸御精、闭气吞液等道教养生之术，故有学者认为武帝见西王母亦可视为一次道教传经仪式的实际记录[3]。值得关注的是西王母对于仙药的垄断。《汉武内传》并未像《道迹经》等道经将仙药区分出玉清、上清等不同等级，可见该书并不关心仙药教理元素，但仙药只能被西王母持有，尊贵如帝王也无法得到，由此

---

[1] 西王母形象常见于汉代墓葬壁画、画像砖与画像石中。参看李淞：《论汉代艺术中的西王母图像》，长沙：湖南教育出版社，2000年。
[2] 何宁：《淮南子集释》，北京：中华书局，1998年，第501页。
[3] 王青：《〈汉武帝内传〉与道教传经神话——兼论〈汉武帝内传〉的作者》，《先唐神话、宗教与文学论考》，北京：中华书局，2007年，第263—291页。

建立了异物与天界的内在关联，进而以掌握异物的多寡区分出了仙与俗。

汉魏之际，以西王母为中心，逐渐形成了一个"异物群"。突出表现为养生植物常被冠以西王母之名：如西王母枣，晋陆翙《邺中记》云"石虎园中有西王母枣"[1]，《齐民要术》引郭义恭《广志》云"西王母枣，大如李核，三月熟"[2]，《西京杂记》提及上林苑曾种植西王母枣[3]；又如西王母杖，即枸杞，《孝经援神契》云"或云仙人杖，或云西王母杖，或名天精，或名却老，或名地骨，或名枸杞也"[4]。更直观的证据见于大量西王母题材汉画像石，其中西王母周围常见环布青鸟、玉兔、蟾蜍、灵芝、不死树等奇异动植。这些动植各有象征意义，如青鸟是以西王母侍者形象出现的，灵芝等仙草的长生功效亦无须赘言，玉兔和蟾蜍则暗示出西王母也有月神属性，月之盈缺往复被认为具有再生能力，仍与长生信仰有关[5]。

作为仪式另一方的武帝同样值得关注，这在以往研究中被忽略了。武帝虽未能如愿长生，但他毕竟吃到了可以极寿的仙桃，能有这番机缘，自然与其帝王身份有关。但也应指出，武帝为迎接西王

---

[1] 许作民辑校注：《邺都佚志辑校注》，郑州：中州古籍出版社，1996年，第62—63页。

[2] 石声汉：《齐民要术今释》，北京：中华书局，2009年，第327页。

[3] 周天游：《西京杂记校注》，北京：中华书局，2020年，第50页；对西王母枣相关史料整理又可见王子今：《秦汉名物丛考》，北京：东方出版社，2016年，第78—79页。

[4] 〔日〕安居香山、〔日〕中村璋八辑：《纬书集成》，石家庄：河北人民出版社，1994年，第991页。

[5] 西王母图像的形式特征和演变过程，参看李淞：《论汉代艺术中的西王母图像》。

母而铺陈异物,他本身也是一位人间"异物持有者"。

据《汉武故事》,武帝之所以得见西王母,就是因他得到异物——疑似山精的短人"巨灵",即"东郡送一短人,长七寸,衣冠具足",是"巨灵"为武帝带来五年后将与西王母相会的消息。为迎接西王母,武帝在东方朔的指导下进行准备活动:"帝斋于寻真台,设紫罗荐。"西王母最终于七夕降临,当日仍需复杂的准备仪式:"上乃施帷帐,烧兜末香,香,兜渠国所献也,香如大豆,涂宫门,闻数百里。关中尝大疫,死者相系,烧此香,死者止。"《汉武内传》对武帝的准备工作描写得更加具体,甚至还写到设宴迎接西王母:"乃修除宫掖之内,设座殿上,以紫罗荐地,燔百和之香,张云锦之帐,然九光之灯,设玉门之枣,酌蒲萄之酒,躬监肴物,为天官之馔。"[1]

武帝迎仙的准备工作可概括为铺陈异物以营造人间仙境。紫罗荐、九华灯、兜末香等异物精良华美,且不乏神效。如兜末香可驱除瘟疫,《汉武故事》已有详述,唐陈藏器《本草拾遗》云兜末香"烧,去恶气,除病疫"[2]或本《汉武故事》而来。又如九华灯亦非凡灯,《西京杂记》云:"元日燃九华灯于终南山上,照见百里。"[3]武帝所铺陈的异物,不乏异域所献,如兜末香出自兜渠

---

[1] 王根林校点:《汉武内传》,上海古籍出版社编:《汉魏六朝笔记小说大观》,第137—162页,下文有关《汉武内传》的引用均据此版本,为行文简洁,不再出注。
[2] 陈藏器撰,尚志钧辑释:《〈本草拾遗〉辑释》,合肥:安徽科学技术出版社,2002年,第61页。
[3] 《〈西京杂记〉佚文》,李剑国辑释:《唐前志怪小说辑释》(修订本),上海:上海古籍出版社,2011年,第62—63页。

国，葡萄出自西域，玉门枣出自玉门等。由此可见，武帝与西王母相会，不仅因其帝王身份，也因其"异物持有者"身份，正是他凭借帝王权力营造了人间仙境，才成功引得天神下凡。这种致仙方法有历史原型，应始自燕齐方士。据《史记·封禅书》，少翁云："上即欲与神通，宫室被服非象神，神物不至。"[1]公孙卿亦云："今陛下可为观，如缑城，置脯枣，神人宜可致也。且仙人好楼居。"[2]欲招致仙人，须营建仙宫楼台并广置异物，非帝王之财力物力，实难办到。

《汉武故事》《汉武内传》可与《汉武洞冥记》形成照应：《汉武洞冥记》记述了天下异物流入长安的过程，《汉武故事》《汉武内传》则展示了异物实际应用于求仙的情形，这可视为《汉武洞冥记》帝王博物学的延伸。不过，从《汉武内传》接下去的记载来看，武帝异物设宴似乎未派上用场，因为西王母"自设膳"且"膳精非常"，这个情节应是魏晋道教仙话中常见的"行厨"主题，并且可能受到西域幻术的影响[3]。但其功能同样值得关注，除了营造奇幻氛围外，《汉武内传》强调西王母设膳"非地上所有"且"帝不能名"，这进一步昭示出人神有别，表明武帝与西王母虽同为"异物持有者"，但等级差异仍然存在。

帝王与博物的相遇，不仅是文学乐道的故事，亦有其实际的历史依据。历史作为记忆被保留，继而被后世创作者唤醒，并依所处

---

[1] 司马迁：《史记》卷二十八《封禅书》，第1668页。
[2] 司马迁：《史记》卷二十八《封禅书》，第1681页。
[3] 李丰楙：《〈汉武内传〉研究——〈汉武内传〉的著成及其演变》，《仙境与游历：神仙世界的想象》，北京：中华书局，2010年，第239—240页。

语境进行再度创作。此过程中的问题是，为什么在六朝以人物为中心的博物志怪中，武帝成为重要的甚至是唯一的主角？武帝的帝王身份与博物学有何关联？

王瑶曾注意到六朝小说多以武帝为主角的现象，指出："正如儒家称道尧舜一样，方士，后来的小说家，也需要举出一个帝王来做因信任方士而能太平兴国的标准例子。……最合标准的人物，便莫过于汉武帝了。西汉的太平盛世一直是后来帝王们所企羡的，而武帝正是这时期集中文治武功的英雄式的领袖。现在给他这太平治绩加一点解释，说是凭着'神助'。"[1]这一概括比较准确，但也有些宽泛。"汉武博物小说"均呈现博物特征，以此为视点，或可发现两者间更为细致的联结。

事实上，《汉武洞冥记》序言已颇道此中原委："武帝以欲穷神仙之事，故绝域遐方，贡其珍异奇物及道术之人，故于汉世，盛于群主也。"进一步联系汉代史事，原因大致有二：首先，武帝搜罗异物，须以国力为支持。汉初经济凋敝，至武帝有所恢复，《史记·平准书》用"物盛"评价武帝时代，并称"民则人给家足，都鄙廪庾皆满，而府库余货财"[2]。以此为前提，方有条件大规模搜求异物并修建大型苑囿陈列异物。《汉书·西域传》便详细记述了武帝时代"殊方异物，四面而至"的盛景，彼时已能目睹犀布、玳瑁、枸酱、竹杖、天马、蒲陶、明珠、文甲、通犀、翠羽、薄

---

[1] 王瑶：《小说与方术》，《中古文学史论》，北京：北京大学出版社，2014年，第124—125页。
[2] 司马迁：《史记》卷三十《平准书》，第1714页。

梢、龙文、鱼目、巨象、师子、猛犬、大雀等多类物种[1]。武帝以此为契机"广开上林",云集殊方异物的上林苑被建构成展演帝国实力的"博物空间"。其次,武帝笃信方士,热衷求仙。《后汉书·方术列传》追溯方术发展史,就已注意到武帝朝是以政治力量推动方术发展的关键期:"汉自武帝颇好方术,天下怀协道艺之士,莫不负策抵掌,顺风而届焉。"[2]又据《史记·封禅书》,少翁、栾大等人"贵振天下"后,天下方士纷纷效仿,声称拥有禁方异物以求进见[3],可见求仙动机使武帝朝异物搜求活动异常活跃,并为其蒙上鲜明的方术色彩。

自皇帝制度出现直至六朝,其间武帝在位最为长久。如此雄主无疑会在后世形成牢不可破的历史记忆,特别是在分裂动荡的魏晋六朝,重塑汉帝国荣光本就属于时代理想,开创汉之盛世的武帝因之具有了另一番特殊意义。武帝不遗余力搜罗异物,具有多重目的:除以异物作为求仙媒介外,获得异域物种代表了王化所及,是炫耀国力的一种手段,而获得祥瑞之物又可表征太平盛世到来,这是中国古代"德能致物""瑞应依德而至"等政治哲学理念一再强调的。于是,异物成为携带政治资讯的文化符号,继而形塑了统治合法性。《春秋繁露·立元神》:"君人者,国之元,发言动作,万物之枢机。"[4]帝王乃协调万物之关键,万物亦为帝王所私属。殊方异物是中国博物学由来已久且十分主流的题材,但博物典

---

[1] 班固:《汉书》卷九十六《西域传》,第3928页。
[2] 范晔撰,李贤等注:《后汉书》卷八十二《方术列传》,第2705页。
[3] 司马迁:《史记》卷二十八《封禅书》,第1671页。
[4] 苏舆撰,钟哲点校:《春秋繁露义证》,北京:中华书局,1992年,第166页。

籍对它们的记述大多止步于辨识、命名及分类层面，唯独在以帝王为中心的博物志怪中，异物才得以进入占有、应用及展示层面，这一情形的达成以博物学与帝王间的微妙关系为依托。博物学渗入帝王统治，既呈现出满足个人私欲的享乐色彩，又呈现出昭示个人权威的神圣色彩，帝王依靠权力占有万物，并以占有万物进一步表现权力。

三、从"地志"到"物志"：《神异经》《十洲记》的博物书写特色

《神异经》和《十洲记》也是魏晋时期颇为重要的地理博物志怪。这两部书均托名东方朔所作，顾颉刚曾将它们合称为"伪东方朔书"："不想到了南北朝时代还有两部他的假书新做出来，为郦道元所见而采入《水经注》。这两部书，一名《神异经》，是模仿《山海经》的，所以也以'荒经'标题。一名《十洲记》，是模仿邹衍的大九州说的，说大海之中的十个大岛。"[1]

可以确定，两书均不见于《汉书·东方朔传》所列著作，应与东方朔没有关系。顾颉刚认为两书为南北朝时期作品，这也是学界比较普遍的观点。此前，一度有学者根据《左传·文公十八年》孔颖达疏文称汉末服虔曾引用《神异经》而推知该书成于汉代[2]，

---

[1] 顾颉刚：《伪东方朔书的昆仑说》，《顾颉刚古史论文集》卷六，北京：中华书局，2011年，第443—447页。
[2] 余嘉锡：《四库提要辨证》，北京：中华书局，2007年，第1124—1125页；李剑国：《唐前志怪小说史》，第176—177页。

但这条孤证很有可能是孔颖达引用或后世传抄有误所致[1]。《十洲记》为六朝新撰,则几乎没有争议,且该书可能有上清教徒参与创作[2]。

《神异经》和《十洲记》均表现出地理博物特性,不设中心人物。东方朔虽于《十洲记》出场,但也只是向武帝讲述"八方十洲"的旁白式人物。两书可视为《山海经》在汉魏六朝时期的变容之作,因为它们均流露出模仿《山海经》的痕迹。具体表现为依地理架构记述山川异物的文本形式,《神异经》依"九荒"架构(从东荒顺时针到东北荒为八方八荒,外加中荒),《十洲记》则依四海铺陈"十洲三岛"。且所述异物与《山海经》不无沿袭,如《神异经》中讲到的"混沌""穷奇""啮铁兽"等,均可在《山海经》中找到原型。

相比模仿,我们更关注两书所做改变。鲁迅曾评价《神异经》"略于山川地理而详于异物"[3],鲁迅敏锐地注意到《神异经》虽与《山海经》性质相近,但叙事重心已由"地理"转变至"异物"。这个观察很有见地,被后来学者广泛引述,如李剑国指出:"从叙事文体上看,《神异经》大大淡化了地理背景,主要是记叙异物,这就比《山海经》具备了更充分更纯正的小说意味。"[4]

《山海经》详述各山、各国间相对位置及道里距离(《海经》

---

[1] 详细讨论可参看周金泰:《五行学说与博物志怪编纂——从〈山海经〉到〈神异经〉的文本结构演变》,《浙江学刊》2021年第6期。
[2] 李丰楙:《〈十洲记〉研究——十洲传说的形成及其演变》,《仙境与游历:神仙世界的想象》,第264—317页。
[3] 鲁迅:《中国小说史略》,第15页。
[4] 李剑国:《唐前志怪小说史》,第181页。

《大荒经》部分内容虽未标具体距离，但亦清晰标明各国相对位置），其间异物带有"风物"色彩，目的在于形成对地理景观的完整认识。《神异经》恰与此相反，地理景观是服务于异物的，比如讲"东荒"，所有异物开头就都是笼统的"东方有"或"东海有"，并不说清具体地名以及异物间的相对位置，这里的方位不过是安置异物的背景，是为了补足叙事而需要填充一个方位元素，因此并不具备实际地理意义。

《十洲记》虽标出了相对位置及距离，但正如学者已注意到的，这些距离动不动就是"三十六万""七十万"等天文数字，给人遥不可及、虚幻缥缈之感，似乎有意强调作者是在一个虚幻空间中建构神异世界[1]。

可以说，《神异经》与《十洲记》的共同特点是：地理元素淡出，异物元素凸显，"地志"成了"物志"。从博物学角度而言，这与古人对自然界物种认知及利用程度加深不无关系。如《神异经》提到南荒有沛竹："长数百丈，围三丈六尺，厚八九寸，可以为船，其子甚美，煮食之，可以止疮疠。"[2]这里指出沛竹具有造船、食用、药用价值，该类巨竹虽未必真实存在，但对它的想象应有现实依据。如竹笋可以"止疮疠"，相关记载不见于汉代《本经》"竹叶"条，但在陶弘景增补汉魏名医资料而成的《名医别录》中，"竹叶"条则多出"竹笋，味甘，无毒。主消渴，利水

---

[1] 张乡里：《唐前博物类小说研究》，上海：上海古籍出版社，2016年，第211—212页。
[2] 王国良：《神异经研究》，台北：文史哲出版社，1985年，第70页。下文有关《神异经》的引用均据此版本，为行文简洁，不再出注。

道，益气，可久食。干笋，烧服，治五痔血"的记载，[1]可见《神异经》这一记载应与汉魏之际认知扩展有关。又如《神异经》还提到汗血马，自然是武帝伐大宛之后的事。

伴随认知加深，对异物的心态也发生了微妙变化，即恐惧心理逐渐消失。张乡里指出："在汉代的地理书中，对动物充满恐惧的心理不见了，取而代之的是对既定秩序的维护。"[2]她以同见于《山海经》与《神异经》的旱魃为例，指出前者面对旱魃呈现无能为力的祈求心态，后者则有具体制御之法了。[3]这一观察比较符合早期知识史逻辑，如张光直早前曾注意到，商周时期人在神奇动物前处于隶属地位，周代以后才逐渐摆脱，直至成为胜利一方。[4]对精怪的博物辨识行为是一个化未知为已知的过程，本身就是一个逐渐消除恐惧的过程。

如果说《山海经》中的博物学具有蛮荒的巫觋色彩，那么这层色彩在《神异经》与《十洲记》中正被逐渐剥离出去，而出现"世俗化"与"儒家化"倾向。世俗化倾向在求仙不死问题上表现得最为突出。《山海经》虽有不死观念，但正如袁珂已注意到的，其中的不死民、不死国多为"天生"不死，而非服药不死，所以"人们只能在幻想中企而羡之，却无法通过实践向他们学习"[5]。《海

---

[1] 陶弘景撰，尚志钧辑校：《名医别录》（辑校本），北京：中国中医药出版社，2013年，第105页。
[2] 张乡里：《唐前博物类小说研究》，第222页。
[3] 张乡里：《唐前博物类小说研究》，第222—223页。
[4] 张光直：《商周神话与美术中所见人与动物关系之演变》，《中国青铜时代》，北京：生活·读书·新知三联书店，2013年，第409—435页。
[5] 袁珂：《中国神话史》，北京：北京联合出版公司，2015年，第122页。

内西经》虽提到不死药,但却是给无罪而死的天神窫窳服用的,且这里的不死药是用于死而复生,而非使人不死。而在《十洲记》中,异物几乎全是金芝玉草、甘液玉英等不死之药,其作用是使凡人长生,体现出强烈的世俗倾向。与此相关,仙的形象也逐渐世俗化。《山海经》中的诸神大多由人兽拼接而成,呈现出原始图腾崇拜下的蛮荒状态。《神异经》与《十洲记》中虽不乏这类原始图腾神灵,但更多则是人格化之后的神,这类神已与自然图腾无关,而是比照世俗社会而来。如《神异经》讲到河伯:"西海水上有人,乘白马,朱鬣,白衣玄冠,从十二童子。"《十洲记》讲到瀛洲:"洲上多仙家,风俗似吴人,山川如中国也。"[1]神的外貌、装扮、生活习俗等均近于常人,这是古代仙人形象一次重要转变。[2]

《神异经》还特别表现出儒家化倾向,李剑国指出"是书作者非方士巫祝之辈,而是儒生"[3]。该书多处呈现儒家色彩,如对儒家善、敬、美等理念的宣扬:"男女便转可爱,恒分坐而不相犯,相誉而不相毁。见人有患,投死救之。名曰善。一名敬,一名美。"又如对礼、法的强调,"礼"的例证如"西海之外有鹄国焉,男女皆长七寸。为人自然有礼,好经纶拜跪";"法"的例证是对象征正义的神兽獬豸的较早记述:"东北荒中有兽焉,其状如羊,一角,毛青,四足似熊。性忠而直,见人斗则触不直,闻人论则咋不正,名曰獬豸,一名任法。"此外,我们要特别指出一个例

---

[1] 王国良:《海内十洲记研究》,台北:文史哲出版社,1993年,第61页。
[2] 郑土有:《中国古代神话仙话化的演变轨迹》,《中国仙话与仙人信仰研究》,上海:上海人民出版社,2016年,第40—59页。
[3] 李剑国:《唐前志怪小说史》,第182页。

子,即《神异经》中提到西南荒"圣人",生动反映了儒家"圣人辨物"的博物传统[1]:"西南大荒中有人,长一丈,腹围九尺。践龟蛇,戴朱鸟,左手凭白虎,知河海斗斛,识山石多少,知天下鸟兽言语。土地上人民所道,知百谷可食,识草木咸苦,名曰圣,一名哲,一名先,一名无不达。凡人见而拜之,令人神智。"

《神异经》虽呈现儒家色彩,却仍有与方术混溶的一面,即那些善人、圣人、知礼守法之人,仍保留较多神话元素,流露出巫觋思维向儒家思维过渡的痕迹。

如果说在《山海经》的时代,博物是附着在地志上的"地志博物学",那么在《神异经》《十洲记》的时代,博物则日益从地志中分离出来,转变成以增广见闻为中心的"专业博物写作"。接下来,我们将从《山海经》与《神异经》文本结构对比问题入手,对此观点再做申说。

《山海经》山、海、荒的文本结构具备一定地理内涵,仿《山海经》而作的《神异经》采用了九荒文本结构。九荒虽是承自《山海经》的地理空间概念,但已无实际地理内涵,而与五行学说结合,演变成为分类异物的框架,甚至五行学说独特的推类模式也成为《神异经》制造虚拟异物的重要方式。五行学说作为中国古代最具特色的博物认知及分类方式,是理解博物志怪从《山海经》到《神异经》文本结构演变的关键,它表明六朝博物志怪不再受限于地理元素,更趋向于一种世界图景理解模式。

---

[1] 相关讨论见周金泰:《孔子辨名怪兽——试筑一个儒家博物学传统》,《史林》2021年第1期。

《山海经》虽颇多语怪，然不无地理依据，其文本纲目也多由实际地理方位演化而来。具体表现为：第一，文本纲目具有标注地理位置的实际功能；第二，文本纲目间无规律可循，与现实山川之复杂性匹配；第三，部分文本纲目可坐实地域范围。早期图书分类中，《汉书·艺文志》将《山海经》归入"数术略"之"形法类"，可能取"相地形"之意，即小序所言"大举九州之势"，但这也可能是《汉书·艺文志》不设地理类的权宜分法。在《隋书·经籍志》中，《山海经》已明确归入史部"地理类"，可见中古时代，视《山海经》为地理书的观念似乎趋于稳定。

　　《山海经》问世时，阴阳五行学说已开始流行，但并不系统，因为基于宇宙关联图式的机械五行理论可能要到战国中晚期的《月令》方才定型。《月令》的成文年代也是学术史中聚讼纷纭的争议话题，但它晚于《山海经》问世则大体无误。[1]因此，《山海经》叙事虽偶合五行配置，但总体不受其影响，特别是其整体文本结构与五行无关。

　　《山海经》除《大荒经》外，叙事皆以"南"为始，这与五行以"东"为始不符。五行亦为时序，故以春之木行为始，空间叙事则以木行"东"为始，此亦取木行主生发之意。后世《孔子家语》借孔子之口对这一五行用事原则做出总结："五行用事，先起于木，木东方，万物之初皆出焉，是故王者则之，而首以木德王

---

[1] 一般认为《月令》是战国中后期作品，参杨宽：《月令考》，《古史探微》，上海：上海人民出版社，2016年，第501—550页。蒙文通亦指出："《山海经》的写作年代也不能晚于公元前四世纪中叶邹子五运之说兴起之后。"见蒙文通：《略论〈山海经〉的写作时代及其产生地域》，中华书局上海编辑所编辑：《中华文史论丛》总第1辑，北京：中华书局，1962年。

天下，其次则以所生之行，转相承也。"[1] 而《山海经》叙事以"南"为始，是其文本结构未受五行影响的重要证据。对于这一安排，蒙文通曾指出或与《山海经》出自巴蜀史巫之手有关。[2] 但更有可能的是，中国早期地图，特别是一些数术书的插图，多遵循"上南下北""以南为尊"的原则。[3]《山海经》叙事不合五行顺序，却合此地图制绘原则，可再次证明其文本结构应以地理观测为基础。

《山海经》中出现若干组"四方"叙事，但均未与五行相配，例如《山海经·海外四经》提到四方神：

> 南方祝融，兽身人面，乘两龙。（《山海经·海外南经》）
>
> 西方蓐收，左耳有蛇，乘两龙。（《山海经·海外西经》）
>
> 北方禺强，人面鸟身，珥两青蛇，践两青蛇。（《山海经·海外北经》）
>
> 东方句芒，鸟身人面，乘两龙。（《山海经·海外东经》）

---

[1] 高尚举、张滨郑、张燕校注：《孔子家语校注》，北京：中华书局，2021年，第342页。
[2] 前揭蒙文通：《略论〈山海经〉的写作时代及其产生地域》。
[3] 关于中国古代地图测绘方向的问题，可进一步参看李零：《说早期地图的方向》，《中国方术续考》，北京：中华书局，2006年，第206—217页。对《山海经》叙事以"南"为首的讨论，可进一步参看叶舒宪、萧兵、郑在书：《山海经的文化寻踪——"想象地理学"与东西文化碰触》，武汉：湖北人民出版社，2004年，第10—117页。

又《月令》中有系统五方神，分别为：东方句芒，南方祝融，中方后土，西方蓐收，北方玄冥。两相比较，显而易见的差别是北方神不同，且《山海经》不设中方神。但更重要的区别是：《月令》中的五方神与四时相配，严格遵循五行配置，而《山海经》中的四方神尽管装扮相近，但未做匹配五行的区分。

像四方神这样与五行存在一定关联但并未严格匹配五行学说的情况，《山海经》中还有很多。如《山海经·大荒西经》云："昆仑之丘，有神人面虎身，有文有尾，皆白处之。"吕子方认为这一记载后与巴氏廪君故事结合，逐渐演变成西方配白虎。[1]有不少学者据上述材料就直接指出《山海经》中已有五行观念，但这类说法可能混淆了时间序列，是用后见之明看历史。因为系统阴阳五行学说的形成经历了一个历史过程，在此过程中，《山海经》本是其知识来源。《山海经》成书早于《月令》，并无机械五行关联配置，行文中偶见的五行元素，实为后世系统五行学说形成过程中所吸收和利用的知识资源，但它们最开始出现于《山海经》中时，尚未被赋予建构完整五行理论之自觉。特别是，五行元素只是零星呈现，并未成为划分整体文本纲目的依据，《山海经》的文本结构仍是基于地理观测展开的。

《神异经》文本采用九荒结构，即东、东南、南、西南、西、西北、北、东北八荒及中荒，其叙事"详于异物"，九荒服务于异物叙事，已无实际地理内涵。《神异经》九荒十分模糊，不标道

---

[1] 吕子方：《读山海经杂记》，杭州：浙江人民美术出版社，2018年，第22—24页。

里，亦不标各地点间相对位置。在这样的叙事中，九荒不过是安置异物的背景，当九荒失去地理依托，便纯是想象之物，已无须采用《山海经》囿于现实地理环境的山、海、荒多层级错落结构，转而趋向齐整。九荒以中荒为中心，八荒环布周边，呈现类似八卦图的机械形态。这种形态不与地理匹配，而与五行匹配，其实际功能是将天下异物分成九组"异物群"。当九荒表现出分类功能时，作为中国古代基本分类原理的五行学说的介入就水到渠成了。

《神异经》舍弃《山海经》中较具地理意义的山、海纲目，唯独继承介于想象与地理之间的荒纲目。较之《山海经》四荒，《神异经》九荒想象成分更重，其本质是与五行匹配的分类图式。《神异经》九荒不以南为始，暗示其与地图制绘无关，其以东为始，应是匹配五行的有意安排。今本（即何允中及王谟本）《神异经》的九荒排序为：东、东南、南、西南、西、西北、北、东北、中。不过《神异经》早期完整刊本未见流传，明清丛书始见数本，余嘉锡谓何允中广汉魏丛书本："知其所据必是旧本，非如《搜神记》《述异记》之类，出于抄撮者比也。"[1]然余氏仅为推测，故今本九荒排序是否经过明人调整，当存疑。但《神异经·中荒经》提到天下之宫，其排序以东为始，虽文字不整，仍可看出大致以东、西、南、北为序。无论从《神异经》继承《山海经·大荒经》来看，还是从《神异经·中荒经》的宫室布局来看，都可推知《神异经》九荒当以东为始，只不过可能存在东、南、西、北和东、西、南、北两种情形，但它们均与五行相配，则无疑义。

---

[1] 余嘉锡：《四库提要辨证》，第 1123 页。

五行学说的核心要旨是一种推类模式（关联式思维），先整体搭建起五行框架，再向其中填充物项，近似《史记·孟子荀卿列传》评价邹衍所云"必先验小物，推而大之，至于无垠"[1]。《神异经》遵循了这一模式，可看下面两则材料：

> 南荒外有火山，[长四十里，广五十里]。其中生不尽之木，昼夜火燃，得暴风不猛，猛雨不灭，[火中有鼠，重百斤，毛长二尺余，细如丝。恒居火中，时时出外，而色白，以水逐沃之，即死。绩其毛，织以作布，用之若污，以火烧之，则清洁也。]（《神异经·南荒经》）

> 北方层冰万里，厚百丈，有磎鼠在冰下土中焉。[其]形如鼠，食[冰下]草木，肉重万斤，可以作脯；食之，已热。其毛[长]八尺，可以为褥，卧之却寒。其皮可以蒙鼓，[其声]闻千里。有美尾，可以来鼠。此尾所在，鼠辄聚焉。（《神异经·北荒经》）

南北荒各有神鼠，一为火鼠（又名"火光兽"），一为磎鼠，其叙事结构明显雷同：火鼠生火中，位于南荒，配火行；磎鼠生冰下，位于北荒，配水行。显然，这是根据推类原理"制造"了符应五行的相应鼠类。

又可看如下两则材料：

---

[1] 司马迁：《史记》卷七十四《孟子荀卿列传》，第2848页。

南方有银山[焉]，长五十里，[广四五里]，高百余丈，悉是白银。不杂土石，不生草木。（《神异经·南荒经》）

西方白官之外有山焉，其长十余里，广二三里，高百余丈，皆大黄之金。其色殊美，不杂土石，不生草木。（《神异经·西荒经》）

对南荒银山及西荒金山的刻画，文字雷同，亦明显属于推类模式。

更重要的是，《神异经》东、南、西、北四荒，可与木、火、金、水形成一一对应，这是其文本结构受五行学说影响的最有力证据，现逐一予以分析。

东荒与木行。今本《神异经·东荒经》存十一条，其中七条讲异树，分别为：豫章、扶桑、木梨、桃、强木、栗、橘柚，说明树类被集中安排在东荒以配木行。其余各荒较少讲树，南荒、北荒虽有少量，但下文将指出，它们多为具有原型依据的地方性树种，故遵循事实置于相应方位。剩下四条中，一条讲东王公，作为想象出来的西王母"镜像"，理应置于东荒；又一条则讲扶桑山之玉鸡、金鸡、石鸡等，鸡在六畜中亦为木行春畜；另两条分别讲东海山海景观和善人，景观并非异人异物，故不具备五行分类意义，善人作为人类，各荒均有分布，亦不具分类意义。综上，树木、鸡和东王公，共同凸显出东荒之木行属性。

南荒与火行。今本《神异经·南荒经》存十二条，但其中三条重复讲火鼠，故实为十条。上文讨论过的"火鼠""银山"均位于南荒，它们由五行推类产生，故合于五行配置。但其余八条似与五行无关：异人两条，即驩兜和旱魃，驩兜即相传尧舜时苗蛮部族首领，故位于南荒，旱魃位于南荒可能与火主干旱有关。异树四条，柤梨、如何、沛竹、甘蔗，但柤梨条，《太平广记》卷四一〇引之作"东方大荒"[1]，故此条辑入南荒尚有争议，从今本《神异经·东荒经》载"木梨"来看，该条辑入东荒似更为合理；"如何"是一种随刀改味的怪树，而沛竹、甘蔗均有现实原型，多生于南方。最后两条分别是名为细蠛的蜚虫，以及似鹿而豕首的无损兽。南荒物项最为复杂，除火鼠、银山符合五行配置，异人不具备讨论意义外，其余六条（若"柤梨"辑入东荒则为五条）皆为乱序：树木当入木行；蜚虫属介虫，当入水行；无损兽属毛虫，当入金行。但南方物产丰饶，沛竹、甘蔗、蜚虫等动植皆有现实依据，它们多出南方，其入南荒应是尊重事实的处理方式。故目前只有"如何树"和"无损兽"为何入南荒尚无法得到解释。

西荒与金行。今本《神异经·西荒经》存十条，但有两条重复讲梼杌，故实为九条。其中五条讲异人，分别为：河伯使者、有鹄国民、苗民、獏㺲、山臊。《西荒经》多讲异人，是引人注目的现象。我们认为应对《神异经》中的异人做出区分：一类确为人类，《神异经》详述其外貌、穿着、品性等，如前文所述，这类异人一般不具分类意义；另一类异人并非人类，而是外形似人的野兽，《神异经》行文时亦常述其与人类互动，如山臊"性不畏人"，暗示它们有别于人类。《西荒经》五条异人中，河伯使者、有鹄国民属前者，苗民、獏㺲、山臊则属后者。那么西荒多载异人便可得到

---

[1] 李昉等编：《太平广记》，北京：中华书局，1961年，第3325页。

解释，因为五行动物分类法中，毛虫（兽类）归入金行，并以虎为毛虫之长，苗民、獏㹮、山臊归入金行乃因其为野兽。五条异人之外，又两条讲浑沌、梼杌，前者似犬而长毛，后者似虎，均是标准的金行毛兽；又一条讲蛇，蛇之五行属性相对复杂，它与龟配则为玄武入水行，《汉书·五行志》中又与龙一并入"皇极传"，若单论蛇，则一般视为金行动物；又一条则是符合五行推类模式的白宫金山。可以说，《西荒经》异物，除人类不具分类意义外，其余皆表现出金行属性。

北荒与水行。今本《神异经·北荒经》仅存四条，其中三条与水行有关：除上文提到的符合五行推类模式的冰下磎鼠外，还有恒冰石湖，湖中有横公鱼，又有名曰"天鸡"的巨型海鸟，整日捕食海中鲸鱼。显然，三条叙事均围绕水元素展开。余一条则讲枣林大枣，枣林本应归入东荒配木行，置于北荒应是北方盛产大枣之故。

综上，除南荒"如何树""无损兽"暂无法得到解释外，《神异经》四方异物可分三个层次：第一层是人类，一般各荒均有分布，不具分类讨论意义；第二层是具有原型的实物，如东荒桃树、南荒甘蔗、北荒枣林等，一般尊重现实，置于原产地相应方位；第三层异物最丰富且数量最多，多为想象出的虚拟异物，它们基本全部遵循五行配置，甚至还依五行推类模式制造了配合不同方位的异物。这进一步提示了五行的适用限度：五行更适用于虚拟异物，既是分类它们的方法，有时也是推类制造它们的途径。

除四正方位荒外，九荒还包括中荒及四中间方位荒，但它们与五行的关系稍显暧昧。《神异经·中荒经》多讲宫室，乃配土行之故，如《汉书·五行志》中，过度修治宫室会导致"稼穑不成"，因此归入土行。[1]除宫室外，中荒内部又分出了东、南、西、北等方位叙事，似乎内部又推衍出一个新的九荒世界，各方位均分布有人类及奇异动植。对于这种情形，我们认为可能与土行主万物观念有关，《素问》云："土者，生万物而法天地。"[2]《汉书·五行志》亦云："土，中央，生万物者也。"[3]

因五行仅与五方相配，故东南、西南、西北、东北这些中间方位荒可能不受五行影响。从上引《神异经·中荒经》天地之宫、神仙之宅的材料来看，有东南黄石、西北黄铜、西南黄铜、东南青石等不同配法，并无五行规律可循，故目前尚无法厘清四中间方位荒与异物的关系。不过，《神异经》之《西北荒经》与《东南荒经》分别载天门、地户，又《中荒经》载东北鬼门、西南人门，已与八卦图式相符。

《神异经》中间方位荒与五行的关系，我们暂时无法给出明确结论，中荒则可能又是一个自成体系的九荒世界，四正方位荒中也有一些出于现实世界考虑而出现的乱序现象。基于如上事实，我们显然不能说《神异经》九荒结构完全受到五行支配。但东、南、西、北四荒，尤其是其中虚拟异物叙事大多符应五行配置，则是应当承认的事实。五行既对这些异物进行了分类，又依推类原理复制出新的异物，因此可说，五行学说介入了《神异经》文本形成过程及文本排布结构。

《山海经》是奠定中国博物学传统的重要作品，它在汉魏之际

---

[1] 班固：《汉书》卷二十七《五行志》，第1338页。
[2] 田代华整理：《黄帝内经素问》，北京：人民卫生出版社，2005年，第289页。
[3] 班固：《汉书》卷二十七《五行志》，第1338页。

经历了变容。以往学者论及这个问题，多从学术史角度入手，关注汉魏学者对于《山海经》的利用与整理问题，如刘安文士集团利用《山海经》编《淮南子》、《史记》首见《山海经》之名、刘歆校定《山海经》、郭璞注《山海经》等。[1]但变容最直接的表现，是一批"类《山海经》作品"的集中出现，它们模仿《山海经》而作，同时也做出改造。地理发现、经学伦理、佛道教义等带来的新的关于物种辨识与分类的知识资源，是改造得以发生的前提。

"汉武博物小说"、《神异经》与《十洲记》均属此类变容作品。"汉武博物小说"代表了一种人间化帝王博物学传统的形成；《神异经》与《十洲记》并无个人主义色彩，故与《山海经》性质更近，但改变也显而易见，集中表现为淡化了《山海经》的地理与巫觋特征，逐步转向对异物世俗价值的刻画，异物真正成为书写重心，巫觋思维也已开始悄然向儒家思维过渡。

伴随大一统帝国的建立与扩张，《山海经》中有关地理内容的想象部分逐渐被淡化，但人们对异物却仍抱有幻想空间，特别是又将其与长生不死的世俗追求结合，兴趣更是有增无减。同时伴随博物知识的积累与进步，不少动植的医药价值被开发出来，这更刺激了时人乐观地相信不死仙药真实存在。也就是说，博物知识的进步不仅不会带来对虚构异物世界的怀疑，反而可能会激发进一步探索未知世界的热情。从这个角度而言，对于异物的虚妄想象与对于现实物种的开发利用是同步展开的。

---

[1] 相关讨论见陈连山：《〈山海经〉学术史考论》，北京：北京大学出版社，2012年，第29—102页。

敦煌写本《韩擒虎话本》校注（上）

《敦煌变文全集》课题组
郑天楠、张涌泉执笔
（浙江大学古籍研究所）

内容摘要：敦煌遗书 S.2144《韩擒虎话本》以韩擒虎辅佐隋文帝为背景，讲述了渡江灭陈、招安武将、奉使和蕃、射雕比拼等几个主要故事，意在突出其英勇、慈善的人物形象，为最后被点为"阴司之主"做好铺垫。原文已初步具备宋元话本的特征，盖为韵散结合的变文发展为话本的过渡形态，对于研究话本小说的发展具有很高的价值。本文在前修时彦研究成果的基础之上，依据我们自购的彩色图版及国际敦煌项目网站、出版物公布的图版等，对该写本进行汇校汇注，是最新的研究成果。

关键词：韩擒虎话本；S.2144；汇校；汇注

敦煌写本 S.2144 有"画本"一种，首尾俱全，内容完整。共二百一十八行，每行约二十七字，个别行地脚略有残损。无界栏。字迹普通，用墨浓淡不均，字里行间有校改痕迹。原卷无题，但卷末称"画本既终,并无抄略"。所谓的"画本",论者多以为"话本"之讹,也有人认为"画"字不误。后一说认为,变文的说唱和话本的讲说原本都是配合图画进行的,如 P.4524《降魔变》显示的那样,图文结合。从图的角度而言,可以称"变""变相""画本",从文的角度而言,则可称"变文""话本"或"小说"。本篇末称"画本",正是侧重于图而言,只是抄下来的只有文字部分罢了。所以本篇标题的拟定,也颇有歧异,如胡士莹《话本小说概论》拟题"韩擒虎画本",《索引》《索引新编》则题"韩擒虎小说",《黄目》拟题"韩弅虎小说",《变集》《英藏》《选注》《校注》等拟题"韩擒虎话本"。[1]其中最后一种名称最为流行,今姑从之。

韩擒虎(538—592),字子通,隋初河南东垣(今河南新安)

---

[1] 下列文献本文引用较多,统一使用简称:《变集》——王重民等编:《敦煌变文集》,北京:人民文学出版社,1957年;《索引》——商务印书馆编:《敦煌遗书总目索引》,北京:中华书局,1983年;《黄目》——黄永武编:《敦煌遗书最新目录》,台北:新文丰出版公司,1986年;《讲唱》——张鸿勋选注:《敦煌讲唱文学作品选注》,兰州:甘肃人民出版社,1987年;《选注》——项楚:《敦煌变文选注》,成都:巴蜀书社,1989年;《校议》——郭在贻、张涌泉、黄征:《敦煌变文集校议》,长沙:岳麓书社,1990年;《汇编》——刘坚、蒋绍愚主编:《近代汉语语法资料汇编(唐五代卷)》,北京:商务印书馆,1990年;《英藏》——《英藏敦煌文献(汉文佛经以外部分)》第四卷,成都:四川人民出版社,1991年;《新书》——潘重规编著:《敦煌变文集新书》,台北:文津出版社,1994年;《校注》——黄征、张涌泉校注:《敦煌变文校注》,北京:中华书局,1997年;《通释》——蒋礼鸿:《敦煌变文字义通释》(增补定本),上海:上海古籍出版社,1997年;《索引新编》——敦煌研究院编:《敦煌遗书总目索引新编》,北京:中华书局,2000年;《齐谐》——伏俊琏、伏麒鹏编著:《石室齐谐》,兰州:甘肃人民出版社,2006年;《小说》——窦怀永、张涌泉汇辑校注:《敦煌小说合集》,杭州:浙江文艺出版社,2010年;《释录》——郝春文等编著:《英藏敦煌社会历史文献释录》第十一卷,北京:社会科学文献出版社,2014年。

人。其父韩雄曾为北周大将军，官至洛、虞等八州刺史。韩擒虎"少慷慨，以胆略见称，容貌魁岸，有雄杰之表"，"性又好书，经史百家皆略知大旨"（《隋书·韩擒列传》），遂为西魏丞相宇文泰所赏识，常令他与诸子在宫中交游。北周时，韩擒虎因军功拜为都督、新安太守，后迁仪同三司。韩雄去世后，韩擒虎又承袭父亲爵位，授新义郡公。入隋后，经高颎推荐，韩擒虎任庐州总管，坐镇庐江（今安徽合肥），以备灭陈。开皇八年（588）冬至九年春，隋以韩擒虎为先锋，率精兵五百人自横江夜渡，袭取采石（今安徽当涂），复取建康（今江苏南京），并俘陈后主叔宝于枯井之中。韩擒虎以功进位上柱国大将军，后以行军总管屯金城（今甘肃兰州），以防备突厥，旋任凉州总管。开皇十二年（592），韩擒虎还京，不久病卒，时年五十五岁。韩擒虎事迹可见于《隋书·韩擒列传》，该传或即本篇故事敷演之源。又《北史·韩雄传》附其子擒虎事迹，亦与本篇情节有一致之处。但本篇中与使者赌射一事，本是贺若弼事（见《隋书·贺若弼传》），一射双雕则是长孙晟事（见《隋书·长孙晟传》），由作者移花接木，移植于韩擒虎名下。

　　该话本以韩擒虎辅佐隋文帝为背景，选取了渡江灭陈、招安武将、奉使和蕃、射雕比拼等几个情节为主线，意在突出其英勇、慈善的人物形象，为最后被点为"阴司之主"做好铺垫，情节夸张，语言生动，极富感染力。至于小说的创作时间，较早时论者多把本篇定作"唐话本"，以为撰作于唐五代时期。后来韩建瓴根据文中的"殿头高品"等官爵名号乃北宋初叶始置，因此改定作"宋话本"。韩氏又云，唐人避高祖李虎讳，前人名有同之者，或改称其字，或删去所犯之字，或以"兽""豹""熊"等兽名代之，而本篇韩擒虎名凡六十二见，均直书作"韩夈虎"或"夈虎"，不避唐讳，足以见本篇之作远在唐以后。今考"虎"字原卷作本形，或作"乕"（乃"虎"的隶变俗体），确不避唐讳。但何以"擒虎"的"擒"皆作"夈"，韩氏却未作说明。其实底卷"擒虎"作"夈虎"，恐与避唐讳有关。唐高祖名虎，韩擒虎竟然要擒"虎"，"擒"字自然是不能用的，故改而作"夈"。《北史》本传"韩擒虎"作"韩禽"，云"本名禽武"，改"擒"作"禽"，又略去"虎"字，当亦与避"虎"字讳有关，可以比勘。又原卷云："臣愿请军，克日活捡（擒）陈王进上。"又："将士亦（一）见，当下捡（擒）将，把托将军马前。"前一例"捡"字原卷初作"擒"，又涂去而改书作"捡"。"捡"当是"擒"受"夈虎"的"夈"这个避讳借音字的影响而产生的后起形声字（《集韵·沁韵》"捡"字音丘禁切，按也，乃别一字），可参。如果这一推断可信，则本篇必然在唐代就已经初步成形，至于"韩夈虎"的"虎"字反而不改避，并出现若干唐代之后的官爵名号，或许与本篇最终的写定时间已到宋初有关。

这篇话本的源头大约是记录者现场记录的，所以出现了大量记录音同、音近字的情况，如"素"作"诉"、"城池"作"城迟"、"势"作"世"、"神思"作"神赐"、"浃背"作"甲贝"等等。部分别字底卷旁注了本字，如"贺若弼"凡七见，"弼"字原来皆误作"迫"，底卷右旁改作"弼"，又如底卷"省"右旁改作"腥"、"注"右旁改作"铸"、"灸"右旁改作"救"、"遍"右旁改作"变"等等，数量很多，应该都是听音记字的结果。底卷还有多处空格待补的情况，如"眼[瞒]耳热""[赫]得甲贝（浃背）汗流"，其中"瞒""赫"所在位置底卷本有一字空格，大约是记录者一时想不出该字写法就姑且留空了。又"况（向）雕前翅过"句，"翅"字下底卷空一格未书，疑需补字，而下文有"况（向）前雕咽喉中箭，突然而过"句，也许前句"前翅"与"过"之间脱漏"中箭，突然而"一类的文字，记录者一时来不及记录，便做一个空格处理了。卷末云"皇帝亦（一）见，满目泪流，遂执盏酹酒，祭而言曰"，按理"祭而言曰"之下应有一段祭文，但底卷却直接接抄"画本既终，并无抄略"，究其原因，恐怕也与祭文语言古奥，听音记字有难度，记录者遂不得不付之阙如了。

本篇最早由王庆菽于1950年从伦敦据底卷抄回，据内容拟题并仔细校理后收入《变集》。后潘重规《新书》，项楚《选注》，张鸿勋《讲唱》，郭在贻、张涌泉、黄征《校议》，刘坚、蒋绍愚《汇编》等论著又有增益；至黄征、张涌泉合著《校注》总汇诸家成果，集其大成。伏俊琏、伏麒鹏又做整理，收入《齐谐》。窦怀永、张涌泉从古代小说的角度重新予以整理，收入《小说》，至今称善。后郝春文等亦做整理，收入《释录》。

兹据我们自购的彩色图版及国际敦煌项目网站、出版物公布的图版等，并参考前贤的研究成果，重新校录如下。

會昌（周）帝臨朝之日[1]，不有三寶[2]，毀坼迦（伽）藍[3]，感得海內僧尼，盡惣還俗迴避。説其中有一僧，名号法華和尚，家住邢州，知主上無道，遂複裹經☒（題）[4]，真

---

[1] 會昌，彩色照片字形清晰可辨，《校注》稱"二字难辨"，乃因缩微胶卷清晰度不够所致；但"会昌"为唐武宗李炎年号（841—846），而本篇主人公韩擒虎仕宦自北周入隋，与唐代无关，《变集》因谓"因周武帝和唐武宗都是反对佛教的，所以说话人对历史年代发生错误"；《校注》认为"本话本多借古讽今，不拘史实，故未必是因缺乏历史知识而发生错误"；刘瑞明（《不明校勘，冤枉变文作者》，《刘瑞明文史述林》卷六"敦煌学论集"，兰州：甘肃人民出版社，2012年）谓"会"是会逢、适会的意思，"昌"是"周"之形误，其后脱一"武"字，理由是"年号与'帝'字连说，只是明清两代一帝一号才有的事"。今按："年号＋帝"的说法唐代已见，如《南诏德化碑》"五年，范阳安禄山窃据河洛，开元帝出居江、剑"，其中的"开元帝"即指唐玄宗。但刘校称"昌"为"周"之形误，则近是。底卷"会……之日"本指当什么时候，抄者因"会昌"习语，遂误"周"为"昌"。◎帝，《变集》误作"既"，《新书》称原卷作"帝"，是。兹从正。"周帝"应即指周武帝。
[2] 有，《选注》谓通"友"；《校注》疑当作"存"；《小说》疑为"信"之形误，近是。"不信三宝"之语习见于佛典，如隋阇那崛多译《大法炬陀罗尼经》卷一六"放光佛本事品第四十"："不识恩养非法众生，不信三宝，不敬沙门及婆罗门，不孝父母，不友兄弟，不知尊卑，诸如是等失心众生，堕空劫中专行恶法。"
[3] 坼，《变集》《新书》括校作"拆"，《选注》径改作"拆"，《校注》谓"'坼'即'拆'的古字，不当校改"。《校注》说是。"拆"字《说文》不载，实即"坼"的后起分化字。◎◎伽藍：《汇编》称"迦蓝"通常作"伽蓝"，梵语音译用字之异，全译为僧伽蓝摩，又作"僧伽蓝"，僧众所住之园庭、寺院之通称也。
[4] 複，《变集》及《新书》《选注》《校注》录作"復"，《选注》《校注》又括校作"複"；《小说》录作"複"，谓底卷似本作"復"，后在原字上涂改作"複"，兹从之。《通释》谓"復"同"複"，"複"又是"襆""幞"的通用字，也就是现在说的"包袱"的"袱"（"袱"乃后起字），引宋周必大《二老堂杂志》卷四"辨襆字"条"帊襆之襆，音服，当如此写，故《玉篇》与'帊'字相连。今通上下皆作'袱'字，乃福音"。可见"襆"写作"複"当时几已成通例。◎裹，底卷作"裹"，《龙龛·衣部》以之为"裹"的俗字。《变集》及《新书》《选注》《校注》皆径录作"裹"。◎题，下部底卷略有残泐，《变集》录作"题"，形近，但"经题"含义可疑，《讲唱》释为"经书，经籍"，未见证据；《校注》疑当作"经帙"，可备一说。◎◎複裹：亦作"服裹"，指打包、

（直）至随州山内隐藏[1]。权时繫（结）一茅菴[2]，莫不朝朝转念[3]，日日看经[4]。感得八个人，不显姓名，日日来听。或朝一日，有七人先来[5]，一人后到。法华和尚心内有宜（疑），发言便问："启言老人，住居何处？姓字名谁？每日八人齐来，君子因何后到？"老人答曰："厶乙等不是别人[6]，是八大海龙王，知

收拾。P.3821《谒金门》："服裹琴书欢喜。"亦写作"幞裹"。《吐鲁番出土文书》（图录本）第二册73TAM206:42/10–13,10–3《唐质库帐历》："皂缊破单幞裹。"

[1] 随，底卷"随"字皆作此形，省笔俗字，《新书》《校注》录作"随"，非原形。兹据《变集》录正。

[2] 繫，徐震堮（《〈敦煌变文集〉校记再补》，《华东师范大学学报》[人文科学] 1958年第2期）"疑当作'结'，'繫'音'计'，与'结'音相近"，《选注》称"繫"通作"结"；《校注》称此说"近是。然'繫'亦有'结'义，故不烦校"；《小说》释作"拴缚，句意谓依托树木、岩崖等扎缚一个临时的栖身之所"，谓"繫"字不必改。今按：古代经见"结茅庵""结茅屋""结茅庐""结草庐""结草庵""结一茅庵""结一草庐""结一草庵"一类的提法，却罕见前字作"繫"者。据此，此处从徐校读作"结"为长。S.2073《庐山远公话》："便于香炉峰顶北边，权时结一草庵。"又云："远公亦他不归旧寺，相去十里已来，于一峻岭上权时结一草庵，彼中跏敷坐。"可参。◎菴，底卷作"萻"，繁化俗字，也有可能是抄手在草头下失误写"庵"下的"申"，随即发现其误，续写正确的写法，兹据《变集》以下各家录正。

[3] 转念：《讲唱》释"诵读经文"。按日僧圆仁《入唐求法巡礼行记·承和五年》："每日令七个僧七日之[间]转念《涅槃》《般若》，诸寺亦然。"亦称"转读"。梁慧皎《高僧传》卷一三《经师论》："至于此土，咏经则称为转读，歌赞则号为梵呗。"

[4] 经，底卷小字旁补于"看"字右下侧，《变集》及《新书》《选注》《小说》皆录作"经"，是；《校注》谓原卷作草书"风"，不确。

[5] 有，此字部件"月"的上部被浓墨渗染，《变集》及《新书》《选注》照录此字，当是；《小说》删去，谓底卷似已点去，恐不确。下文"法华和尚心内有宜"的"宜"、"使君闻语"之"语"字底卷皆有墨汁渗染之迹，可以参证。

[6] 厶乙，《变集》录作"某"，校记云"卷中'某'字俱写作'兯'，兹为排版之便，以后俱用'某'字"，不妥；徐震堮（《〈敦煌变文集〉校记补正》，《华东师范大学学报》[人文科学]1958年第1期）称"上卷凡释'兯'为'某'者，皆当作'某乙'"，近是。"兯"即"厶乙"合文，《新书》以下各家多已纠正。S.5803《文样（僧统谢太保状）》："兯虽为僧首，文义难明。伏蒙太保

和尚看一部《法華經義☒》[1]，迴施功德与我等水族[2]，眷屬例皆同沾福利。厶乙等眷屬，別無報答，恐和尚有難，特來護助，先來莫恠（怪）後到[3]。爲随州楊堅，限百日之内，合有天分[4]，爲戴平天冠不穩[5]，与撲腦蓋骨去來[6]。和尚若也不信，使君

不怪愚才，特赐郎君访学，非但兊一品，直亦二部释流。有赖感恩，无任惶惧。"其中的"兊"亦即"厶乙"。下均径作"厶乙"二字，不再出校说明。◎◎厶乙：亦作"某乙"（"厶"在敦煌文书中为一符号，并非"某"字），代替说话者本人，或不确定及不便说出的其他人。

[1]　"義"下残字在底卷行末，仅存上部残形，《变集》及《新书》作缺字，属下读，不确；《选注》改属上读，谓《法华经义☒》是"讲解《妙法莲华经》的著作"，甚是；《校注》谓残字所存左上角作"口"，似即"疏"字之残（"疏"俗字或作"䟽"），称《法华经义疏》为隋吉藏所撰；《小说》称"本段所述故事在隋朝建国之前，吉藏的书时间上有问题。而《法华经义记》为梁法云（467—529）所撰，为《妙法莲华经》的重要注释著作，对后世影响极大，时间上也更为切合"。按：当时讲疏《法华经》之书，今亡佚者甚伙，未知其详。
[2]　迴施：《讲唱》以为即"回向""施向""转向"，佛教名词，指把自己所修功德施往某处。
[3]　先，底卷作"先"，《变集》及《新书》《选注》皆录作"失"；袁宾（《敦煌变文校补》，《兰州大学学报》[社会科学版]1986年第2期）谓应作"适"，《选注》同，谓"适来"即先前；蒋冀骋（《〈敦煌变文集〉校注拾遗——〈韩擒虎话本〉至〈燕子赋〉》，《浙江师范大学学报》[社会科学版]1989年第3期）、《校议》谓"失"当作"先"，《校注》校同，正文径改作"先"；《小说》亦录作"先"，谓"底卷字形略近'失'，实'先'手写之变"，"先来"乃"我等七人先来"的缩略。今按后说义长，兹从正。◎恠，乃"怪"字异写"忦"的讹变形，《变集》《新书》《选注》录作"怗"，《讲唱》《校注》径录作"怪"，皆有所失真。兹录校作"恠（怪）"，下文"乞将军不恠（怪）"一句同。
[4]　天分：李向菲（《敦煌变文中有关天命的词语集释》，《甘肃联合大学学报》[社会科学版]2012年第5期）释为天命，指出这类表达天命的词还有"分""分命""分定""定分"等；《齐谐》谓天分是"上天赐与的君位之分"。按《旧唐书·黄巢传》："唐帝知朕起义，改元广明，以文字言之，唐已无天分矣。"
[5]　平天冠：《选注》释"古代天子祭祀时所戴的冠冕，为天子所专用"，引蔡邕《独断》："郊天地，祠宗庙，祀明堂，则冠之，衣黼，衣玉佩，履絇履。孔子曰：服周之冕。鄙人不识，谓之平天冠。"
[6]　撲，原卷作"揆"，下文又有"改撲衣装""丐（改）撲衣装""丐（改）撲旗号"句，其中的"撲"字底卷分别作"揆""揆""樸"，此字凡四见，其中第

現患生腦疼次[1]，無人醫療。厶乙等弟兄八人別無報答，有一合龍膏[2]，度与和尚[3]。若到随州使君面前，已（以）膏便塗，

一例与后二例《变集》右部录作"罒"下"夫"，次例录作"奐"，又都括校作"换"；《新书》前二例及后例右部录作"奐"，括校作"换"，第三例径录作"换"；《选注》四例皆径录作"换"；《通释》谓原字都是"擐"字之误；《校注》定作"擐"之俗字。其实第一例右部亦作"奐"，第四例本作"擐"字，第三例右部兼于"奠"与"奐"之间，此字《通释》及《校注》定作"擐"字极是，前三例亦即"擐"字俗写。"奠"旁作"奐"为俗书通例。○○擐：《通释》释"换"，引《广韵·霁韵》胡计切："擐，擐换。""擐"义为"换"而与"换"字音不同。◎腦蓋骨：指头骨，《选注》言古人迷信重视骨相，故有"换骨"之说。《隋书·高祖纪》："皇妣尝抱高祖，忽见头上角出，遍体鳞起。皇妣大骇，坠高祖于地。尼自外入见曰：'已惊我儿，致令晚得天下。'为人龙颜，额上有五柱入顶，目光外射，有文在手曰'王'。"高祖即隋文帝杨坚，书中言杨坚头生异相，或即"擐腦蓋骨"之说所本。◎去来：《讲唱》谓"犹言去啊。'来'语助词，无义"；吴福祥（《敦煌变文语法研究》，长沙：岳麓书社，1996年）称"'来'是一个表示'曾然'的事态助词"，"指明一个事件或一个过程是曾经发生过的，是过去完成了的"。

[1]　使君：《讲唱》释"汉代及其以后，对州郡长官的尊称"。◎患生：《选注》释"患病，生病"。◎次：蒋绍愚（《〈敦煌变文集〉（上册）校补》，《敦煌语言文学论文集》，杭州：浙江古籍出版社，1988年）释作"……时"。按P.4525V《宋太平兴国某年内亲从都头某牒》："（义郎）更坐三五日，并及趁逐水浆浇溉之次，即乃西来。"S.76V《宗绪与从兄状》："去夏贤二郎顾访，因话次，便许三郎下乡伴读。"

[2]　合，《变集》及《新书》皆括校作"盒"；《选注》谓"合"同"盒"，《校注》谓"盒"为"合"的后起字。后二说是。S.1725《大唐吉凶书仪》："新妇又将果合质方行至大家前，再拜，互跪，献果，回向本处。""果合"即"果盒"。"盒"字约见于五代之后。唐写本《唐韵·合韵》胡阁反："合，同。亦器名。"器名的"合"即后来的"盒"字。《类篇·皿部》："盒，盘属。"乃此字最早见于辞书载录。晋唐古书的一些宋以后刻本有"盒"字，当是传刻时文字当代化的结果，未必可信。如唐白居易《白氏长庆集》（南宋绍兴年间刻本）卷二四《眼病二首》之二："案上谩铺龙树论，合中虚捻决明丸。"其中的"合"字《白香山诗后集》卷七（康熙四十二年一隅草堂刊本）、《文渊阁四库全书》本《白香山诗集》卷二七皆作"盒"，当即出于传刻者所改。

[3]　度与：《讲唱》释"交给"。

必得痊差[1]。若也得教（校）[2]，事須委囑[3]：限百日之內，有使臣詔來，進一日亡，退一日則傷；若已後爲君，事須再興佛法[4]，即是厶乙等願足。且辝和尚去也。"道遊（猶）言訖[5]，

---

[1]　差，《变集》及《新书》皆括校作"瘥"，《选注》谓通"瘥"；《校注》云"瘥"为"差"后起字，引《方言》卷三云："差，愈也。南楚病愈者谓之差。"今按："瘥"字见于《说文》（先秦文献"瘥"指时疫），《说文·疒部》："瘥，愈也。"徐锴《说文系传》："今人病差字。"敦煌文献多用"差"表病愈，"瘥"则鲜见，故徐锴《说文系传》以"今人病差字"释"瘥"，可知唐宋时期时人主要以"差"表此义。S.6551V《佛说阿弥陀经讲经文》："更三涂息苦，地狱停酸。在床病人，早得痊差。"偶亦作"痊瘥"，如 P.2418《父母恩重经讲经文》："念佛求神乞护持，寻医卜问希痊瘥。"

[2]　教，下文又有"若也得教，必不相负""使君得教，顶谒再三"句，《变集》《新书》皆括校作"效"字；《通释》引 P.2418《父母恩重经讲经文》"女男得病阿娘忧，未教终须血泪流"，谓"教"又作"交""校""较""效""觉"，意即病愈，系从"比较""校量"义引申而来，不必拘于字形；王锳（《敦煌变文点校献疑》，《杭州大学学报》[哲学社会科学版]1988 年第 1 期）谓"教"当作"较"；《选注》《校注》亦谓"教"不必改字。今按：此字盖本源自"校量"之"校"，引申指病愈，"教""交"等皆同音假借。S.5435《失名医方》有"疗恶疮久不校方"，又有"疗咳嗽久远未校方"，皆用"校"字。兹改作"校"，下同。

[3]　事須：下文又有"事須再兴佛法"句，《通释》引后例，释作"应须"，引 P.2292《维摩诘经讲经文》"事须速疾来归舍，只向门前待我儿"。

[4]　須，底卷字形作"𩓣"，《变集》及《新书》误录作"復"；项楚（《敦煌变文语辞札记》，《四川大学学报》[哲学社会科学版]1981 年第 2 期）定作"须"之形讹，甚是，底卷即作"须"字（底卷上"事"字之末笔下延至"须"字，校录者误以为"復"右部"复"之首笔），兹径录正。

[5]　遊，《变集》《新书》《选注》皆校作"由"；张涌泉（《敦煌变文校读释例》，《敦煌学辑刊》1987 年第 2 期）谓当读作"犹"，下文即有作"道犹言讫"者，《校注》说同，兹从校。◎◎道猶言訖：张涌泉（《敦煌变文校读释例》）释作"话尚未说完"，相当于"道犹未言讫"，将"犹未"说成"犹"，或因语急所致；蒋礼鸿（《敦煌文献语言词典》，杭州：杭州大学出版社，1994 年）谓当作"道由言讫"，释作"话说完"；黄征（《敦煌俗语法研究之一——句法篇》，季羡林等主编：《敦煌吐鲁番研究》第 1 卷，北京：北京大学出版社，1996 年）认为"道犹/由/游言讫"是一种简短的糊涂句，"言"可能只是个动词词头。今按："道犹/由/游言讫"仅见于本篇，疑为话本作者自造之语。"言讫"较早见于晋以后的文献，多用在一句话说完之后，起承上启下的过渡作用。如《三国志·魏书·邴原传》裴松之注引《原别传》云："酒酣，太祖曰：'孤反，邺守

忽然不見。

　　法華和尚見龍王去後，直到隨州衙門。門司入報[1]："外頭有一僧，善有妙術，口稱醫療，不感（敢）不報。"使君聞語，遂命和尚昇廳而坐。發言相問："是厶乙忰（猝）患生腦疼[2]，檢盡藥方，醫療不得。知道和尚現有妙術，若也得教（校），必不相負。"法華和尚聞語，遂袖內取出合子[3]，已（以）龍仙膏往頂

諸君必將來迎，今日明旦，度皆至矣。其不來者，獨有邴祭酒耳！'言訖未久，而原先至。"S.2073《廬山遠公話》："老人言訖，走出寺門，隨後看之，并無蹤由。"S.6836《葉淨能小說》："言訖，傾（頃）刻之間，并不相見。"本篇"言訖"均接在"道猶/由/游"之後，用法與此有別。考敦煌變文中有與之近似的結構"道猶未竟""語由（猶）未訖"等，如P.3627《漢將王陵變》："王陵先到標下，灌嬰不來，王陵心口思惟：'莫遭項羽獨（毒）手？'道由（猶）未竟，灌嬰到來。"北敦14666《李陵變文》："單于報左右曰：'入他漢界，早行二千，收兵卻回，各自穩便。'語由（猶）未訖，陵下有一官決果管敢……""道猶言訖"也許是《韓擒虎話本》作者比照"道猶未竟""道猶未了"這類句式的生造之語。如此，則"猶""言"在句中均無實義（博士生吳昌政便推測這個"由（猶）"可能是虛詞），"道猶言訖"即"道訖"，謂"說完"。此外，本篇復有"思量言訖"之語，"思量"與"思惟"一樣，也是一種別樣的言語行為，"思量言訖"和"道猶言訖"表意近似，謂思考完畢，"言訖"指前面的思慮、言語行為結束，其中的"言"亦無實義。

[1]　門司，《講唱》釋"守門人"，《選注》釋"門房，負責看門傳達的吏人"。按S.5636《新集書儀·問遭官事書》："伏丞（承）小遭譴累，在于囹圄。不審何已門司有限，不獲參奉。伏惟善為詞理。或有所須，乞無刑（形）迹。不宣，謹狀。"

[2]　忰，《變集》《新書》錄作"体"，括校作"体"，非是；蔣禮鴻（《讀變枝談》，《敦煌研究》1992年第3期）及《選注》謂"体"當作"猝"，而"體"當時無作"体"者，近是；《校注》謂底卷本作"忰"，為"悴"俗字，通"猝"，是，茲從《校注》。

[3]　遂，底卷作"遂"，字形兼于"遂""逐"之間，《變集》《新書》錄校作"逐（遂）"；《選注》《彙編》錄作"遂"；《校注》錄作"逐"，謂"逐"義為"隨"，不煩校。今按：底卷字形似即"遂"字手寫之變，茲徑據文義錄"遂"。○○合子：後作"盒子"，《變集》及《新書》括校作"盒子"，不必。參看199頁校注2。

門便塗。説此膏未到頂門，一事也無[1]；才到腦蓋骨上，一似佛手捻却[2]。使君得教（校），頂謁再三，啓言和尚："雖自官家明有宣頭[3]，不得隱藏師僧，且在厶乙衙俯（府）迴避，乞（豈）不好事[4]？"法華和尚聞語，億（憶）得龍王委囑，不感（敢）久住。啓言使君："限百日之内，合有天分。若有使臣詔來，進一日亡，退一日傷。若也已後爲君，事須再興佛法，即是貧道願足[5]。且辭使君歸山去也。"使君見和尚去後，心内由（猶）自

---

[1] 事，《變集》《新書》錄作"半"，項楚（《〈敦煌變文集〉校記散錄》，《敦煌語言文學論文集》，杭州：浙江古籍出版社，1988年）定作"事"之形誤；《校議》《校注》謂原卷本作"事"字草書，甚是，兹徑錄正。

[2] 却，羅亮（《〈敦煌變文校注〉商補十則》，《臨滄師範高等專科學校學報》2010年第3期）以爲乃"訣"字之音誤，"捻訣"是施法術時做出的一種手勢，當未確。"捻却"義爲除去，原文謂使君患有腦疼，塗上龍膏後，腦疼便得痊愈，如佛手將其除去一般。

[3] 自，蔣冀騁（《〈敦煌變文集〉校注拾遺——〈韓擒虎話本〉至〈燕子賦〉》）讀作"則"，又引劉淇《助字辨略》"自"可用作"語助，不爲義"，稱劉說亦通。◎◎官家：《講唱》釋作"對皇帝的一種稱呼"，引《資治通鑒·晉成帝咸康三年》胡三省注："稱天子爲官家，始見於此。西漢謂天子爲縣官，東漢謂天子爲國家，故兼而謂之。或曰：五帝官天下，三王家天下，故兼稱之。"按P.3808《後唐長興四年中興殿應聖節講經文》："農人辛苦官家見，輸納交伊自手量。"亦其例。帝王稱"官家"大約是帝王稱"官"的雙音化（《南齊書·荀伯玉傳》中荀伯玉便稱齊高帝爲"官"），"家"應爲名詞詞綴；胡三省謂係"官""家"兼稱，恐不確。◎宣頭：蔣冀騁（《〈敦煌變文集〉校注拾遺——〈韓擒虎話本〉至〈燕子賦〉》）釋作"皇帝下的公文、布告"；《選注》釋作"皇帝的書面諭旨"，引宋沈括《夢溪筆談》卷一："予及史館檢討時，議密院札子問宣頭所起。予按唐故事，中書舍人職掌詔誥，皆寫四本：一本爲底，一本爲宣。此'宣'，謂行出耳，未以名書也……梁朝初置崇政院，專行密命，至後唐莊宗，復樞密使，使郭崇韜、安重誨爲之，始分領政事，不關由中書直行下者，謂之'宣'，如中書之'敕'；小事則發頭子、擬堂帖也。"《校注》云唐宋金時期皇帝有旨，出付中書省，叫作"宣"，小事如給予驛馬之類，叫作"宣頭"或"頭子"。

[4] 乞，《變集》以下各家皆校作"豈"；《校注》謂"乞"有"氣"音，故可通"豈"。兹據校。

[5] "即是貧道願足"一句，底卷本抄在"若也已後爲君"之前，《變集》《新書》照

有疑，遂書壁爲記。

前後不經所（兩）旬[1]，裏（果）然司天大監夜官（觀）虔（乾）象[2]，知随州楊堅限百日之内合有天分，具表奏聞。皇帝攬（覽）表，似大杵（忤）中心[3]，遂差殿頭高品直詣随州宣詔[4]。使君蒙詔，不感（敢）久住，遂与來使登徒（途）進發，迅速不停，直至長安十里有餘常樂驛安下。憩歇才定[5]，使君忽

　　録；袁宾（《敦煌变文校勘零札》，《社会科学》（甘肃）1983年第6期）及《讲唱》《选注》《汇编》《校注》皆乙在"事须再兴佛法"之后，兹从乙正。
[1]　所，《变集》及《新书》《汇编》《校注》《小说》皆校作"数"，《选注》径录作"数"。今按：此字底卷作"所"，疑为"两"的形误字（亦有可能是"两"字的手写变体），同篇下文有"前后不经两旬"，正用"两"字。
[2]　大，《变集》及《新书》《讲唱》《选注》《校注》皆录作"太"，《选注》括校作"台"，《校注》谓"'太监'疑当为'大监'，即大卿监"，《小说》改录作"大"，与底卷合，兹从录正。○○司天大监：司天台长官。《选注》称"唐代司天台职掌观察天象以测吉凶等，有监一人，少监二人"，《小说》释"大监"作"古代官署长官，以别于少监"，近是。
[3]　杵，底卷似本作"处"，涂去，右旁注作"杵"，各家从改，当是，"处"即"杵"的同音误字；《讲唱》释"杵"为"棒槌"，释"大杵中心"为"比喻十分烦恼，犹如现在说心里填了个石头"，《选注》释"心中如捣，形容极为痛苦"；刘凯鸣（《敦煌变文校勘补遗》，《敦煌研究》1985年第3期）校"中"为"春"，似皆不确。文中"杵"疑当校作"忤"（"忤""杵"形近，也许宣讲者已把"忤"误读作"杵"，记录者遂记作同音的"处"，抄手最初沿袭其误，又旁改作"杵"），"大忤中心"指心中很不爽、不安，其前的"似"谓似乎、看起来；"大忤"谓极端违逆，"大忤××"为古书习语，如《后汉书·耿恭传》："初恭出陇西，上言：'故安丰侯窦融昔在西州，甚得羌胡腹心……宜奉大使镇抚凉部，令车骑将军防屯军汉阳，以为威重。'由是大忤于防。"下文"一似大杵中心"句"杵"字同此。
[4]　殿头高品：韩建瓴（《敦煌写本〈韩擒虎画本〉初探（一）——"画本""足本"、创作与抄卷时间考辨》，《敦煌学辑刊》1986年第1期）定作"宋代内侍省内侍阶官"，称"唐以内侍官为'高品使'，但无内侍官'殿头高品'"，引《事物纪原·环卫中贵部》"殿头"条"太平兴国八年，始有入内殿头高品。大中祥符三年三月宣，入内内侍省殿头高品为内侍殿头"。高品，《讲唱》释"宦官"，《选注》释"品位较高的宦官"，后说更准确。
[5]　憩，此字上部二构件底卷左右易位（下文"憩"字底卷皆作此形），右部"舌"

思量得法華和尚委囑："限百日之內，合有天分，進一日亡，退一日傷。是我今日朝現（見）[1]，必應遭他毒手。"思量言訖，遂命天使同共商量，後來日朝現（見）[2]。天使唱喏（諾）[3]，具表奏聞。皇帝攬（覽）表，大悦龍顔。唯有楊妃滿目流淚。

又讹作"殳"，《变集》《新书》照录，括校作"憨"，《选注》《校注》径录或校改作"憨"，兹径录正。
[1] "日"字底卷以小字旁注于"今"右下侧，《变集》及《新书》漏录，《选注》据下文"后来日朝见"语例补，《校注》已据底卷补出。○○是：助词。一般用在句首人称代词前，不为义。本篇下文："杨坚举目，忽见皇后，心口思量：'是我今日莫逃得此难？'"其中的"是"字用同。
[2] 後來日，"后"字徐震堮（《〈敦煌变文集〉校记补正》）谓当作"候"，《讲唱》从校；袁宾（《变文词语考释录》，《敦煌语言文学论文集》，杭州：浙江古籍出版社，1988年）云"'后来日'一语在本篇共出现四次，均指'明天，第二天'，'后来日朝见'意即明天朝见"，《选注》《校注》《小说》解释近同；蒋冀骋（《〈敦煌变文集〉校注拾遗——〈韩擒虎话本〉至〈燕子赋〉》）谓"后来日"即"来日的后一天，即当天过后的第三天"。今按：袁说是。本篇下文："皇后问言：'将军今夜点检御军五百，须得阔刃陌刀，甲幕下埋伏。阿奴来日前朝自几（己）宣问……'将军唱喏，遂点检御军五百，甲幕下埋伏。乞（迄）后来日前朝，应是文武百寮大臣惣在殿前。"其中的"后来日"与上文"来日"同义，"后"指后面、其后，其字不误。下同。
[3] 唱喏，同"唱诺"，口旁言旁意义相通。本篇下文："探得军机，即便回来，到将军帐（帐）前，唱诺便报。"又云："单于接得天使，升振（帐）而坐，遂唤三十六射雕王子，惣在面前，处分：……王子唱诺，一时上马，忽见一雕从北便来，王子亦（一）见，当时便射。"正作"唱诺"。其中前一例"诺"字底卷本作"喏"，后又在原字上改作"诺"，可见抄手亦以"诺"为正字。"喏"实为"诺"的类化换旁俗字。

皇帝亦（一）見[1]，宣問皇后："緣即罪楊堅一人[2]，不干皇后之事[3]。"楊妃拜謝，便來後宮，心口思量："阿耶來日朝近（覲）[4]，必應遭他毒手。我爲皇后，榮（營）得兮（奚）爲[5]？不如服毒先死，免見使君受苦。"思量言訖，香湯沐浴，

---

[1] 亦见，《变集》校记谓即"一见"，可从。但"亦见"本篇出现了二十九次之多，却未见径作"一见"的；而且上下文"一"字屡见，如"众人亦见，便知杨坚合有天分，一齐拜舞""皇帝亦见，衾虎年登一十三岁""蕃王亦见，一齐唱好"，但"亦见"的"亦"决不作"一"。"一"写作"亦"大约是当时常见的通假，也见于其他变文。S.2073《庐山远公话》"亦（一）见远公，大悦龙颜"、北敦14666《李陵变文》"李陵箭尽弓折，粮用俱无，亦（一）心求于寸刃"皆其例。也有本作"一见"的例子，如 S.2073《庐山远公话》"白庄一见"、S.6836《叶净能小说》"净能一见慕之"。

[2] 緣，句首发语词，无实义。本篇下文："皇后闻言：'缘二人权绾惣在手头，何忧大事不成！'"又云："陈王栽问，时有三十年名将镇国任蛮奴越班走出：'臣启大王，不知随驾（隋家）兵事（士）多少？''缘衾虎领军三万五千。''臣愿请军三万五千，不肖（消）展阵开旗，闻蛮奴之名，即便降来。'"其中的"缘"字义皆同。

[3] 干，底卷作"𢪇"，《变集》《新书》照录，括校作"干"，《选注》《校注》径录作"干"，《校注》又谓底卷字形即"忏"，"忏"即"干"之俗字；《小说》录校作"忏（干）"。今按："忏"确可用作"干"之增旁俗字，如 S.328《伍子胥变文》："适来专辄横相忏，自侧于身实造次。"但此处底卷字形左部实为"干"误书已被涂去者，而右部即重写的"干"，兹径录正。

[4] 耶，《变集》校记称即"爷"字；《校注》谓"爷"是"耶"的后起字。○○阿耶：父亲。文中系杨妃称其父亲杨坚。

[5] 桒，刘凯鸣（《敦煌变文校勘补遗》）校读作"容"，称"容得"为虚词，犹今语"难道"，刘瑞明（《敦煌变文校释商榷及新补》，《固原师专学报》1989年第3期）已加以驳正；刘瑞明又称"荣得"为"得荣"之误倒，则可备一说。今疑"荣"或当读作"营"，P.3109 庚寅年（990）《诸杂难字》"荣"字下所注直音为"营"，知彼时西北方音二字音同，故"荣""营"二字敦煌写本通用。P.4525《宋太平兴国七年（982）二月立社条一道》："或若荣葬之日，不得一推一后，须荣勾。临去之日，尽须齐会，攀棺擎上此车。"其中"荣葬""荣勾"之"荣"皆当读作"营"。又 S.5558 香严和尚《嗟世三伤吟》："伤嗟垒巢燕，虽巧无深见。修荣一个窠，往复几千转。双飞碧水头，对语虹梁伴（畔）。"其中的"荣"亦当读作"营"。五代何光远《鉴诫录》卷十"高僧谕"条作伏牛上人《三伤颂》，正作"营"字。"营"义为谋划、办理，"兮（奚）为"义同何为，表示反诘，相当于"做什么""干什么"。"荣（营）得兮（奚）为"意即

改揲衣裝，滿添一盃藥酒在鏡臺前頭[1]。皇后重梳嬋嬪（蟬鬢），載（再）畫娥媚（蛾眉）。整（正）梳裝之次[2]，鏡内忽見一人，迴故而趣（覷）[3]，員（元）是聖人[4]，從坐而起。皇帝宣問："皇后梳裝如常，要酒何用？"楊妃蒙問，縈（計）從天降[5]，啓言聖人："但臣妾一遍梳裝[6]，須飲此酒一盞，一要軟髮[7]，

能做得什么。◎今，《变集》及《新书》《校注》《小说》皆括校作"奚"，《选注》径改作"奚"，二字《广韵·齐韵》同音胡鸡切，可以通借。

[1] "添"字底卷以小字旁注于"满"右下侧，《变集》及《新书》《选注》漏录，《校注》已据底卷补出；《选注》漏录小字而疑本句句首脱"斟"字，不确。

[2] 整，当是"正"的同音借字。兹从《选注》《校注》校读。◎◎次：之际，之时。S.6836《叶净能小说》："其时张令妻正拜堂次，使者高声作色。"

[3] 故，《变集》《新书》《汇编》校作"顾"，《选注》径作为"顾"；《通释》附录三据敦煌词《凤归云》"待公卿回故日"，谓"故""顾"通用，都是返回的意思，"话本的'回故'谓回过身来，与此词'回故'为回家不同，但基本意义是相同的；话本原校'故'作'顾'，也是不必要的"，《校注》从校。兹从后说。◎趣，《讲唱》谓通"趋"，未确；蒋礼鸿读作"觑"，《选注》及《校注》同，兹从之。

[4] 员，《变集》及《新书》括校作"原"；《选注》括校作"元"，谓"原来"之"原"唐人皆书作"元"，明代以后始作"原"，《校注》说略同。兹从后说。◎◎圣人：《讲唱》释作"对皇帝的尊称"。《选注》引《资治通鉴·唐玄宗天宝十四载》："神威至范阳宣旨，禄山踞床微起，亦不拜，曰：'圣人安隐。'"胡三省注："圣人，谓上也。"

[5] 縈，《变集》及《新书》校作"喜"；袁宾（《敦煌变文校勘零札》）以为"是'计'的同音借字。杨妃在当时紧张、危急的关头，似也不会产生喜悦之情。下文杨妃编造'饮酒驻颜'的谎言正是她临时想出的计谋"，《选注》从校；《校注》引袁校，但又称原校作"喜"亦可，故正文仍括校作"喜"；《小说》谓"据下文'喜不自身（胜）'之'喜'不作别字而言，当以读作'计'为长"。今谓袁校义长，兹从之。

[6] 一遍，二字《变集》及《新书》《讲唱》《选注》等漏录，松尾良树（「敦煌写本に於ける别字———韩擒虎話本 S2144 を中心に」，『アジア・アフリカ言语文化研究』第 18 辑，1979 年）及《校注》已据原卷补正。◎◎但：用在句首人称词前的语助词。S.2073《庐山远公话》："但贫道从雁门而来，特投此山，住持修道。"

[7] 软，底卷误增"氵"旁，各家皆括校或径录作"软"，兹从录正。

二要貯（駐）顏，且徒（圖）供奉聖人，別無餘事。"皇帝聞語，喜不自身（勝）："皇后上（尚）自貯（駐）顏[1]，寡人飲了，也莫端正[2]？"楊妃聞語，連忙捧盞，啟言陛下："臣妾飲時，号月（曰）發裝酒。[3]。聖人若飲，改却酒名，喚甚即得[4]？号曰万歲盃。願聖人万歲、万万歲！"皇帝不知藥酒，捻得便飲。

---

[1] 貯，《變集》校記引向達謂應作"住"；徐震堮（《〈敦煌變文集〉校記補正》）謂當作"駐"，《講唱》《選注》《校注》同，後說是。○○駐顏：保持青春容貌，不使衰老。P.2305《解座文彙抄》："饒君多有駐顏方，限來也被無常取。"

[2] 莫，黃靈庚（《〈敦煌變文選注〉校釋商兌》，《浙江師大學報》[社會科學版] 1993年第3期）謂當作"英"，"英"又借作"應"，劉瑞明（《〈廬山遠公話〉校注商補》，《敦煌學輯刊》2002年第1期）校同；《校注》謂"莫"是"肯定性疑問語氣詞，表示推測。此處則表示婉轉的肯定語氣"。今按：前說轉彎太多，後說是，本篇下文"是我今日莫逃得此難"句"莫"字用同，可證。

[3] 月，《變集》及《新書》錄作"目"，與原形不合，《選注》以下各家校作"曰"，則可從。本篇"曰"字多書近"日"形，"日"形訛寫即近於"月"。○○裝，《變集》括校作"粧"，《校注》謂"裝"亦有飾義，"粧"則為後起字。今按：《說郛》（涵芬樓影印一百卷本）卷五七載隋杜寶《大業雜記》大業元年（605）御龍舟："中二重有一百六十房，皆飾以丹粉，裝以金碧珠翠，雕鏤奇麗，綴以流蘇羽葆……其引船人普（并）名'殿腳'，一千八十人，并著雜錦采裝袄子、行纏鞋襪等。"其中的"裝以金碧珠翠"和"裝袄子"的"裝"，《文淵閣四庫全書》所收一百二十卷本《說郛》卷一百十引作"粧"，明抄本明吳琯輯《三才廣志》卷一一七九"隋龍舟"條亦引作"粧"。"粧"為"妝"的俗字，"妝（粧）""裝"異文同義。○○發裝酒：同"發妝酒"，梳妝時為使面容紅潤所飲之酒。宋柳永《少年游》："世間尤物意中人，輕細好腰身。香帏睡起，發妝酒酣，紅臉杏花春。"亦作"發粧酒"。歐陽修《醉翁琴趣外篇》卷二《惜芳時》："因倚蘭臺翠雲鬟。睡未足、雙眉尚鎖。潛身走向伊行坐。孜孜地、告他梳裏。發粧酒冷重溫過。道要飲、除非伴我。"因多飲於卯時前後，亦稱卯酒。宋釋惠洪《長春花》："人間花亦有仙骨，卯酒發妝呼不醒。"清趙翼《簷曝雜記》卷四"廣東蜑船"條："蜑女率老妓買為己女，年十三四即令待客，實罕有佳者。晨起面多黃色，傅粉後飲卯酒色微紅。"又《甌北集》卷十六《蜑船曲》："曉粧別有施朱法，卯酒微醺兩頰紅。"可參。

[4] 喚甚即得，底卷作"喚即甚得"，《變集》及《新書》《校注》《小說》照錄；松尾良樹（「敦煌寫本に於ける別字———韓擒虎話本S2144を中心に」）及《選注》《彙編》乙正作"喚甚即得"。今按後說義長，意即喚作什麼名字好，茲從正。

說者酒未飲之時一事無[1]，才到口中，腦烈（裂）身死。楊妃亦（一）見，拽得靈櫬（櫬）在龍床底下[2]，權時把斂（繳）壁遮蘭[3]，便來前殿，遂差内使一人，宣詔楊堅。

使君蒙詔，一似大杵（忤）中心，不感（敢）爲（違）他宣命，當時朝現（見），直詣閤門[4]。所司入奏。楊妃聞奏，便令

---

[1] 者，《选注》谓"者"同"这"；《小说》校作"这"，不妥。按《说文·白部》："者，别事词也。"段玉裁注："凡俗语云者个、者般、者回，皆取别事之意，不知何时以迎这之这代之。这，鱼战切。""者"也许是近指代词"这"的早期形式。P.2653《燕子赋》："者汉大痴，好不自知。"亦用"者"字。

[2] 靈櫬：《讲唱》释"棺材"；蒋冀骋（《〈敦煌变文集〉校注拾遗——〈韩擒虎话本〉至〈燕子赋〉》）、《选注》谓本指灵柩，文中指尸体。后说是。下同。

[3] 敘，《变集》及《新书》皆括校作"敷"，《讲唱》校作"复"，《选注》《校注》《小说》皆径录或校录作"敷"，《校注》及《小说》谓"敘"即"敷"的俗字，皆不确；张小艳（《敦煌变文疑难词语考辨三则》，《中国语文》2011年第5期）谓"敘"即"繳"的省形字，"繳壁"即围绕在墙壁四周的帏幕，古人或用作遮蔽之物，可从。P.3644《类书习字》："衙厅。中馆。横围。繳壁。绣额。"新罗崔致远《桂苑笔耕集》卷十《幽州李可举太保五首》第四："织成红锦繳壁两条，暖子锦三匹，被锦两匹，西川罗夹缬二十匹，真红地绢夹缬八十匹。右件繳壁、锦缬等，龟城传样，凤杼成功，张广幅而宛见虹舒，叠彩缯而免惭鲛织。虽五十里之夸步障，则难可争光；而四十匹之制戎衣，则或堪入用。"皆有"繳壁"一物。◎蘭，《变集》及《选注》《校注》录作"闌"，《新书》录作"攔"，皆非原形；《释录》录作"蘭"，兹据录正。"蘭""闌"古通用，"攔"则为"闌"的后起增旁字。《广雅·释诂》："闌，遮也。"《汉书·王莽传》"与牛马同蘭"颜师古注："蘭，谓遮蘭之，若牛马蘭圈也。"

[4] 閤，《选注》《校注》校读作"阁"，不妥。"閤"本指门旁户（大门旁的小门），引申指宫殿的侧门。其有作"閣"者，乃"閤"字讹混。S.2073《庐山远公话》："是日也，远公早先至閤门谨取敕旨。于是皇帝知道远公到来，便出宫门，千回瞻礼，万遍虔恭。"其中的"閣"即"閤"字之讹。清倪涛《六艺之一录》卷二六四古今书体九十六"閣閤"条："上閣乃楼阁之阁、沈阁之阁。下閤乃内中小门。凡闱閤、黄閤、閤老之閤，俱应从閤，人多误用。"◎◎閤门：古代宫殿的侧门，后又径指宫中便殿。龙121《悉达太子修道因缘》："小者太子承王宝位，主其天下。后还谋（迷）思师兄，遂遣一走马使赴山间，诏其师[兄]到于閤门。先且閤门使奏对：'师兄见在閤门，未敢引对。'其王弟贪恋歌乐，不听奏对。"P.3864《刺史书仪》俵钱去处："中兴门、明福门、章善门、银台门、兴善门，计钱四贯文。客省门、通天门、閤门、光政门，计钱二贯。……密院门

賜對。使君得對,趍(趨)過蕭牆[1],拜舞吋(叫)呼万歲[2]。楊妃亦(一)見,處分左右册(策)起使君[3],便賜上殿。楊堅舉目,忽見皇后,心口思量:"是我今日莫逃得此難?"思量言訖,便上殿來。楊妃問言[4]:"阿耶莫怕。主上龍歸倉(滄)海,今日便作万乘軍(君)王。"楊堅聞語,猶自疑或(惑)。"若也不信,引到龍床底下[5],見其靈襯(櫬),方可便信。"楊堅啓言皇后:"某緣力微,如何即是?"皇后問言:"阿耶朝庭與甚人訴(素)善?""某与左右金吾有分。"皇后聞言:"緣二人權縮惣在手頭,何憂大事不成?"遂來前殿,差一人宣詔左右金吾上將

八人,計錢一貫八伯文。閣门司二貫文。"《新五代史·李琪传》:"唐故事,天子日御殿见群臣,曰常参;朔望荐食诸陵寝,有思慕之心,不能临前殿,则御便殿见群臣,曰入阁。宣政,前殿也,谓之衙,衙有仗。紫宸,便殿也,谓之阁。其不御前殿而御紫宸也,乃自正衙唤仗,由阁门而入,百官俟朝于衙者,因随以入见,故谓之入阁。然衙,朝也,其礼尊;阁,宴见也,其事杀。"

[1] 趍,《选注》谓同"趋",小步跑,表示恭敬。
[2] 吋,《新书》引《龙龛》谓同"叫";《讲唱》《选注》括校作"叫";《校注》录作"叫",谓"吋"为"叫"的变体;《小说》谓"'叫'字俗作'叫',俗书'刂'旁'寸'旁相乱,故'叫'又讹变作'吋'"。后说是,兹从校,下同。
[3] 册,《通释》谓是"策"的假借字,"策"有"扶"义,《广韵·麦韵》楚革切有"挗"字,与"册""策"二字音切相同,是"扶策"的专字;陈治文(《敦煌变文词语校释拾遗》,《中国语文》1982年第2期)谓"册"即"挗"的同音替代字;《校注》言"挗"是"策"的后起增旁字。今按:"摌"是"策"表"扶"义的后起增旁字,又俗省作"挗"。P.5531《大唐刊谬补缺切韵·麦韵》测革反:"摌,扶摌。亦作挗。"《集韵·麦韵》测革切:"摌、挗,扶也。或省。"兹校作"策",下同。
[4] 問,陈治文(《〈敦煌变文集〉校读小札》,胡竹安、杨耐思、蒋绍愚:《近代汉语研究》,北京:商务印书馆,1992年)校作"启",可备一说。
[5] 引,底卷作"引",底卷下文又有"两道引军,各二十余万""引军打劫""引龙出水阵""引龙出水阵"句,其中前二例截图字《变集》《新书》《选注》《校注》等均录作"行",后三例截图字则皆定作"引"字,《小说》谓此五字皆为"引"字草书,称"底卷另有三'行'字,皆作楷书'行'字,与上揭字形写法不同",甚是,兹据录正。

軍胡、朗。二人蒙詔，直至殿前，忽見楊堅，心內有疑。皇后宣問將軍："知道与使君有分。主上已龍歸倉（滄）海，今擬册立使君爲軍（君），卿意者何[1]？"朗啓言皇后："册立則得。爭況（向）合朝大臣[2]，如何即是？"皇后問言[3]："將軍今夜點檢御軍五百，須得闊刃陌刀，甲幕下埋伏。阿奴來日前朝自幾（己）宣問[4]，若也册立使君爲軍（君），万事不言；一句參差，殿前惣殺，別立一作大臣[5]。乞（豈）不好事？"將軍唱喏（諾），遂點檢御軍五百，甲幕下埋伏。乞（迄）後來日前朝[6]，應是文

[1] 者，蔣冀騁（《〈敦煌變文集〉校注拾遺——〈韓擒虎話本〉至〈燕子賦〉》）謂"'者'為'若'之誤"，下文"卿意者何"四處同校，引下文"將軍若何"句為證，《校注》同；《小說》謂"意者何"或可用於詢問對方想法、意見等，猶言"于意云何"，文意可通，不煩改字。茲從後說。唐良賁述《仁王護國般若波羅蜜多經疏》卷下："然法花金剛俱言五百，此言五十，其意者何？"可參。
[2] 況，《校注》讀作"向"，"爭向"義即如何對付、處置，可從；下文"況雕前翅過""況前雕咽喉中箭""況後雕擗心便着"句的"況"字《通釋》皆讀作"向"，二字同屬曉母漾韵，可以通借，可見本篇抄手多把"向"寫作同音的"況"。《講唱》釋"爭況"為"怎況，意思是怎奈"，當不確。
[3] 《匯編》謂"問"為"聞"之誤，可備一說。
[4] 阿奴：亦單稱"奴"，《通釋》釋作"第一人稱代詞，和'我'相同，男女尊卑都可通用"。本篇下文："（陳王）當時宣問：'阿奴今擬興兵，收伏狂秦，卿意者何？'"則是陳王自稱"阿奴"。◎前朝：下文"後來日前朝"句之"前朝"，《講唱》釋"大殿朝會"，近是。"前朝"應即正式朝會、處理政事的處所，略同前殿、正殿。南宋毛晃《增修互注禮部韵略·合韵》古沓切云："唐制，天子日御前朝見群臣曰常參。朔望，薦食陵寢，有思慕之感，不能臨前殿，則御便殿，謂之入閤。"清孫承澤《春明夢余錄》卷七："唐以宣政殿為前朝，謂之正衙；日見群臣，謂之常參；以紫宸為便殿，謂之入閤。"
[5] 一作：張金泉（《變文詞義釋例初探》，《敦煌語言文學論文集》，杭州：浙江古籍出版社，1988年）釋作"一班"，稱"'別立一作大臣'，是整個換班的意思。此詞來于手工業勞動，舊時稱工匠負責人為作頭，所用材料為作料，工作場所為作場等等"，可備一說。今謂"一作"或為"一批"之意。《孟子·公孫丑上》"由湯至于武丁，賢聖之君六七作"朱熹集注："作，起也。"興起非一，故"六七作"也不妨理解為六七批，"一作"指一批，或即據此推演而來。
[6] 乞，《變集》及《新書》屬上讀，括校作"迄"，"埋伏迄"蓋指埋伏完畢；松

武百寮大臣惣在殿前。皇后宣問："主上以（已）龍歸倉（滄）海，今擬册立隨州楊使君爲乾坤之主，卿意者何？"道猶言訖，拂袖便去。應是文武百寮大臣不册（測）冴濟（涯際）[1]，心內疑或（惑）。望殿而趣（覷）[2]，見一白羊，身長一丈二尺，張齗（牙）利口，便下殿來，哮吼如雷，擬吞合朝大臣。衆人亦（一）見，便知楊堅合有天分，一齊拜舞[3]，吋（叫）呼万歲。遂乃册立[4]，自稱随（隋）文皇帝[5]。感得四夷歸順，八蠻來降。

尾良樹（「敦煌写本に於ける別字———韓擒虎話本S2144を中心に」）及《校注》屬下讀，括校作"迄"，"迄后来日"指等到第二天。今按：后說義長。下文亦有"乞（迄）后来日前朝，合朝大臣惣在殿前"句，可以比勘，兹据校。

[1] 冴，底卷作"冴"，《變集》及《新書》《校注》《小說》皆錄作"冴"，校作"涯"，《校注》謂"冴"即"涯"之俗字，《小說》"疑為'涯'之聲形俗字"，但"冴"這個俗字在所有其他文獻中均未見，應只是記錄者不明"涯"字寫法而臨時写的記音字。○濟，《變集》以下各家皆校作"際"，敦煌寫本中"濟""際"多有通用之例，可從。○○涯際：《選注》釋"邊際"，不測涯際就是"不知邊際，摸不透底細"，甚是。"不測涯際"本指事物之寬廣，引申可指心思深廣或神通廣大，難以測度。此處是說楊妃的心思難以揣摩。"莫測涯際""莫測其涯""莫測其際"一類的說法，變文中十分常見，如S.6836《葉淨能小說》："皇帝心看樓殿，及入重門，又見樓處宮閣，直到大殿，皆用水精琉璃瑪瑙，莫側（測）涯際。"又俄弗101《維摩詰經講經文》："巍巍聖主誰能及，浩浩凡夫莫側（測）涯。"

[2] 趣，項楚（《〈敦煌變文集〉校記散錄》）及張涌泉（《敦煌變文校札》，《敦煌語言文學論文集》，杭州：浙江古籍出版社，1988年）校讀作"覷"，《選注》《校注》同，兹從之。參看上文206頁校注3。

[3] 一齊：董志翹（《敦煌文書詞語瑣記》，《敦煌研究》1999年第4期）釋"同時"，下文"一齊便入""一齊唱好"等句同。

[4] 遂，底卷小字旁補于"册"字右上側，《變集》誤錄作"游"；《新書》錄作"遂"，以下各家多已更正，兹從之。下文有"遂乃前來""遂乃波逃入一枯井"句，其例可比。蔣冀騁（《〈敦煌變文集〉校注拾遺———〈韓擒虎話本〉至〈燕子賦〉》）稱"遂乃"同義連文。

[5] 隨，《變集》照錄，《講唱》《選注》括校作"隋"；《新書》《小說》錄作"隨"，非原形；《校注》徑錄作"隋"，謂"楊堅襲封隨國公，稱帝後以'隨'字從'辶'，鑒於周齊奔走不寧，因去'辶'為'隋'"。今按原卷字形作"隨"，兹錄校作"隨（隋）"。

時有金璘(陵)陳王,知道楊堅爲軍(君),心生不負[1],宣詔合朝大臣,惣在殿前,當時宣問:"阿奴今擬興兵,收伏狂秦,卿意者何?"時有鎮國上將軍任蠻奴越班走出,奏而言曰:臣啓陛下[2],且願拜將[3],出師剪戮[4],後(候)收下西秦[5],駕行便去。"陳王聞語:"衣(依)卿所奏。"遂拜蕭磨呵、周羅侯二人爲將[6],收伏狂秦。二人受宣,拜舞謝恩,領軍四十餘万,登途進發。不經旬日,直至鍋(渦)口下營憩歇[7]。二將商量,

---

[1] 不負,"負"字《變集》及《新書》括校作"服";郭在贻(《敦煌變文校勘拾遺》,《中國語文》1983年第2期)謂"不負"即"不分",称"'不分(忿)'乃唐宋时习见之俗语词,《诗词曲语辞汇释》:'分,甘服之辞。''不分'就是'不服气'之意";《選注》謂"負"應是"分"(讀去聲)字轉聲。后二說是。
[2] 陛,底卷左部从土,下文"左勒將賀若弼越班走出,启言陛下"的"陛"字同,乃其换旁俗字。
[3] 且,蔣冀騁(《〈敦煌變文集〉校注拾遺——〈韓擒虎話本〉至〈燕子賦〉》)、《選注》定作"臣"之形误,可备一说。
[4] 剪戮:指消灭,除掉。"剪"有消灭义,如P.3451《張淮深變文》:"但持金以压王相,此时必须剪除。"
[5] 後,《變集》及《新書》《校注》屬上讀,不确;蔣冀騁(《〈敦煌變文集〉校注拾遺——〈韓擒虎話本〉至〈燕子賦〉》)、《選注》校讀作"候",屬下讀,甚是,"候"意即"待到"。下文"后(候)ム乙奏上陳王""后(候)周羅侯交战""后(候)楊素到來""后(候)弟三日秖候"等句皆其比。
[6] 蕭磨呵,底卷作"箫磨呵",《變集》校記云《隋书·高祖本紀》作"蕭摩訶";刘显(《〈敦煌變文字義通釋〉引文校訂》,南京師範大學2005年硕士学位论文)謂此"'箫磨呵'系音译人名,当时本无固定写法,兹不烦校改"。今按:刘説近是,但"蕭"原是中土姓氏,敦煌写本⺮头艹头通用不分,文中"箫"即"蕭",下文亦有作"蕭"者,兹径改作"蕭"。下同。◎周羅侯,《講唱》括校作"周罗睺",后者《隋書》有傳。今按:"罗睺""摩訶"都是佛经用词,源于梵语音译,故"罗睺"亦有写作"罗睺""罗侯"的,"摩訶"亦可写作"磨呵""莫訶",皆記音用字之异。
[7] 鍋口,徐震堮(《〈敦煌變文集〉校記再補》)疑当作"渦口",《選注》从校,謂渦口"在今安徽省懷远县境",引《資治通鑒·齊明帝永泰元年》:"叔業還保渦口。"胡三省注:"渦口,渦水入淮之口也。"

兩道引軍，各二十餘万。蕭磨呵打宋、卞（汴）[1]、陳、許，周羅侯收安、伏（復）[2]、唐、鄧。寄（既）入界守（首）[3]，鄉村百姓，具表聞天。皇帝攬（覽）表，似大杵（忤）中心。遂搥鍾擊皷（鼓）[4]，聚集文武百寮大臣，惣在殿前。皇帝宣問："阿奴無得（德），擥（濫）處爲軍（君）[5]，今有金璘（陵）陳叔古（寶）便生爲（違）背[6]，不順阿奴。今擬拜將，出師剪戮，

---

[1] 卞，《講唱》及《選注》校作"汴"，《選注》謂宋、汴、陳、許四州皆在今河南省境。《隋書·地理志》："東魏置梁州、陳留郡，后齊廢開封郡入，后周改曰汴州。"

[2] 伏，《選注》校作"復"，謂安州、復州在今湖北省境。《元和郡縣圖志·山南道二》："禹貢荊州之域。……周武帝改置復州，取州界復池湖為名也。"

[3] 守，各家皆校作"首"，兹據校。○○界首：《講唱》釋作"邊界處"，甚是；《小說》以為今安徽省西北之界首市，不確。P.3627《漢將王陵變》："兵馬校多，趂到界首，歸去不得，便往却回，而為轉說。"即用"界首"一詞。

[4] 鍾，《變集》《新書》《校注》括校作"鐘"，《選注》錄作"鐘"，《小說》徑錄作"鍾"。按唐顏元孫《干祿字書》："鍾鐘，上酒器，下鐘磬字。今并用上字。"可見"鐘"在當時多寫"鍾"（二者在金文中本為一字），敦煌寫本中常見，字不煩改。○皷，"皷"當為"鼓"古異體字"皷"字訛變，《變集》以下各家皆徑錄作"鼓"，非原形。底卷下文"遂搥鐘打皷"，正作"皷"字。S.976《十誦律》卷四十："不得彈皷簧。"其中的"皷"亦為"皷"字俗訛。

[5] 擥，底卷作"擥"，下文"擥處稱尊"的"擥"字底卷字形略同，敦煌寫本木旁扌旁皆可作此字左部之形，《變集》以下各家錄校作"檻（濫）"，兹改錄作"擥（濫）"。

[6] 古，《變集》以下各家皆括校或徑改作"寶"，《校注》謂"二字音不同，當為形誤字，蓋上文稱陳王，'古'或因'王'而誤"。張金泉（《校勘變文當明方音》，《1983 年全國敦煌學術討論會文集 文史·遺書編》（下），蘭州：甘肅人民出版社，1987 年）認為"把'陳叔寶'寫作'陳叔古'，字音正相仿佛"，引北敦 5394《維摩詰經講經文》"出天門，下雲路，來時不捧諸珍寶。得禮慈悲大法王，師兄收取天宮女"一句中"寶"和"女"押韻，以及 P.2193《目連緣起》"慈烏返報（哺）"中以"報"代"哺"為證。又 P.2972《茶酒論》"若也服之三年，養虾蟆得水病報"一句，"報"字下有"苦"字，張金泉稱"'苦'字是用來注音的，'報'在這裡是方音入韻"。本篇"古"字與"寶"字即使韻部接近，聲母差別仍較大，恐難圓其說，或許只是一個單純的訛誤罷了。

甚人去得？"時有左勒將賀若弼越班走出[1]，啓言陛下："臣願請軍去得。"賀若弼才請軍之次，有一个人不恐（肯）[2]。是甚人？是即大（代）名將[3]，是韓熊（雄）男[4]，幼失其父，自

---

[1] 弼，底卷本作"追"，涂去，右旁改作"弼"。下同。
[2] 恐，徐震堮（《〈敦煌变文集〉校记补正》）疑当作"肯"，《选注》言"恐""肯"一声之转，蒋冀骋（《〈敦煌变文集〉校注拾遗——〈韩擒虎话本〉至〈燕子赋〉》）认为是"肯"的音误，《校注》谓二字"同音假借"；陈治文（《〈敦煌变文集〉校读小札》）谓当作"忿"，下文"（袭虎）心生不忿"可证。张金泉（《校勘变文当明方音》）谓"二恐字并代肯字，变文音通摄字往往读为登韵"，是。下文又有"不恐拜舞"句，"恐"似皆以读作"肯"为妥。
[3] 即大，下文又有"念见名将即大功训（勋）""蛮奴是即大名将"句，袁宾（《变文词语考释录》）定作"积代"之音近借字，《校注》从袁校；《选注》定作"绝代"之音误；博士生吴昌政认为当读作"即代"，"即代"指今世、当代，"即大（代）名將"即当代名将、一代名将。后说是。"大""代"音近，敦煌写本中屡见通用。又《玉篇·皀部》："即，今也。"故"即代"可释作当代、今世。唐慧立本、释彦悰笺《大唐大慈恩寺三藏法师传》卷九："则市朝大隐，不独贵于昔贤；见闻弘益，更可珍于即代。"S.4398V《降魔变》："昔南天竺有一大曰（国），号舍卫城。其王威振九重，风扬八表，三边息浪，四塞尘清。辅国贤相厭号须达多，善秘策于胸衿，洞出机于即代。"俄敦170V＋俄敦169V《愿文·尼师》："内行八敬，外修四德，业通三藏，心悟一乘，得爱道之先宗，▢（习）莲华之后果，形同女质，志参丈夫，即代之希有也。"后例异本S.343作"节（即）世"，义同。P.2388《太上妙法本相经》："守朴不移，其器莫崇；执古不移，即世何宗？其朴不散，三像何以德成？其古不移，今代何以得生？"亦用"即世"例。"即代"犹"即世"，亦犹当代、当世，"即代名将"即当代名将，"即代功勋"即当世功勋，文义顺适。
[4] 此句"是"字底卷本作小字旁注于"将""韩"二字右侧，《变集》及《新书》补入正文，以此句连上读；《选注》《校注》皆以此字为衍文，删去。今按：此"是"字既然是抄手有意旁补，显然不宜删。上一句"是即大（代）名将"是说韩擒虎是当代名将，下一句"是韩熊男"则是交代其家世，两个"是"字的功能完全不同，假如删去后一"是"字，则"即大（代）名将"变成了指称"韩熊"，意思就不一样了（下文云韩擒虎"年登十三""妳腥未落"，应尚未建功立业，此称当代名将，大约是话本作者从后世追述的角度而言；或谓指其父韩雄，则后一"是"字不当有，《隋书·韩擒传》称其父"以武烈知名，仕周，官至大将军，洛、虞等八州刺史"，可备一说）。◎韓熊，《选注》引《隋书·韩擒传》校作"韩雄"。

訓其名，号曰奓虎[1]，心生不分[2]，越班走出："臣啓陛下：蹄觥（潢）小水[3]，争福（福）大海滄波[4]？賈（假）饒螻蟻成堆

[1] 奓虎，《变集》校记云"卷中'擒虎'俱作'奓虎'"；《小说》谓韩擒虎为隋朝名将，唐人避高祖之祖父李虎讳，故"擒虎"或改避作"擒豹""禽武"等，底卷皆作"奓虎"，当亦与避唐讳有关（高祖之祖父名虎，"擒"字自然是不能用的）；至于"虎"字不避，或许与本篇作于宋初，撰作者回改有关。
[2] 不分，《变集》及《新书》括校作"不忿"；《校注》谓"不分""不忿""不愤"及"不负"皆为同词异写，指不服气。按《南齐书·王僧虔传》："庚征西翼书，少时与王右军齐名，右军后进，庚犹不分。"其中的"不分"，唐张彦远集《法书要录》（明汲古阁刻本）卷一"南齐王僧虔论书"条载同一事作"不忿"，义同。参看上文212页校注1。
[3] 觥，徐震堮（《〈敦煌变文集〉校记补正》）谓当作"涔"，但《校注》谓"觥""涔"二字形音皆不近，徐校恐未确；《讲唱》引一说，谓"觥"为古代酒器，容量亦不大，字不烦改；《选注》亦释"觥"为酒杯，谓蹄印似杯，故称"蹄觥"，"蹄觥小水"形容水少。今按："蹄觥"疑当读作"蹄潢"。《说文·角部》："觵，兕牛角可以饮者也。从角，黄声。觥，俗觵从光。"又《水部》："潢，积水池。从水，黄声。"盖"潢"先讹作"觵"，又改作"觥"。"蹄潢"盖指蹄印中的积水。《淮南子·俶真训》："夫牛蹄之涔，无尺之鲤，块阜之山，无丈之材，所以然者何也？皆其营宇狭小，而不能容巨大也。"高诱注："涔，潦水也。""潦水"指雨后的积水，"潢"据本义引申也有此义。《左传·隐公三年》"潢污行潦之水"，孔颖达疏引服虔注："畜小水谓之潢。"慧琳《一切经音义》卷九三《续高僧传》第十四卷音义："天潢，晃光反，杜注《左传》：'潢，污池也，停水处也。'亦积水也。一云：潢，潦也。"或"潢潦"同义并用。《文选·陆机〈赠尚书郎顾彦先〉诗之二》："丰注溢修霤，潢潦浸阶除。"张铣注："潢潦，雨水流于地者。"故"蹄潢"应即"牛蹄之涔"。三国魏曹植《曹子建集》卷六《鰕鲔篇》："鰕鲔游潢潦，不知江海流。"晋葛洪《抱朴子·嘉遁》："潢洿足以泛龙鳞，岂事乎沧海。"此二例"潢潦""潢洿"皆指地面的积水池或积水坑，文中分别与"江海""沧海"比对，与本篇以"蹄觥（潢）"和"大海沧波"比对取喻正同。
[4] 福，底卷作"𥙷"，《变集》及《新书》《选注》录作"福"，《新书》校记疑原字为"祸"字，《选注》谓"福"是"伏"字音误；《讲唱》括校作"副"；《校注》录作"知"，谓原卷字形盖即"知"字，引P.3211《王梵志诗·得钱自吃用》"𥘼者好思量"，又《世间日月明》"𥘼者天上去"，称截图字即"知"字，与底卷字形相近。今按：就字形而言，《王梵志诗》二例截图字皆应为"智"字草书，前例异本S.5441正作"智"。而本句底卷字形，则应是"福"字草书。P.3129《诸杂斋文》："营斋𥙷田，共用庄严。"截图字亦"福"字草书，可以比勘。"福"或可校读作"福（副）"，《讲唱》说近是。《说文通训定声·颐

（堆）[1]，儺（那）能与天爲患！臣願請軍，尅日活捯（擒）陳王進上[2]，不感（敢）不奏。"皇帝亦（一）見[3]，衾虎年登一十三歲，姝腥未落[4]："有日（爾）大肓今（胸襟）[5]，阿奴

部〉："福，假借为福，实为副。"《文选·张衡〈西京赋〉》"仰福帝居"李善注引薛综曰："福，犹同也。"唐颜师古《匡谬正俗》卷六"副"条云："副贰之字，'副'字本为'福'，从衣，畐声。……传写讹舛，转衣为示，读者便呼为福禄之'福'，失之远矣。"《后汉书·黄琼传》"盛名之下，其实难副"唐李贤注："副，称也。"文中左勒将贺若弼愿请军伐陈，韩擒虎不服气，称"蹄觥小水，争福（福）大海沧波"，意思是他这样的水平，怎么配得上伐陈主帅的重任呢？读"福"为"福（副）"，文义正合。张金泉（《校勘变文当明方音》）认为"福"当校作"覆"，则此句意思是凭陈叔宝的实力，又如何与隋文皇帝较量呢？可备一说。

[1] 假饶：《讲唱》释"假使，假如"；《选注》释"纵使，即便"。后说更准确。俄弗101《维摩诘经讲经文》："假饶端正似潘安，掷果盈车人惣会。四相迁移身灭后，空留名字也无常。"

[2] 捯，底卷初作"擒"，又涂去而接书作"捯"；《变集》及《新书》校"捯"作"擒"，《选注》《校注》校录作"擒"；《小说》录作"捯"，谓"'捯'当是'擒'在'衾'这个避讳假借字的基础上产生的后起形声字"。后说是。○○尅日：约定日期。"尅"为"剋"的俗字，而"剋"实又为"克"的后起增旁字。《三国志·吴书·凌统传》："统与督张异等留攻围之，克日当攻。"

[3] "皇帝"之下底卷本有"闻语"二字，《变集》及《新书》《选注》《校注》皆照录，《小说》谓此二字底卷本已涂去，甚是，兹从删。

[4] 姝，底卷作"𡛷"，即"姝"字，《变集》以下各家皆录作"姝"，不妥。《玉篇·女部》："嬭，乃弟切，母也。又女蟹切，乳也。姝，同上。""爾""尒"二字《说文》字别，但古多混用不分，从"爾"之字异体多从"尒"，故"嬭"字异体作"姝"。"尒"形部件宋以后刻本多作"尔"形，但敦煌写本文献绝少使用（《龙龛·女部》载"嬭"字通体右部作"尔"，即"尒"之变，右上部仍不带钩），故"姝"不宜改而作"姝"。《正字通·女部》："嬭，旧注音乃，乳也。又乳母。按本借乳，俗读乃，改作奶。""奶"即这个字的后起形声字。◎腥，底卷先抄作"省"，涂去，右旁改作"腥"。◎落，底卷先抄作"洛"，又在其上补加艹头作"落"。○○姝腥：《新书》谓即乳腥，"姝腥未落"犹言"乳臭未干"；《选注》引元宫大用《范张鸡黍》杂剧一折："口边厢姝腥也犹未落，顶门上胎发也尚自存。"今按：《元刊杂剧三十种》本《范张鸡黍》："口边口（头）奶腥也不曾落，顶门上胎发依旧存。""奶"为后起写法。

[5] 日大，刘坚（《校勘在俗语词研究中的运用》，《中国语文》1981年第6期）及《汇编》校作"偌大"；《选注》校作"尔大"，言"日""尔"一声之转，引宋孔平仲《孔氏杂说》卷四"俗所谓'日许'者，'尔许'也，声之讹也"，

何愁社稷[1]！擬拜韓僉虎爲將，恐爲阻着賀若弼；擬二人惣拜爲將，殿前上（尚）自如此，領兵在外，必爭人我[2]："卿二人且歸私地（第），後來日前朝，別有宣至（旨）[3]。"乞（迄）後來日前朝，合朝大臣惣在殿前，遂色（索）金鑄印[4]，弟［一］

　　《小说》从校；《校注》校作"若大"，谓"偌"实"若"之后起俗字，"若大"义即如此之大。兹从《选注》。○肾，《选注》括校作"胸"，《校注》径改作"胸"；《小说》谓"此即'匈'之或体（《说文·勹部》：'肾，匈或从肉。'），后者乃'胸'之本字；今字'胸'是'匈''肾'交互影响产生的后起字"。○今，《变集》及《新书》属下读，不确；《讲唱》《选注》《校注》等校作"襟"，属上，与"胸"连读为"胸襟"，兹从之。

[1] 稷，底卷作"禝"，"禝"的俗字，《变集》以下各家径录作"稷"，非原形；社稷字金文、战国文字多从示作"禝"，《说文》小篆始作"稷"。《集韵·职韵》节力切（与"稷"同一小韵）："禝，尧臣，能播五谷，有功于民，祀之。通作稷。""禝"与"稷"应为换旁异体字。兹据录正。下同。

[2] 人我：《通释》释作"是己非人，较量争胜的意思"。俄弗365《妙法莲华经讲经文》："若居高处坐，犹自争人我。"

[3] 宣至，《变集》校记引王重民云疑当作"宣旨"，《新书》《讲唱》《汇编》《校注》《小说》从校；《选注》照录作"宣至"，释"宣"为"天子的书面谕旨，亦称'宣头'"。前说义长。"宣旨"指天子或如来的诏令、敕命，文中指皇帝第二天在朝廷上当殿颁下圣旨。俄弗252《维摩诘经讲经文》："善德蒙佛告命，稽首而仰望花台，郑重虔心，殷勤合掌，为承宣旨，三白世尊：'世尊，世尊，世尊！适蒙慈父发言，何销如来推奖。'"此例则是指佛的敕命。《正字通·宀部》"宣"字下云："诏书别录小字本留内曰宣。唐故事，中书舍人掌诏诰，皆写两本，一为底，一为宣，在中书，可检覆，谓之正宣。唐《王起传》：帝尝以疑具榜子，起具榜子，附使者上之，凡成十卷，号曰《写宣》。《会要》《崇文目》有《宣底》八卷。"故"宣旨"可构成同义复词。参看下篇"一月后别有进旨"校注。

[4] 色，下文又有"色随驾（隋家）兵事（士）交战"句，《新书》《选注》皆读作"索"（前例"色"《讲唱》释作"索取"，释义可从），甚是。敦煌写本"色""索"通用。P.2564《鬫鬮新妇文》："已后与儿色妇。"其中的"色"异本S.4129正作"索"。下同。○鑄，底卷本作"注"，涂去，右旁改作"鑄"。

拜楊素爲都招罰（討）使[1]，弟二拜賀若弼爲副知節[2]，弟三韓僉虎爲行營馬步使[3]。三人受宣，拜舞謝恩，走出朝門，領軍

---

[1] 弟［一］拜，底卷作"拜弟"，《選注》括校作"弟一拜"，云"杨素并非杨坚之弟，兹据下文'弟二''弟三'等改"，《校注》从校，兹从之。◎罰，《变集》校记引王重民云当作"討"，《選注》以下各家从校；《小说》谓"盖'罰'俗字作'罰'，下部与'討'同形，遂相涉而误"。今按："罰"字草书和"討"字字形亦近。S.6981V《兄弟转帖》："有滞帖者，准条科才。"末字即"罰"字草书。"罰""討"古书中常见异文，如六臣注本《文选·任昉〈奏弹曹景宗〉》"受命致罰"句，校云"善本作'討'字"。可参。◎◎都招討使：韩建瓴（《敦煌写本〈韩擒虎画本〉初探（一）——"画本""足本"、创作与抄卷时间考辨》）称始置于五代；《選注》以为唐代武职，总管招降伐叛等行动。今按：《旧唐书·穆宗本纪》长庆元年（821）十月："以河东节度使裴度充镇州四面行营都招讨使，以左领军卫大将军杜叔良充深冀诸道行营节度使。"又《懿宗本纪》咸通十年（869）正月："康承训，可金紫光禄大夫、检校刑部尚书，兼右神策大将军、御史大夫、上柱国、扶风郡开国公，食邑一千五百户，充徐泗行营都招讨使；又以将军李邵为徐州南路行营招讨都虞候……将军高罗锐为楚州刺史、本州行营招讨使，将军秦匡谟为濠州刺史、本州行营招讨使，将军李播为宿州刺史、赴庐州行营招讨使，以将军孟彪为太仆卿，充都粮料使，凡十八将，分董诸道之兵七万三千一十五人。"可知"招讨使""都招讨使"之职至迟晚唐已见。

[2] 副知節：韩建瓴（《敦煌写本〈韩擒虎画本〉初探（一）——"画本""足本"、创作与抄卷时间考辨》）称此名不见于史籍，疑为"副大使知节度事"之省称，后者始于唐贞观、开元间，唐以亲王遥领节度，或兼招讨使，五代则多以亲王领节度者兼都招讨使，本篇以亲王杨素为都招讨使，又以贺若弼为副知节，实乃附会五代之制；《選注》以为文中是指副都招讨使。按《旧唐书·肃宗代宗诸子·越王系》乾元二年（759）七月诏："越王系……可充天下兵马元帅，仍令司空兼侍中蓟国公光弼副知节度行营事。""副知节"或即"副知节度行营事"之略，文中为都招讨使的副手。

[3] "弟三"下底卷本有一"贺"字，但似已点去，《变集》以下各家皆不录此字，甚是；吴蕴慧（《〈敦煌变文校注〉校释零拾》，苏州大学2003年硕士学位论文）谓底卷本有"贺"字，又疑为"拜"之误，不确。此处盖承前省"拜"字。◎"弟"字此句三见，《变集》第一个"弟"照录，第二个校作"第"，第三个径改作"第"，《新书》《讲唱》从校；《選注》《校注》《小说》三处皆径录作"弟"，《選注》谓"'弟'通'第'"，《校注》谓"'弟'字不烦改"；《释录》三处皆括校作"第"，谓"'弟'为'第'之本字"。今按：录作"弟"字是，"弟"是"第"之本字，敦煌写本中通用不分，不烦改。◎◎行营马步使：《讲唱》释"行营"为"出征时的军营"；韩建瓴（《敦煌写本〈韩擒虎画本〉初探（一）——"画本""足本"、创作与抄卷时间考辨》）称此官名诸史志不

三十餘万，登途進發，迅速不停，直到鄭州。有先峯（鋒）馬探得蕭磨呵領軍二十餘万陳留下營[1]，具事由迴報。上將軍楊素聞語，當處下營，昇振（帳）而坐，遂喚二將，惣在面前，遂問二將："随（隋）文皇帝殿前有言，請軍尅收金璘（陵）[2]。如今賊軍府（俯）迫[3]，甚人去得？若也得勝迴過（戈）[4]，具表奏聞。"將軍才問，韓僉虎越班便出："啓言將軍，僉虎去得。""要軍多少？""要馬步軍三萬五千。"便令交付。

载，不知其为何官，据《通鉴》，后唐明宗时陶玘曾任此官；《选注》定作"行营马军、步军的头领"。按《册府元龟》卷四〇一将帅部"行军法"："后唐陶玘者，同光末从元行钦军于魏博，充行营寨主，及人情有归，玘以所部兵从明宗。至临黄，署许州留后，兼行营马步使。至白皋渡，安重诲之从人争舟，玘斩之以徇，军士畏之。"

[1] 探，底卷作"掬"形，《变集》括校作"探"，校记云"本卷内凡'探'字，均写作'掬'或'探'，今后一律改为'探'"，其后各家从之，甚是。"罙"形部件俗书或作"采"，"扌"旁异写或作"勹"，故"探"字俗书或作"採"，进而又讹变作"掬"，兹从之录正。

[2] 军，《变集》以下各家皆校作或径录作"君"；张新武（《敦煌变文校勘琐补》，新疆汉语言学会、新疆维吾尔自治区民族语言文字工作委员会编：《汉语·双语·双推论文集》，乌鲁木齐：新疆人民出版社，1990年）谓"请军"上文已二见，意谓"请皇帝交给自己一支军队"，"军"字不误，甚是。"请军"指请求皇帝让自己率军出征，"军"字不应改。

[3] 府，刘凯鸣（《敦煌变文校勘补遗》）括校作"偪"，不确；《讲唱》《选注》《校注》皆校作"俯"，《选注》谓"俯迫"即逼近，甚是，兹从校。

[4] 迴过，当读作"回戈"，指回师。下同。P.2652V《诸杂谢贺·谢打贼得功》："谨奉上命，奔逐残贼，司空福助于军前，龙神潜威于野外，军旅雄勇，活捉生擒，将仕（士）不失于雄名，平善回戈于莲府。"其中的"过"原卷已点去，并利用原字的末笔改写作"戈"，可证此二字写本同音多误。敦煌文献中有皆出于"八十老人"之手的《金刚般若波罗蜜经》抄本近百件（这些抄本的抄写者署名为"八十二老人""八十三老人""八十四老人"或"八十八老人"等，皆出于同一人之手，我们统称为"八十老人"抄本），其中73、S.5544尾题后署"西川戈家真印本"，而更多的抄本"戈家"则作"过家"（如S.5534"西川过家印真本"，S.5544、S.5451、S.5669、P.2876、俄敦11043、北敦8888"西川过家真印本"，S.5965"西川过家真本"），二者应有一误，如果从众的话，则"戈家"当是"过家"抄误，可见当时这两个字确实经常混用。参看下篇校注。

从旁注字和校改字看 P.2528《西京赋》写本的文本层次*

金少华

(浙江大学古籍研究所)

内容摘要：李善注释《西京赋》时选用的底本为三国薛综旧注本，与萧统《文选》原帙颇有出入。法藏敦煌 P.2528 号写卷的抄写者在抄完李善注本《西京赋》之后，又据萧统《文选》将"长风激于别嶹"之"嶹"、"建玄弋"之"弋"、"狡鸣葭"之"狡"、"途阁云曼"之"途"分别校改为"岛""戈""校""连"，在"传闻于未闻之者"之"者"下旁注"口"字，这些校改字和旁注字与写卷正文并不属于同一层次的文本，校录时应加以区分。

关键词：《西京赋》；文本层次；旁注字；校改字

---

* 本文为国家社科基金项目"古抄本《文选音决》笺证"（24BZW042）研究成果之一。

一

关于敦煌写本的旁注字,许建平师曾指出"旁注字中多有写卷阅读者据别本所加的内容",旁注字与写本正文的文本来源未必相同,写本校录时应"区别其文本的不同层次",而不能直接将旁注字与正文作为一个文本进行校勘。[1]在法藏敦煌P.2528号《西京赋》李善注写本中,恰好也有非常典型的例证。

例一,"鄙生生乎三百之外,传闻于未闻之者"之"者"字下,敦煌写本注一小字"口"(图1)。

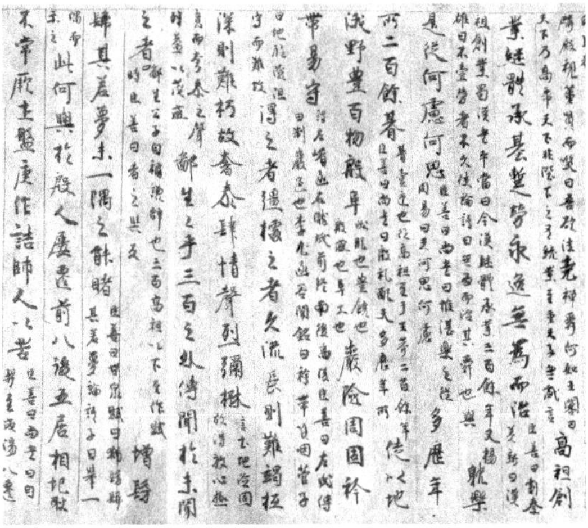

图1 法藏敦煌P.2528号写本(局部之一)

---

[1] 许建平:《法藏P.2643号〈尚书〉写本与〈尚书〉学相关问题新探》,《上饶师范学院学报》2021年第5期,第69页。

张衡《西京赋》原文应当作"者","口"是文本流变的结果。考《西京赋》云:

> 高祖创业,继体承基。
> 暂劳永逸,无为而治。
> 耽乐是从,何虑何思。
> 多历年所,二百馀期。
> 徒以地沃野丰,百物殷阜,
> 岩险周固,衿带易守。
> 得之者强,据之者久。
> 流长则难竭,柢深则难朽。
> 故奢泰肆情,声烈弥愀。
> 鄙生生乎三百之外,传闻于未闻之者。
> 增仿佛其若梦,未一隅之能睹。
> 此何与于殷人屡迁,前八后五,
> 居相圮耿,不常厥土,
> 盘庚作诰,帅人以苦?

上引《西京赋》三个韵段("基治思期""阜守久朽愀""者睹五土苦")对应于三个意义段落,切分整齐,结构清晰。其中"者"字《切韵》收于上声马韵(麻韵系),上古音则与"睹五土苦"四字同属鱼部。根据罗常培、周祖谟两位先生的研究,"东汉……鱼部麻韵一系的字已转到歌部……这一类字的声音已经开始转变了",故《西京赋》"者睹五土苦"五字为歌鱼合韵。[1]随着语音的进一步演变,"者"字到魏晋以后已经"完全和歌部字(引者按:此指歌部上声字)押韵"[2],齐梁时期麻韵系又从歌部独立出来[3],"者"字与"睹五土苦"等字的语音差别越来越大,其合韵关系也越来越难以被当时人所理解,故张衡《西京赋》原文"者"字或被改为"口",转而与上文"阜守久朽楸"等字押韵。

传世李善注本《文选》所载《西京赋》作"者",五臣注本作"口",P.2528号敦煌写本的旁注字与五臣注本《文选》相同。不过由于P.2528号抄写于唐高宗永隆二年(681)[4],其旁注字与校改字也出自抄写者本人之手(根据书迹判断),而五臣注本《文选》撰成于唐玄宗开元六年(718),故刘师培《敦煌新出唐写本提要》认为写本旁注字"口"的来源应是李善注本《文选》的"别本":"此卷'者'下注'口'字,盖兼志别本异文,亦李注有二本之证。"[5]

按刘氏之说非也。饶宗颐《敦煌本文选斠证(一)》云:"永隆本'者'下注一小'口'字,然其下(李)善注有'者,之与

---

[1] 罗常培、周祖谟:《汉魏晋南北朝韵部演变研究》,《周祖谟文集》第八卷,北京:中华书局,2022年,第20—21、138页。
[2] 罗常培、周祖谟:《汉魏晋南北朝韵部演变研究》,第21页;参见周祖谟:《魏晋南北朝韵部之演变》,台北:东大图书股份有限公司,1996年,第199—200页。
[3] 周祖谟:《魏晋南北朝韵部之演变》,第719页。
[4] 唐高宗调露二年(680)八月改元永隆,永隆二年十月又改元开耀,此P.2528号敦煌写本卷末题记云"永隆年二月十九日",则为永隆二年,其时李善尚未辞世。
[5] 《刘申叔遗书》,南京:江苏古籍出版社,1997年,第2009页。

反',亦非改'者'为'口'也。"[1]李善既然已为"者"字注音,李注本《文选》就绝不可能产生一个作"口"的"别本"。

事实上,"口"字应当源出于萧统《文选》原帙。萧《选》白文本虽然失传已久,但显然就是五臣注本《文选》的底本,故敦煌写本的旁注字"口"恰与传世五臣注本相同。而李善注释《西京赋》时选用的底本为三国东吴薛综旧注本[2],薛注本可谓去"古"未远,故尚能保存张衡原貌作"者"。

敦煌写本加注"口"字的原因在于唐人不通古韵,读"者"字与《西京赋》上文"阜守久朽楸"及下文"睹五土苦"皆不协韵,故怀疑李善注本"者"字有误(李注"者,之与反"为叶韵破读),于是"兼志"萧统《文选》异文"口"。写本正文"者"与旁注字"口"并非同一层次的文本。

二

除了例一中的旁注字,P.2528号敦煌写本中另有几处校改字,其实也是依据萧统《文选》原帙来"订正"李善所据薛综旧注本《西京赋》,校改字与被改字的文本来源并不相同,写本校录时不应依从校改字。

---

[1] 《新亚学报》第3卷第1期,1957年,第398页。
[2] 李善注本《文选》卷二《西京赋》题下标"薛综注",其下李注云:"旧注是者,因而留之,并于篇首题其姓名;其有乖缪,臣乃具释,并称'臣善'以别之。他皆类此。"关于李注本《文选》以旧注本替换萧统《文选》原帙的特殊体例,参见拙文《P.2528〈西京赋〉写卷为李善注原本考辨》,《敦煌研究》2013年第4期,第107—115页。

例二，"长风激于别**隝**，起洪涛而扬波"之"**隝**"字，敦煌写本涂去，右侧注一"岛"（图2）。

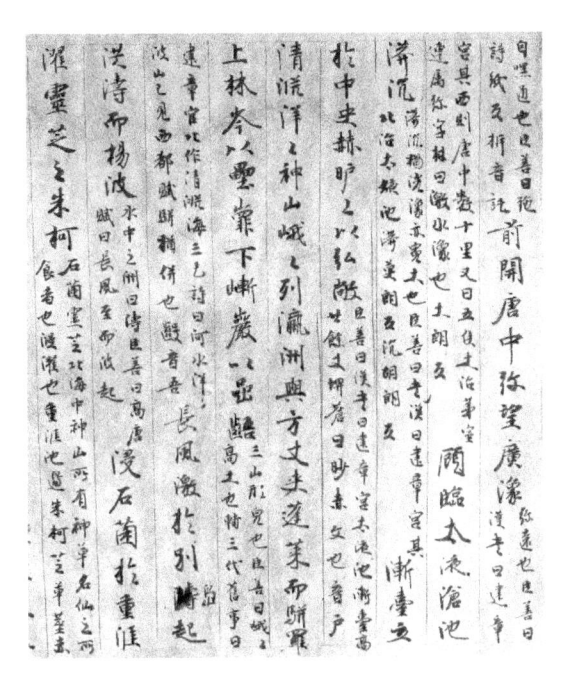

图 2　法藏敦煌 P.2528 号写本（局部之二）

按《西京赋》薛综注云："水中之洲曰**隝**。"是李善据薛综旧注本作"**隝**"。而敦煌写本的校改字"岛"应出自萧统《文选》原帙，五臣注本《文选》作"岛"可证。

原本《玉篇》残卷阜部："鴫，都皎、都道二反。《声类》：'古文岛字也。'**隝**，《声类》：'亦古文岛字也。'"[1] 盖张衡

---

[1]　顾野王编撰：《原本玉篇残卷》，北京：中华书局，1985年，第507页。

《西京赋》原文用古字"隝",而后世"隝"字罕见,萧统《文选》收录《西京赋》时遂改为通行字"岛"[1]。敦煌写本又据萧《选》妄加校改,导致赋文"岛"字与薛综注"隝"字失却照应,乖缪殊甚。

例三,"建玄弌,树招摇"之"弌"字,敦煌写本用浓墨加一撇,校改为"戈"(图3)。

高步瀛《文选李注义疏》云:"'戈'各本作'弌',今依唐写。"又引朱珔《文选集释》、胡绍煐《文选笺证》等诸家之说,证明星名应为"玄戈"[2]。按星名诚然不称"玄弌",但高氏依据敦煌写本 P.2528 号改《西京赋》正文为"玄戈",殊欠妥当。考写本薛综注尚是"玄弌",其赋文"戈"字也经过校改,校改前的"弌"字恰与传世宋刻李善注本《文选》相一致。盖李善所据薛综注本《西京赋》作"玄弌",敦煌写本的校改字"戈"则出自萧统《文选》,"弌""戈"二字来源不同[3]。校录时如果依从写本的校改字作"戈",就会导致赋文与薛综注不相照应(薛注"弌"字,高步瀛失校,而径据正文作"戈",是其疏失)。

---

[1] 五臣注本《文选》所载《西京赋》"陵重巘"之"巘"字、"炙宂鴞"之"炙"字,P.2528 号敦煌写本分别作"甗""烈"(薛综注云"山之上大下小者[曰]甗""烈,炙也"),"巘""炙"也是萧统编辑《文选》时校改的后世通行字。

[2] 高步瀛:《文选李注义疏》,曹道衡、沈玉成点校,北京:中华书局,2018年,第2版,第392—393页。

[3] 刘师培《敦煌新出唐写本提要》云:"'建玄戈'各本'戈'作'弌',此卷初书同,改'戈'不知何据。"(《刘申叔遗书》,第2009页)是不知萧统《文选》与李善注本之异同也。

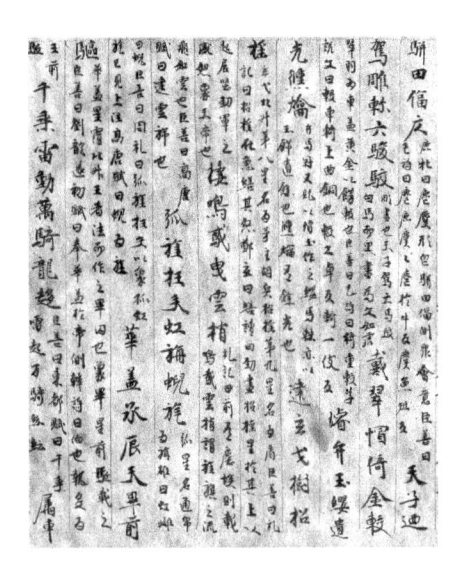

图3　法藏敦煌 P.2528 号写本（局部之三）

例四，"发引觫，狡鸣葭"之"狡"字的"犭"旁，敦煌写本以浓墨改为"木"旁，校改为"校"（图4）。

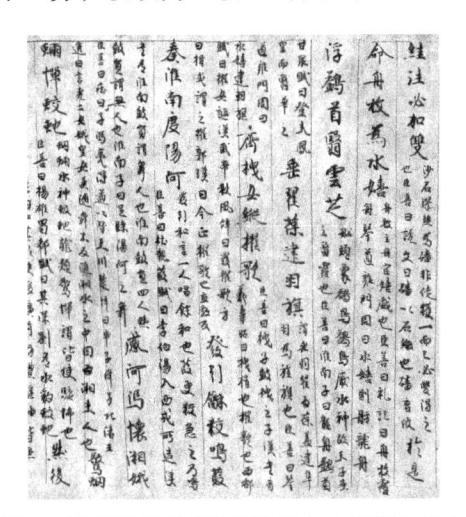

图4　法藏敦煌 P.2528 号写本（局部之四）

按《西京赋》薛综注云："葭更狡急之乃鸣。"是李善据薛综旧注本作"狡"。日本爱知县猿投神社藏正安四年（1302）白文抄本《文选》亦作"狡"，当即承袭自李善注本。王褒《洞箫赋》"时奏狡弄"李注云："狡，急也。"正可与薛注"狡急"云云相互参看。

而从五臣注本《文选》来看，萧《选》原帙盖作"校"。P.2528号敦煌写本涂改为"校"的原因，大概是抄写者认为"狡"字于义无取，遂从萧《选》，却致使赋文"校"字与薛注"狡"字前后参差（传世宋刻李善注本《文选》则《西京赋》正文及薛综注皆作"校"，已失李注本原貌）。

例五，"长廊广庑，途阁云曼。闱庭诡异，门千户万。重闱幽阒，转相逾延。望叫嚎以径延，眇不知其所返"之"途"字，敦煌写本以粗笔改"余"旁为"车"旁，校改为"连"（图5）。

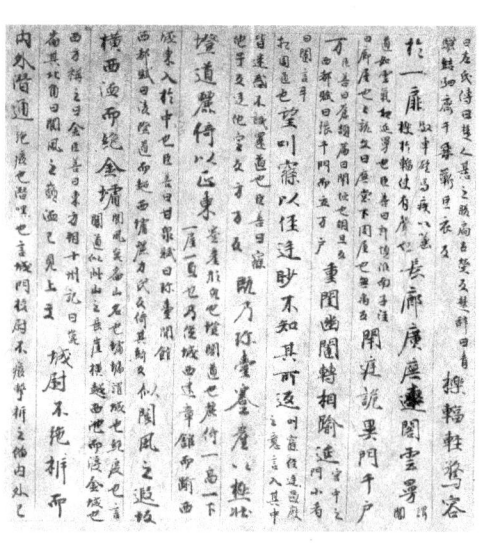

图5　法藏敦煌P.2528号写本（局部之五）

传世李善注本《文选》所载《西京赋》作"途阁"，五臣注本作"连阁"，日本抄本如爱知县猿投神社藏正安本等又皆作"延阁"。

关于这一组异文，历来学者都认为李善注本《西京赋》"途阁"有误。胡绍煐《文选笺证》云：

> 五臣"途"作"连"。《（文选）旁证》云："《匡谬正俗》引亦作'连'。"绍煐按：作"连"是也。"连阁"与上"长廊""广庑"、下"重闺""幽囧"一例，作"途"与"阁"义不相属。[1]

高步瀛《文选李注义疏》云：

> 六臣本校曰"连""善本作途"。案：尤本作"途"，毛本同。然唐写善注本亦作"连"，则作"途"者乃转写之误耳。[2]

傅刚《日本猿投神社藏〈文选〉古写本研究》云：

> "连阁"意义明白，"途阁"则不通。如作"延阁"，于义亦可通，义与"连阁"相同。[3]

---

[1] 胡绍煐：《文选笺证》，合肥：黄山书社，2004年，第50页。
[2] 高步瀛：《文选李注义疏》，第326页。
[3] 傅刚：《〈文选〉版本研究》，西安：世界图书出版西安有限公司，2014年，第360页。

按高步瀛谓敦煌写本 P.2528 号作"连",显然是被写本的校改字所误导,实则校改前的"途"字恰好与传世宋刻李善注本《文选》相同,"途阁"是否确属"转写之误"而"意义不通"实在不可轻易断言。

张衡《西京赋》乃模拟班固《西都赋》之作,[1] 两赋文句多有相似处。检《西京赋》云:"于是钩陈之外,阁道穹隆。属长乐与明光,径北通乎桂宫。"此即本诸《西都赋》"辇路经营,修涂飞阁。自未央而连桂宫,北弥明光而亘长乐"[2],"修涂飞阁"即《西京赋》所谓"阁道"。考《西京赋》"途阁云蔓"句薛综注云"谓阁道如云气相延蔓也","途阁"亦指阁道。那么,所谓"途阁"应当就是《西都赋》"修涂飞阁"之缩略("途"与"涂"同)。《西都赋》李善注云:"薛综《西京赋注》曰:'涂,道也。'言长涂皆为飞阁。"所引薛注当即出自《西京赋》"途阁云蔓"句(李善注本《西京赋》节略此注),足资参证。

《西都赋》李善注又云:"辇路,辇道也。《上林赋》曰:'辇道䌈属。'如淳曰:'辇道,阁道也。'"据此核查司马相如《上林赋》,可知班固《西都赋》"辇路经营,修涂飞阁"二句乃化用自《上林赋》"于是乎离宫别馆,弥山跨谷。高廊四注,重坐

---

[1] 范晔《后汉书·张衡传》云:"时天下承平日久,自王侯以下莫不逾侈,衡乃拟班固《两都》作《二京赋》,因以讽谏,精思附会,十年乃成。"《西京赋》李善注即引此文。

[2] 此据日本石川县立历史博物馆藏李善注本《文选》古笔切,传世宋刻李注本《文选》"涂"作"除",高步瀛《文选李注义疏》已据《后汉书·班固传》及五臣注本《文选》订正为"涂"(第107页),恰与上揭古笔切相合,足见高明。傅刚《日本猿投神社藏〈文选〉古写本研究》也认为"李善、五臣初未有异"(《〈文选〉版本研究》,第358页),可以参看。

曲阁。华榱璧珰,辇道纚属。步櫩周流,长途中宿"。《上林赋》李善注引如淳曰:"辇道,阁道也。"又引郭璞曰:"途,楼阁间陛道。"[1]也可与上引《西京赋》薛综注"谓阁道如云气相延曼也"以及《西都赋》李善注"言长涂皆为飞阁"相互印证。盖阁道为架空廊桥式建筑,故可称"飞阁";升降使用台阶,故或称"陛道"[2]。因此张衡《西京赋》称阁道为"途阁"虽属孤例,但并无疑义。

至于五臣注本《西京赋》之"连阁",应是萧统编辑《文选》时所改。盖阁道多称"连阁",张衡《南都赋》云"御房穆以华丽,连阁焕其相徽",王延寿《鲁灵光殿赋》云"于是乎连阁承宫,驰道周环。长途升降,轩槛曼延",左思《吴都赋》云"房栊对櫳,连阁相经",其例甚夥,萧统据以校改张衡原文之"途阁",无可厚非。至敦煌写本又依据萧《选》"连阁"来"订正"李善注本《西京赋》之"途阁",则殊无必要。写本校录时必须分辨清楚"途""连"二字的不同来源,不宜轻易信从校改字"连"。

三

李善在注释《西京赋》时,也曾参酌萧统《文选》原帙来"订

---

[1] 郭璞注"途"上原有"中"字,据胡克家《文选考异》说删正;又参见高步瀛:《文选李注义疏》,第1779页。
[2] 又或称"嶝(隥)道"。张衡《西京赋》云"既乃珍台蹇产以极壮,嶝道丽倚以正东。似阆风之遐坂,横西洫而绝金墉",化用自班固《西都赋》"凌隥道而超西墉,混建章而外属",《西京赋》薛综注云:"嶝,阁道也。乃从城西建章馆而逾西城,东入于正宫中也。"

正"所据薛综旧注本,这与上文讨论的敦煌写本校改字可谓性质相同,故一并附记于此。

例六,"缭亘绵联,四百馀里"句,李善注云"亘当为垣"。

班固《西都赋》云"缭以周墙,四百馀里",即张衡《西京赋》"缭亘"二句之所本,"亘"即"垣墙"字,林义光《文源》云:"'亘'当为'垣'之古文,象垣墙缭绕之形。"[1]《西京赋》"缭亘绵联"足可证成其说,"亘"应当就是张衡原文。《西京赋》薛综注云"缭亘,犹绕了也",所据赋文"亘"字尚存张衡原貌。

不过薛综注对《西京赋》"亘"字的解释实在大有问题。《说文·二部》:"亘,求亘也。"段玉裁《说文解字注》认为当作"求回也":"以'回'释'亘',以双声为训也。回者,转也。"[2]王筠《说文解字句读》则云:"谓有求而亘回也。人求一物而忘其所在,则必上下盘旋以搜索之。"[3]"亘"字义为回旋围绕,可见薛注云"缭亘,犹绕了也"者,合于《说文》所说"本义"[4],却不符张衡《西京赋》之本意。

李善显然也不知"亘"实为"垣"之古文,故提出校改意见云"亘当为垣",又引班固《西都赋》为证。从李注来看,李氏所据《西京赋》的底本正是作"亘"之薛综旧注本;而又云"当为垣"者,则应是参酌萧统《文选》的结果。五臣注本《文选》作"垣"

---

[1] 林义光:《文源》,上海:中西书局,2012年,第76页。
[2] 许慎撰,段玉裁注:《说文解字注》,上海:上海古籍出版社,1981年,第681页。
[3] 王筠:《说文解字句读》,北京:中华书局,1988年,第545页。
[4] 参见饶宗颐:《敦煌本文选斠证(一)》,第355页。

（五臣张铣注云"垣，墙也"），其底本即萧《选》原帙，赋文"垣"字已不同于张衡原文之"亘"。

香港华萼交辉楼藏四件敦煌道经残片考释

郜同麟

（北京大学中国古文献研究中心）

内容摘要：香港华萼交辉楼所藏敦煌文献中有四件道经残片。其中松云堂024号、松云堂025号为《老子想尔注》，乃是此前未发现的佚文，可据之考辨前人辑佚的正误、考察《老子想尔注》的思想。松云堂027号《无上秘要》卷五残片可与中村176号《流沙碎金册》第15页右上小碎片直接缀合，其中所存异文有很高的校勘价值。松雪堂033号为《太上洞玄灵宝众篇序经》残片，与Дx1893号、羽589-13号以及京都253号写卷本为同卷，且可进一步证明京都253号写卷为真。

关键词：敦煌文献；道经；缀合

近期，由方广锠、林霄先生主编的《香港藏敦煌遗书》公布了香港公私收藏的二百五十一件敦煌文献。这一批遗书中，多数为佛教文献，但有四件道经残片非常引人注目。这四件残片均装裱于中村不折题端的册页中，原为松云堂所藏，后归华萼交辉楼。方广锠先生在序言中简单介绍了这四件道经的价值。[1]其实这四件道经均可与已公布的敦煌道经缀合，并有很大的文献价值，笔者不揣固陋，试考释于下，以就正于方家。

一、松云堂024号+松云堂025号 《老子想尔注》

松云堂024号，首尾残缺，存经文七行，行十七至十八字。松云堂025号，首尾残缺，存经文四行，行十七字。这两件残片笔迹一致，文意连贯，可以直接缀合，缀合后存经文十一行，为《道德经》第一、二两章的注文。这两件残片的内容不见于《正统道藏》，但笔迹与S.6825v《老子想尔注》一致，当本为同一写卷，松云堂025号与S.6825v之间仅脱落数行而已，因此《香港藏敦煌遗书》将之定名为《老子想尔注》，这是十分正确的。S.6825v正面抄有《大毗婆沙论杂抄》，松云堂两件残片因装裱于册页中，无法看到卷背文献，颇疑卷背亦抄有《大毗婆沙论杂抄》。为方便论述，现将两件残片缀合后录文于下[2]：

（上阙）

1. 儌。明无欲审可得观□□□□□□□□□
2. "此两者同出而异名。"无欲、有欲同出道规。一以

---

[1] 方广锠、林霄主编：《香港藏敦煌遗书》，桂林：广西师范大学出版社，2023年，"序言"，第4页。
[2] 《香港藏敦煌遗书》所附《条记目录》对这两件写卷有录文，但还存在一些问题，故本文重新做了录文。

3. 况内微妙，一以况外所得，故异名也。"同谓之
4. 玄。"玄，天也。法道设意同尔。"玄之有玄，众妙之
5. 门。"天法道设一善一恶，当行其善，道气归之。
6. 气微妙，故言妙门。天虽设恶，以为诫耳，不可
7. 行恶也。"天下皆知美之为美，斯恶已。"今莫有
8. 不憎美者，出自然至心。今欲乐行善如憎美，
9. 形（刑）法则不用，太平之治，帝帝有矣。今但知憎
10. 美而乐为恶，天故增（憎）之。要当改恶为天所爱
11. □□□五味虽美，非道所乐，不可恣贪，食之

（下阙）

校记：

第1行，后半残损，整句释"常无欲观其妙，常有欲观其徼"，盖当作"明无欲审可得观其妙，有欲审可观其徼"。

第2行，"欲同出道"四字右半残损，据文意及残画推测应为此四字。"道"下一字存左半"矢"旁及少量残画，残余部分与S.6825v第4行"心者规也"之"规"字左半相似，疑此字当即"规"之俗字"䂓"。S.6825v两言"善恶同规"，与此处"无欲、有欲同出道规"义正相关。

第4行，疑"法道"上当脱一"天"字，或承上而省。"天法道设意同"，谓天法道而设无欲、有欲之意同。S.6825v中亦常见这一现象，如第十章"是谓玄德"注："玄，天也，常法道行如此，欲令人法也。""常法道"之主语即"天"。第二十二章"是以圣人抱一"注："一，道也。设诫，圣人行之，为抱一也。""设

诫"之主语即"道"。

第8行,"惰",为"耆"之增旁字或"嗜"之换旁字,与《玉篇·心部》训为敬、顺之"惰"及《广韵·脂韵》训为畏之"惰"同形异字。

第9行,"形"当读作"刑"。刑、形古多通用。S.6825v云"形罚格藏",刑罚之"刑"亦写作"形"。

第10行,"增"据文意当读作"憎",与下句之"爱"对应。S.6825v第五章"天地不仁,以万物为蒭苟"注:"天地像道,仁于诸善,不仁于诸恶。""不仁于诸恶"与此"天故憎之"语意一致。

这两件残片虽仅有十一行,但价值极大。首先,由此可以确定所谓《老子想尔注》"佚文"的真伪。饶宗颐从法琳《辩正论·外论》中辑出以下一段:"道可道者,谓朝食美也。非常道者,谓暮成屎也。两者同出而异名,谓人根出溺,溺出精也。玄之又玄者,谓鼻与口也。"从而认为这段话是《老子想尔注》佚文。[1]刘昭瑞又从祥迈《至元辩伪录》中辑出文意大致相近的一段话。[2]马兵则认为这两则所谓佚文都是佛教徒的伪造。[3]前引这两件残片中保留了"两者同出而异名""玄之又玄"两句的注文,与法琳所

---

[1] 饶宗颐:《老子想尔注校证》,《饶宗颐二十世纪学术文集》第5卷,北京:中国人民大学出版社,2009年,第387页。
[2] 刘昭瑞:《〈老子想尔注〉导读与译注》,南昌:江西人民出版社,2012年,第21页。
[3] 马兵:《〈老子想尔注〉"道可道"章佚文新考》,《宗教学研究》2022年第2期。

引完全不同，可证马兵之说是，法琳及祥迈的引文绝非《老子想尔注》佚文。

其次，通过这两件残片，可以更深入地了解《老子想尔注》的思想。S.6825v中有大量辨析善恶的内容，如称"心者，规也，中有吉凶善恶"，认为心中有善有恶，而"志随心有善恶"；道、天地都爱善憎恶，"天地像道，仁于诸善，不仁于诸恶"，"道设生以赏善，设死以威恶"。但全卷中并未言及善恶的来源。残片第5行云"天法道设一善一恶"，第6行云"天虽设恶"，由此可知，善恶是由天取法道而设立。

学者们已注意到《老子想尔注》对"道"的宗教化、神学化，如道有爱憎，道为人间设诫，等等[1]，但似乎未注意到"道"如何行使其宗教职能。实际上，S.6825v中的相关论述似乎也并不明晰。松云堂这两件残片恰可为这一问题提供补充。残片第4行称天法道设有欲、无欲，第5行称天法道设善、恶，第10行称行恶则为天所憎，改恶则为天所爱。因此，在《老子想尔注》中，天充当了道与人的中介角色，天法道设立各种规则，又对人之善恶执行奖惩。持此观点以观S.6825v，部分表述便可得到更好的理解，如第十七章"其次畏之"注："就申道诫示之，畏以天威，令自改也。"第十九章"绝仁弃义，民复孝慈"注："为仁义，自当至诚，天自赏之，不至诚者，天自罚之。"这都可以看出，天是赏罚的执行者，但其赏罚均是法道而行。

---

[1] 可参陈霞：《从道家到道教——论〈老子想尔注〉的阐释方法》，《文史哲》2020年第5期。

饶宗颐已注意到《老子想尔注》与《太平经》的紧密关系，这在前揭两件残片中也有体现。如饶宗颐称："《想尔》此注，其义实多因《太平经》之说，故屡提及'太平'字眼。"[1]残片第9行即有"太平之治，帝帝有矣"一句。另外，前面提到，残片言天设立善恶，爱人行善而恶人行恶，《太平经》卷一一〇《大功益年书出岁月戒第一百七十九》亦云："故天君言，有善有恶，善可令同……故设恶以分明天地四时五行之意……天同欲使为善耳，不欲令为恶也。"[2]

总之，这两件残片虽然所存文字内容不多，但在文献考订和思想阐释方面都有很大的价值。

二、松云堂027号 《无上秘要》卷五

松云堂027号，首尾残缺，上部微损，起"九宫为道之宅"的"之宅"二字，至"太一运神"四字，共存经文四行。《香港藏敦煌遗书》已准确地为该卷定名为"《无上秘要》卷五"。值得注意的是，该件残片可与中村176号《流沙碎金册》第15页右上小碎片缀合。据《香港藏敦煌遗书》所附条记目录，松云堂006号至115号为中村不折旧藏品，[3]或许松云堂027号与中村176-15号本即为同一残片破碎而来。中村176-15号，首尾及下部残损，起"兆已道合"，至"太一为道之变九"，共五残行，并有一行残

---

[1] 饶宗颐：《老子想尔注校证》，《饶宗颐二十世纪学术文集》第5卷，第385页。
[2] 王明：《太平经合校》，北京：中华书局，2014年，第538—539页。
[3] 《香港藏敦煌遗书》，"条记目录"，第19页。

墨。松云堂 027 号首行恰与中村 176-15 号末行残墨吻合，两件残片可以直接缀合。缀合图如下：

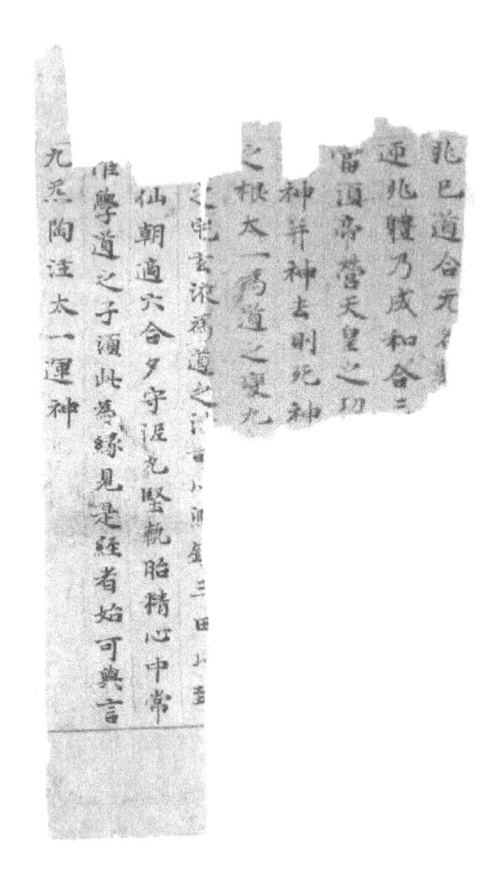

图 1　松云堂 027 号与中村 176-15 号缀合图

中村 176-15 号的这件小碎片，周西波《中村不折旧藏敦煌道经考述》认为是《洞真太一帝君太丹隐书洞真玄经》（以下简称

"《太丹隐书》")残片。[1]郜同麟根据笔迹及敦煌文献无其他《太丹隐书》写卷,考定这件残片为《无上秘要》卷五残卷。[2]松云堂027号与《正统道藏》本《无上秘要》基本相合,与《太丹隐书》则有较多异文。如"玄液为道之津"一句,《太丹隐书》于此句之前多"玄田为道之圃"一句[3],于此句之后多"修之三年"一句;"学道之子",《太丹隐书》作"后学之子";"太一运神"后,《太丹隐书》多"也"字。另外,松云堂027号末行"太一运神"以下无文字,而《太丹隐书》此后还有"子既得为人,人亦众矣"开头的一段话,与上文文意相关,没有换行的必要。因此,松云堂027号应当不可能是《太丹隐书》。从可与松云堂027号直接缀合来看,中村176-15号碎片只能是《无上秘要》卷五。

中村176-15号、松云堂027号两件缀合后存经文九行,内容见于影印本《道藏》第25册第13页中栏第8行至第16行[4]。今据影印本《道藏》补全,录文并考证于下:

（上阙）

1. 兆已道合无名数 起三五兆始禀形七九既
2. 匪兆体乃成和合三 五七九洞冥象帝之先

---

[1] 周西波:《中村不折旧藏敦煌道经考述》,《敦煌学》第27辑,台北:乐学书局,2008年。
[2] 郜同麟:《拘校道文——敦煌吐鲁番道教文献研究》,北京:中国社会科学出版社,2023年,第83页。
[3] 值得注意的是,加入此句后,整段经文隔句押韵的形式便被破坏了。这句很可能是后世误衍。
[4] 《道藏》第25册,北京:文物出版社、上海:上海书店、天津:天津古籍出版社,1988年,第13页。

3. 当须帝营天皇之功 九变为灵功成人体体
4. 与神并神去则死神 守则生是以三元为道
5. 之根太一为道之变九 天为道之神九官为
6. 道之宅玄液为道之津 可以熙☒三田以致
7. 神仙朝适六合夕守泥丸坚执胎精心中常
8. 欢学道之子须此为缘见是经者始可与言
9. 九炁陶注太一运神

（下阙）

校记：

第4—5行，"是以三元为道之根"，影印本《道藏》作"是以三元为道之始，帝君为道之根"，《太丹隐书》同。但据敦煌本行款，残缺之处无法容下这么多字。敦煌本盖因前后两"为道之"而误脱"始帝君为道之"六字。

第6行，"可以熙☒三田"，底本"熙"字仅存左半，但可断定为"熙"之俗体"㷀"的左半。"熙"下一字仅存"金"旁，难以确定为何字。影印本《道藏》此句仅作"以熙三田"四字，《太丹隐书》则作"可以照镜三田"。从敦煌本残存之"金"旁看，盖原作"可以熙镜三田"。"三田"即三丹田。"熙镜"不见于其他文献[1]，但于此处很可能更合乎文献原貌。"熙镜"二字近义连

---

[1] 《真诰》卷十有"神全得会，熙镜玄开"之文（陶弘景：《真诰》，赵益点校，北京：中华书局，2023年，第187页），但那是"论长史妇所葬墓事"，与《太丹隐书》的用例无关。

文,皆照耀之义。《尔雅·释诂》:"熙,光也。"[1]"熙"本义为光明,引申有照耀之义。《文选》卷三四曹植《七启》:"绿叶朱荣,熙天曜日。"[2]"熙""曜"正对文见义。"镜"则由鉴照之义引申亦有照耀义。《后汉书·班彪传》载班固《典引》:"皇家帝世,德臣列辟,功君百王,荣镜宇宙,尊无与抗。"[3]"荣镜宇宙"犹言光照宇宙。因此,"熙镜三田"盖指三元、帝君等神之光芒照耀三丹田。《上清太上玉清隐书灭魔神慧高玄真经》咽月华后祝云:"镜心丹玄房,熙炁泥丸野。"[4]此二句即说上、中二丹田,与《太丹隐书》"熙镜三田"之语意正一致。《太丹隐书》前文亦有"服日炁之法以平旦,采月华以夜半,存之去面前九寸,令光景照我泥丸,下及五藏,洞彻一形,引炁入口,光色蔚明"[5]之文,"熙镜三田"盖即"光景照我泥丸"之意。因此,敦煌本作"可以熙镜三田"可能更接近文献原貌,今本《太丹隐书》作"照镜",《无上秘要》删"镜"字,盖皆因不知"熙镜"之义而妄改。

三、松雪堂033号 《太上洞玄灵宝众篇序经》

松雪堂033号,首尾及下部残损,仅存经文两残行。其内容在《正统道藏》中见于洞真部本文类之《元始五老赤书玉篇真文天书

---

[1] 阮元校刻:《十三经注疏》,北京:中华书局,2009年,第5597页。
[2] 萧统编,李善注:《文选》,北京:中华书局,1977年,第487页。
[3] 范晔撰,李贤等注:《后汉书》,北京:中华书局,1965年,第1381页。
[4] 《道藏》第33册,第757页。
[5] 《道藏》第33册,第529页。

经》卷上，但文字上与 P.2386 及 S.6659《众篇序经》更为接近，《香港藏敦煌遗书》定名为《太上洞玄灵宝众篇序经》是十分合理的。更值得注意的是，该残片笔迹与京都 253 号《太上洞玄灵宝妙经众篇序章》基本一致。现将部分文字对比于下：

表 1　松雪堂 033 号与京都 253 号部分文字笔迹对比

	真	俯	高	会	河	源	检	录
松雪堂 033 号	真	俯	高	會	河	源	撿	錄
京都 253 号	真	俯	高	會	河	源	撿	錄

由以上对比不难看出，两件写卷笔迹十分相近，应本为同卷。藤枝晃曾对京都 253 号的真伪有所怀疑。[1]王卡认为 Дx1893 号与京都 253 号笔迹一致，可能为同抄本。[2]郜同麟更进一步指出 Дx1893 号与羽 589-13 号可以直接缀合，与京都 253 号本为同卷。[3]松雪堂 033 号的文字恰在羽 589-13 号与京都 253 号之间，应是两件之间掉落的碎片，与羽 589-13 号末行相距四行，与京都 253 号首行相距三行，残阙的文字正可以每行十七字的标准抄经格式填入。今据 P.2386 补足文字，将 Дx1893+羽 589-13→松雪堂

---

[1] 参见〔日〕大渊忍尔：《敦煌道经目录编》，隽雪艳、赵蓉译，济南：齐鲁书社，2016 年，第 177 页。
[2] 王卡：《敦煌道教文献研究——综述·目录·索引》，北京：中国社会科学出版社，2004 年，第 92 页。
[3] 郜同麟：《拘校道文——敦煌吐鲁番道教文献研究》，第 88 页。

033→京都253号之残卷行款复原如下：

（前略）

圆之中叩受开明之司过蒙玄师之宗抚念……羽589-13号末行

群生悼运流迁皇道既畅真亦宜行私心实
欲使云荫八遐风洒兰林寒条仰希华阳之
繁朽骸蒙受灵奥之津不审灵宝五篇玉文
可得见授下教于未闻者乎元始天尊方凝
真遐想俯机高抗命召五帝论定阴阳推数　　……松雪堂033号
劫会移校河源检录天度选择种人指拈太
无啸朗九玄永无开听于陈辞乃闭阒于求
真之路太上大道君启向不已元始良久乃
垂盱眦之容慨尔叹曰微乎深哉子今所叩

岂不远乎此元始之玄根空洞自然之文保　……京都253号首行

（后略）

这一组写卷的卷首已发现三枚残片，因此京都253号为藏经洞所出之物应无疑问，但卷末"承圣三年三月七日，道士朱世元书"的题记很可能是在李盛铎藏品散出时伪造的。该卷卷首仍有较多残缺，期待未来能够发现更多的相关残片。

以上对香港华萼交辉楼藏四件敦煌道经残片做了考释，这四件残片均可与已公布的敦煌写卷缀合，有很大的文献价值。其中松雪堂024号、025号《老子想尔注》残片内容既不见于传世文献，亦不见于敦煌文献，提供了弥足珍贵的文献佚文，可借以辨明《辩正论》中《老子想尔注》佚文之伪，且可用以进一步考察《老子想尔注》的思想。松雪堂027号《无上秘要》卷五内容虽见于《正统道藏》，但与之对校，存在重要异文，有很大的校勘价值。松雪堂033号《太上洞玄灵宝众篇序经》内容虽见于其他敦煌文献，但可辅助证明京都253号写卷之真。因此，这四件残片具有很大的学术价值，值得进一步研究。

明清以来"一纸多契"现象研究*

——以《徽州文书》为例

李倩雯　应佳窈　窦怀永

（浙江大学古籍研究所）

内容摘要：明清以来的契约写本中存在"一纸多契"的现象，其主要表现为多份契约写于同张契纸或者粘合为一个整体的形态，同时在纸张数量上可以分为单契纸类与多契纸复合类两种形制，而文本内容涉及买卖类、典当类、租赁类等多种契约类型。契约之间纸张相互依附，文本联系紧密，存在互动关系。通过将契纸化零为整，社会民众让内容关联的新老契约共生于"一纸"，实现了方便保存的目的。官方层面出于监管民间土地动态、增加财政收入的需要，也会责令民众把契约与官方文件相互粘贴。这两种现实需要的结合，是"一纸多契"现象产生的主要原因。

关键词：徽州文书；契约文书；一纸多契；古代写本

---

* 本文为国家社科基金项目"敦煌写本避讳字汇考"（21BYY142）、教育部人文社科重点研究基地重大项目"手写纸本文献汉字研究及数据库建设"（22JJD740032）阶段性研究成果。

我们在翻阅契约文书的过程中，能见到许多一张契纸承载多份契约、多份契约拼接为一个整体的情况。我们基于文献学的视角，把这种现象称作"一纸多契"，指多份契约写于同一张契纸，抑或多份契约黏合后以"一纸"样貌呈现的情况。所谓"一纸"，既包括独立的单张契纸，也包括人为将多张契纸通过粘贴等方式拼接而成的复合纸张形态。

就现有研究成果来看，已经有学者注意到了多契粘连的现象，并从历史学的角度讨论了其中涉及的土地制度、赋税制度等问题。然而，前贤时彦的讨论重点在制度，是故未对契约粘连现象予以充分关注。也有学者从契约文本的角度讨论这种现象。如田涛先生在编纂自己收藏的契约文书合集时，对多契粘连的现象进行了分类与定名。[1] 裴晓婷女史曾探讨契约不同的分类依据，在介绍契约按签订张数划分类别时，借鉴了田先生的分类方式。[2] 丁敏女史则在田先生分类的基础上，着重探索华北地区契约的粘贴结构与规律。[3] 鉴于契约的组合灵活多变，田先生提出的分类标准似有一

---

[1] 田涛先生认为，明清以来的"红契"有明显的格式化倾向，因此，他将粘连的契约分为"连二契""连三契""连四契"几种类型，并说明了自己的分类标准："第一类是先订立民间的草契，然后附贴经县一级颁发的'官契'，一共二联，我们将此定名为'连二契'。第二类是在民间草契、县级颁发'官契'之后，再粘贴上一份由省级即布政使司颁发的'契尾'，一共三联，我们将此定名为'连三契'。第三类是在'连三契'的基础上，加盖中华民国政府的'验契'，即表示民国政府对清代老契的追认。一共四联，我们将此称为'连四契'。"见田涛、〔美〕宋格文、郑秦主编：《田藏契约文书粹编》，北京：中华书局，2001年，第3页。
[2] 见裴晓婷：《契约文书的种类研究》，《兰台世界》2019年第4期，第63—64页。
[3] 参见丁敏：《清代华北地区田房契约文书粘连结构及其契约观念》，中国政法大学2001年硕士学位论文，第14—25页。

定的局限性，还无法囊括所有契约粘连组合的情况。因此，本文尝试以契约载体为切入点，从文献学的视角，把多契写于一纸、多契粘为一体等情况一并讨论。

"一纸多契"的存在形式、所涉及的类型十分丰富。为了方便讨论，我们选择《徽州文书》作为研究案例。《徽州文书》是颇具代表性的地方文书合集，其中所收录的契约数量庞大，包罗多种契约类型。我们将观察对象限定为散件而非簿册、原件而非抄白的契约[1]。经初步统计，以"一纸多契"面目出现的契约数量大致占契约总数的7.72%。[2]其中，单契纸类"一纸多契"的契约数量约占4.48%，复合纸张形态的"一纸多契"契约数量则约为3.24%。从统计结果看，"一纸多契"现象在《徽州文书》中并不罕见。由

---

[1] "散件"与"簿册"的区别，周绍泉先生曾有过说明："所谓散件，即单张或两三张组成一件契约的文书，如土地买卖文书就多为一件白契或红契，有的附有一张推单或一张验契纸，有的既附有推单又附有验契约，这样三张文书组成一张卖契。所谓簿册，即装订成册的文书。有的簿册原本就是一个完整的密不可分的文书，如商业账簿、分家书。有的则因其内容相同或相近，后人将数量不等的散件文书抄录在一起成为簿册，如抄契簿（誊契簿、堆积簿等）、租底簿、状纸。"见周绍泉：《徽州文书的分类》，吴佩林主编：《地方档案与文献研究》（第三辑），北京：国家图书馆出版社，2017年，第106页。"原件"指的是具有法律效益的契约。"抄白"是"原件"的抄件，相当于"原件"的手写复印件，其特征是没有花押，不具备法律效力。刘伯山先生提出由于抄白所抄的事件本身是真实存在的，"抄白的抄白文书本身也是原件"，"尽管有时抄白内容与原件略有出入，但基本的东西还是保留，甚至在格式上都能保持一致"。然而，刘先生所谓"抄白文书本身也是原件"主要针对契约内容而言。我们需要认识到，契约被二次誊写时，其格式有变动的可能，并非所有抄件的格式都与原件一致。部分书手出于节省纸张的需要，会将多份契约抄录在一起。从客观上来说，书手变更了契约原件的面貌。我们很难分辨抄白所呈现的"一纸多契"现象是原件本身的面貌，还是由抄白书手造成的假象。因此，抄白不在我们的讨论范围之内。刘伯山的观点见《徽州文书的遗存及特点》，《历史档案》2004年第1期，第124页。

[2] 需要说明的是，契约总数中并不包括如上下忙执照、串票、政府颁布的税收收据等单独存在的凭证类文书。

此推之，它可能也常见于其他地区的契约文书中。所以，对"一纸多契"现象进行讨论是很有必要的。接下来，我们将同时关注契约的物质层面与内容层面，总结"一纸多契"的各类形制，归纳其所涉及的契约类型，探究该现象的形成原因，以求深化我们对契约文书乃至写本的文本形态的认识。

一、"一纸多契"的形制

我们依据契约载体的纸张构成，把"一纸多契"的形制大致分为两类：单契纸类与多契纸复合类。单契纸类即在同一张纸上，先后或同时写上两份及以上的契约。多契纸复合类则为将多张契纸通过粘贴等方式组成的形制。

（一）单契纸类形制

单契纸类中，契约的空间分布很大程度上受到书手书写意识的影响，呈现两种面貌，即布局不均式面貌与布局均衡式面貌。

1. 布局不均式面貌

布局不均式面貌多由契约之间的产生有时间差造成。书手无法突破时间维度，预先知道契纸会容纳新的契约。这样一来，最先产生的契约基本奠定了纸面空间的布局。此后，书手只能根据契纸的剩余空间，灵活地调整书写位置，插入新契约。因此，部分书写空间不足的契约从排布上看往往较为凌乱、局促，而书写空间充足的契约看起来相对工整、疏朗。

若书写空间不足，新契约常被安插于旧契约行列的空隙间，较为隐蔽。《清嘉庆十三年（1808）方家妹立卖磨屋契》就包含两份契约文本（见图1）[1]。第一份契约为卖契，书写于嘉庆十三年。纸张的主要空间被卖契占据，只有契末署押左侧及正文与署押之间留有书写余地。鉴于契约左侧不足以写下完整的契约，订立于道光四年（1824）的转卖契的正文与契末署押被分别安插在两处空白缝隙中。旧契约正文空间的连贯性被新契约割裂，但两份文本的关联性无意中得到了更好的保障。

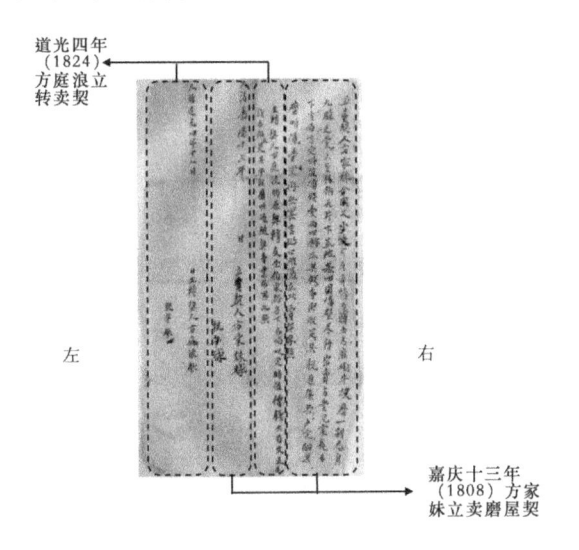

图1 清嘉庆十三年（1808）方家妹立卖磨屋契

当然，新旧契并存但空间相对独立的状态并不罕见。《清康熙

---

[1] 此件契约图版可见于刘伯山编《徽州文书》（第三辑）之第四册（桂林：广西师范大学出版社，2004年），定名也引用该书的成果。不过需要指出的是，如果本文讨论的"一纸多契"现象可以成立，则意味着在多种契文并存的状态下，契约的定名或许应考虑进全部的内容。下文所举的多种契约，大都同样存在这个问题，定名皆依所引之书。本契约图版见该书第4页。

元年（1662）三月仇居鼎立当菜园并基地契》就是典型的案例（见图2）[1]。第一份当契订立于康熙元年，约内写明仇居鼎将菜园并基地当给本家叔祖。康熙三年（1664），仇居鼎新增了批语，声明此地交与当主耕种管业。此批语写于"康熙元年三月三十四日"左侧。又过了十四年，王氏因缺少粮食，追加当价二两一钱，将加当价契写在了批语左侧的空白处。以上样式中，新旧契约空间的连贯性均保留完好。

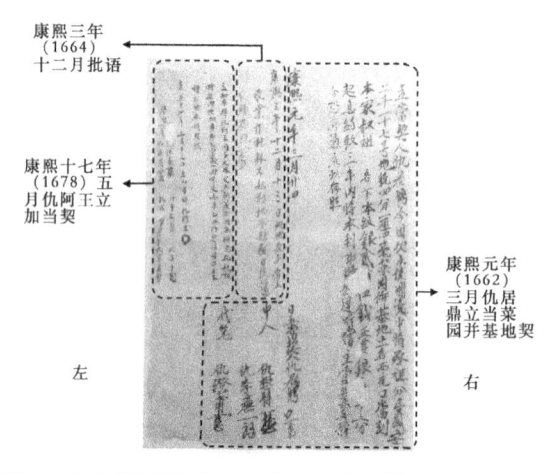

图2 清康熙元年（1662）三月仇居鼎立当菜园并基地契

对比因空间不足而稍显凌乱逼仄的版面，有足够空间承载多份文书的写本无疑更加美观。契纸中同样没有为新契约预留书写空间，但由于纸幅较大或契约书写紧凑，空白处得以另辟充足的空间容纳新契。以《清雍正三年（1725）十月汪自麟立卖田租契附雍

---

[1] 图版见《徽州文书》（第三辑）之第二册，第547页。

正四年（1726）卖田契》为例（见图3）[1]。两份契约能各自从容地占据纸张左右两侧，正得益于契纸规格较大。其纸张尺寸为 500 mm × 510 mm[2]，书写空间富足。

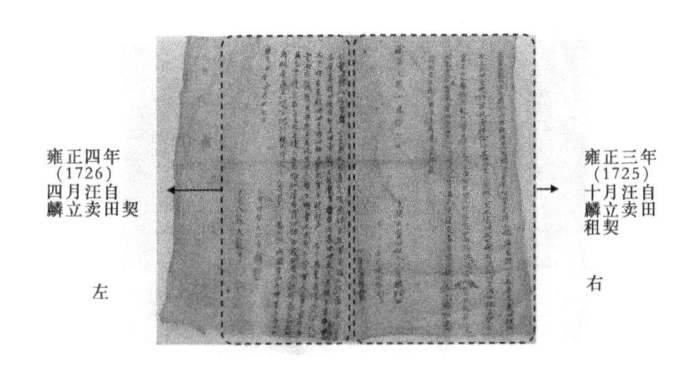

图3　清雍正三年（1725）十月汪自麟立卖田租契附雍正四年（1726）卖田契

若纸幅不足，契约书写紧凑同样能呈现美观的版面。例如《明成化十二年（1476）七月王仕英等立卖风水山赤契》（见图4）[3]。第一份契约记录了成化十二年王仕英等将山卖与汪舍和兄弟一事，占据纸面约四分之三的空间。弘治十七年（1504），汪舍和又将此山转卖他人，订立了第二份契约，所立契约正好占据纸面剩余空间。这张纸的尺寸不大，仅为 375 mm × 253 mm[4]，但两份契约书写紧凑。从总体上看，两契的书写空间均较为充足。

---

[1]　图版见《徽州文书》（第一辑）之第七册，第5页。
[2]　尺寸数据源于《徽州文书》，详见《徽州文书》（第一辑）之第七册，第5页。
[3]　图版见《徽州文书》（第四辑）之第一册，第81页。
[4]　尺寸数据源自《徽州文书》，详见《徽州文书》（第四辑）之第一册，第81页。

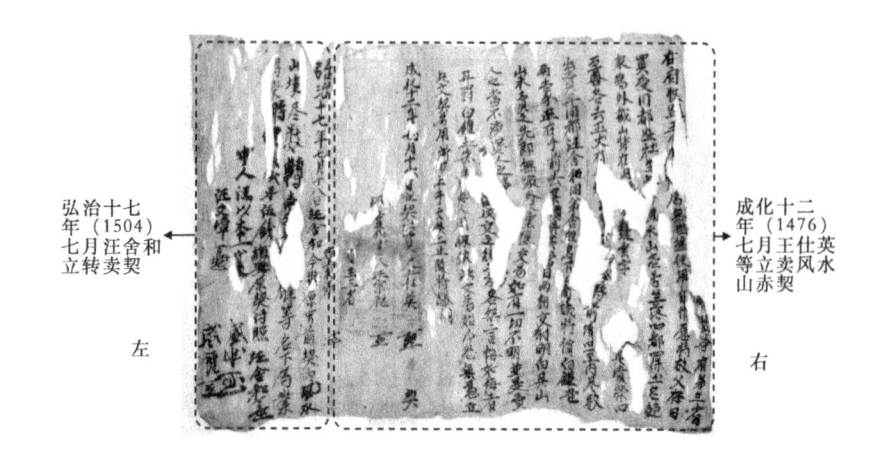

图 4　明成化十二年（1476）七月王仕英等立卖风水山赤契

（左：弘治十七年（1504）七月汪舍和立转卖契；右：成化十二年（1476）七月王仕英等立卖风水山赤契）

2. 布局均衡式面貌

布局均衡式面貌的契约空间分布较为均匀、工整。书手能提前知晓需要书写的契约数量，依据内容进行空间分配，所书的多份契约间不存在时间差。以《清乾隆五十八年（1793）十二月程嘉璜立卖基地契附程嘉灿等立合同文约》为例（见图5）[1]。契纸上的卖契与合同都写于乾隆五十八年十二月十一日，右侧的卖契中写明了程嘉璜将基地卖与程嘉灿一事，左侧的合同内容则为程嘉灿对这块土地四至范围的说明。两份契约行款间距大体一致，可见是书手有意为之。

---

[1]　图版见《徽州文书》（第一辑）之第七册，第420页。

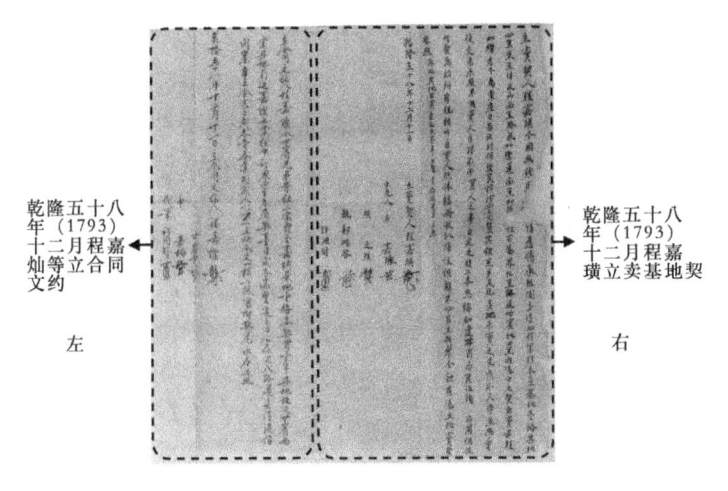

图 5　清乾隆五十八年（1793）十二月
程嘉璜立卖基地契附程嘉灿等立合同文约

从右至左划分书写空间的契约是最常见的样式，但也不乏特殊例子。以《清乾隆四十四年（1779）六月程济川立卖田赤契附推单》为例（见图6）[1]。这张契纸被特意对折，均分为上下两个书写空间，上方为乾隆四十四年六月初十日所写的卖契，下方为同日所写的推税单，二者相对。再如《清乾隆二十一年（1756）十一月王文诏立出卖高地契附推单》（见图7）[2]。契纸正面为乾隆二十一年十一月十八日王文诏所立卖契，背面为王文诏同日所立推单。纸张正反两面天然形成两个独立书写空间，将卖契与推单相隔。

---

[1]　图版见《徽州文书》（第一辑）之第六册，第46页。
[2]　图版见《徽州文书》（第四辑）之第一册，第239页。

256 成均古文献研究·第一辑

乾隆四十四年 (1779) 六月程济川立推单

乾隆四十四年 (1779) 六月程济川立卖田赤契

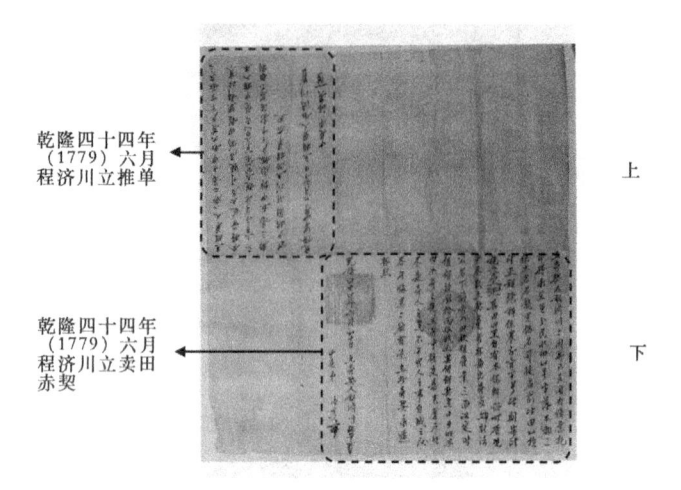

上

下

图6 清乾隆四十四年（1779）六月程济川立卖田赤契附推单

乾隆二十一年（1756）十一月王文诏立出卖高地契

正面

乾隆二十一年（1756）十一月王文诏立推单

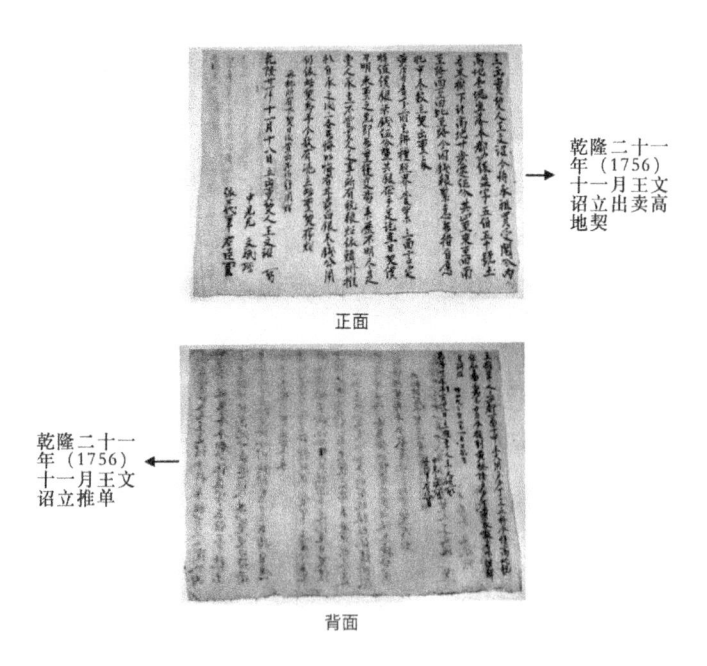

背面

图7 清乾隆二十一年（1756）十一月王文诏立出卖高地契附推单

以上两种样貌虽稍有区别，但均属于单契纸类，具体表现为单份契纸同时承载多份契约。

（二）多契纸复合类形制

多契纸复合类与单契纸类的区别主要在于"一纸"的纸张数量。单契纸类中，所有契约都书写在同张纸上。多契纸复合类则由两张及以上的契纸拼合，以"一纸"的形态呈现。

多契纸复合类分成"写本+写本""写本+印本"与"印本+印本"三类。"写本"的内容基本由书手书写而成，其类型绝大部分为买卖契、租赁契等常见契约。"印本"中，大部分文字是印刷而成的，只有重要信息才由书手填写。"印本"的类型较之"写本"更丰富，不仅有常见的契约类别，还囊括契尾、验契纸等不同文书。这些"印本"多由官方制作、发放。

1. "写本+写本"类型

同面粘贴是"写本+写本"类的主要样式。以《民国七年（1918）八月吴永德立杜卖地契附民国七年八月推税单》为例（见图8）[1]。契约由卖契与推税单组成。卖契中写明，吴永德于民国七年将地卖与吴仕榕。相关的推税单则与卖契粘贴在同一面。《徽州文书》中"写本+写本"类粘贴方法大多同此，即将略小的纸张粘贴于略大纸张的空白处。

---

[1] 图版见《徽州文书》（第四辑）之第九册，第451页。

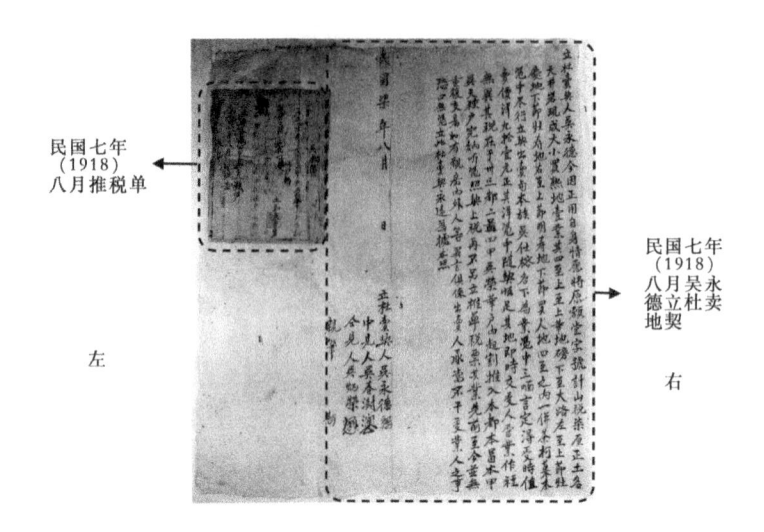

图 8　民国七年（1918）八月吴永德立杜卖地契附民国七年八月推税单

　　由于写本易写、易粘的特点，因此除了常见的同面粘贴样式，还可见正反面粘贴的样态。这同样符合人们日常处理票据的习惯。即使是到了现当代，一些纸张票据，甚至是日常书写各类便条时，还会有这样的操作。《公元一九九一年十月吴跃辉立卖厨房契》就是正反面相贴的例子（见图 9）[1]。1991 年，吴跃辉将厨房卖与吴观煌。由于厨房面积在交易前曾产生变化，他将与厨房面积变更有关的交换契一并抄送，粘贴于卖契背面，把需要特别注意的"西至吴跃辉厨灶尾（让给吴跃辉 0.5 尺，吴跃辉自愿找出人民币叁拾元，方玉泉自愿找出贰拾元，补贴吴有根名下）"一句标识出来[2]。

---

［1］　图版见《徽州文书》（第四辑）之第十册，第 197—198 页。
［2］　内容见于图版，图版见《徽州文书》（第四辑）之第十册，第 197—198 页。

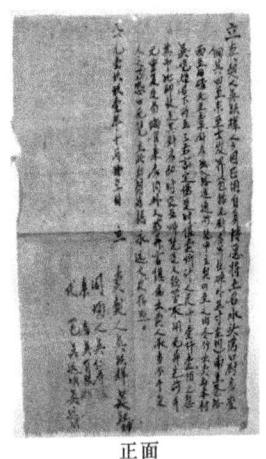

正面
公元一九九一年十月
吴跃辉立卖厨房契

反面
公元一九九〇年九月吴仕
发、吴有根立交换契约抄白

图9 公元一九九一年十月吴跃辉立卖厨房契

2. "写本+印本"类型及"印本+印本"类型

相对"写本+写本"类,"写本+印本"类及"印本+印本"类的数量更可观。由于这两类契约的组合、粘贴方式高度一致,二者可以合并讨论。"写本+印本""印本+印本"以局部粘贴为主,纸张长边空白处相贴的形式是其主要样态。以《民国二十七年(1938)四月王黄氏立杜卖地赤契附民国二十七年八月买契》为例(见图10)[1]。官草契纸、"买契"均由官方印刷发放,买卖双方进行填写。右侧为民国二十七年王黄氏所填的官草契纸,左侧为填写了买主、时间等信息的"买契"文件。两契长边部分相贴,骑缝处加盖官印。

---

[1] 图版见《徽州文书》(第三辑)之第六册,第125页。

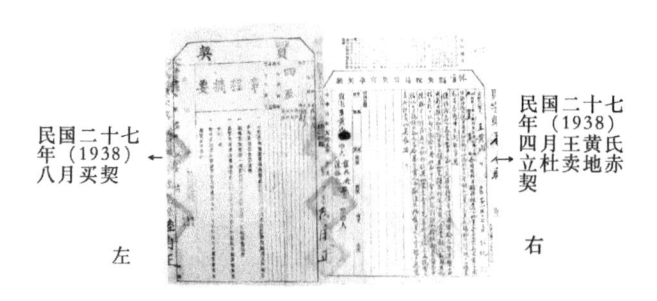

图10　民国二十七年（1938）四月王黄氏立杜卖地赤契
附民国二十七年八月买契

（左：民国二十七年（1938）八月买契；右：民国二十七年（1938）四月王黄氏立杜卖地赤契）

除此之外，还存在契约顶部相贴的情况。《民国三十六年（1947）六月王鹤廷立杜卖田官契附卖契本契粘附祁门县政府推收证明单粘附买契税收据》就是典型案例（见图11）[1]。官草契纸与"卖契本契"长边局部粘贴，推收证明单及买契税收据顶部贴于官草契纸顶部的空白处。这样既能使几张契约形成一个整体，又能令各契内容保持完整，保留阅读的便利性。

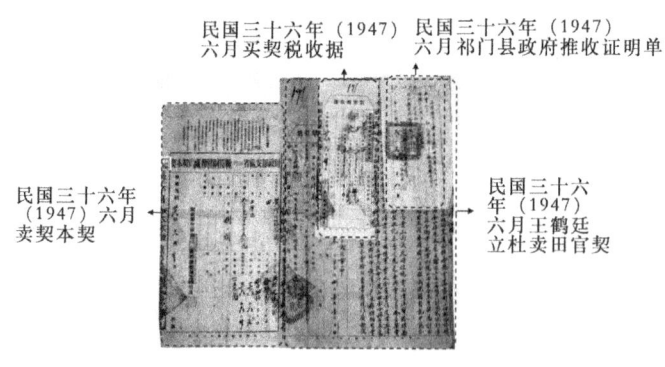

图11　民国三十六年（1947）六月王鹤廷立杜卖田官契
附卖契本契粘附祁门县政府推收证明单粘附买契税收据

---

[1] 图版见《徽州文书》（第四辑）之第三册，第215页。

"一纸多契"的契约样式面貌丰富，可以依据纸张数量分为两大类，即单契纸类与多契纸复合类。其中，单契纸类受书手书写意志影响，呈现布局不均式、布局均衡式两种面貌。多契纸复合类则可分为"写本＋写本""写本＋印本"以及"印本＋印本"三种类型，拼贴方式多样。

二、"一纸多契"涉及的契约类型

在对"一纸多契"的形制进行考察后，我们还需要对其所涉契约类型进行分类，以便探究"一纸多契"现象的成因。在不同的纸张状态中，"多契"的契约组合有很大区别。为便于观察，我们仍将契约分为单契纸类与多契纸复合类进行讨论。

（一）单契纸类契约类型

我们以契纸中率先生成的契约原件类型对单契纸类契约进行分类，可以发现《徽州文书》中"一纸多契"现象常见于五种契约类型：买卖类、典当类、租赁类、合同类、借条收据便契类。

1. 买卖类

这五种契约类型中，买卖类契约出现的频率最高。契约中，以交易物产作为多份契约联结媒介的情况较常见。买卖类单契纸类契约的形成原因为，买卖契约生成后，其中一方遇见缺银应用等情况时，便会要求变更契中的物产归属权、使用权或交易价格等要素，双方协商后，新契将被书写在原买卖契所在的契纸上。《徽州文书》中，随买卖契生成的新契约多为转卖契、加找价格或田地契、借条、抵押契、批契、合同等。

此外，交易双方作为联结媒介的情况也不少，其表现是多契之间，买卖双方不变，只是契中交易物产不同。以《民国壬子年（1912）六月十二都八图宋门王氏同男顺塘立杜卖大买屋基地契》为例（见图12）[1]。纸张右侧为王氏立杜卖大买屋基地契，左侧为其同日所立杜卖小买屋基地契。王氏所卖分别为蓬头厨房的田骨、田皮，她将两份契约书写在同张契纸上，一起卖与宋炳南。

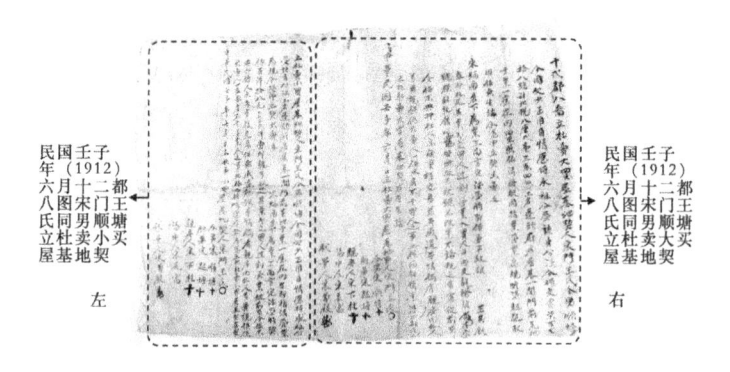

图12　民国壬子年（1912）六月十二都八图
宋门王氏同男顺塘立杜卖大买屋基地契

交易物产与交易对象可以同时作为多契共生的媒介，这种情况主要见于买卖契与推税单组合的类型中。以《乾隆五十一年（1786）八月程四生立卖田契附推单》为例（见图13）[2]。契纸右侧是程四生等订立的卖契，左侧是推单。程四生将土地卖给邱新法祀名下，并在推税单写明将这块土地的赋税推到邱氏户内，由邱

---

[1]　图版见《徽州文书》（第三辑）之第二册，第244页。
[2]　图版见《徽州文书》（第一辑）之第六册，第57页。

氏缴纳该田税粮。

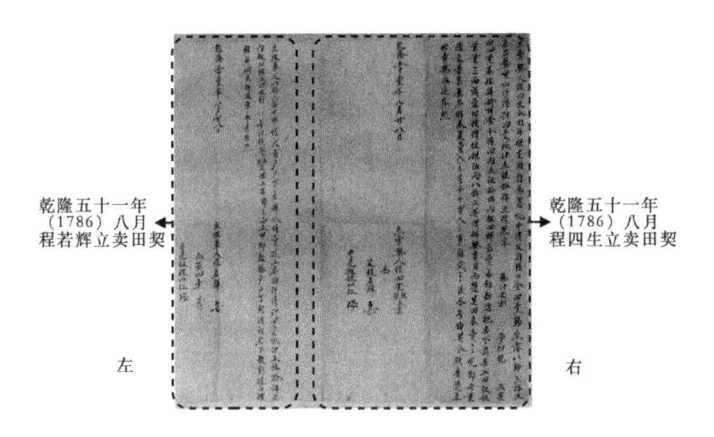

图 13 乾隆五十一年（1786）八月程四生立卖田契附推单

2. 典当类

单契纸类契约类型中，典当类契约的出现频率仅次于买卖契。这类契约一般以典当物产为关联节点。其形成原因为，典契生成后，典当人面临经济拮据而无法还赎等情况，导致契中所当物产使用权、所有权或典当价格等有所变更，双方在协商过后，于同一契纸上再立新契。典当类中，新附契约多为加找当价契，转典契、转卖契也较常见。

典契中，还可见典当人将所典物产揽来使用的情况。如《民国丙辰年（1916）腊月二十二都一图胡宪章同男耀修立当大小买田契》（见图14）[1]。民国五年（1916），胡宪章、胡耀修将田皮田骨出当到方氏名下。同年同月，很可能是同一日，胡耀修另立揽

---

[1] 图版见《徽州文书》（第三辑）之第三册，第158页。

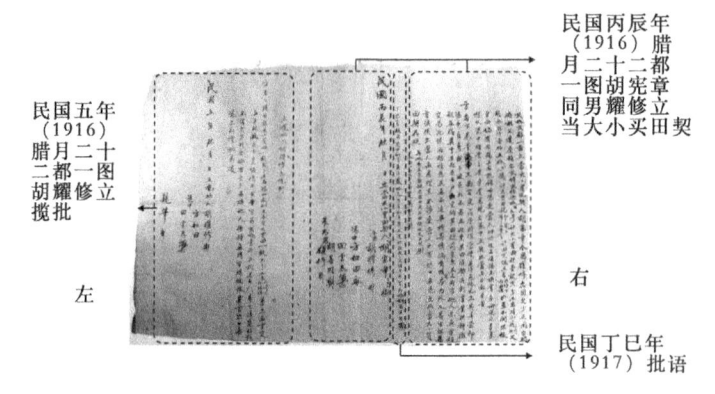

批,将所当田皮田骨揽来耕种,约定秋收之日交纳生谷。

图 14 民国丙辰年(1916)腊月二十二都一图胡宪章同男耀修立当大小买田契

3. 租赁类

单契纸类契约类型中,租赁类契约的数量略少于典当类。这类契约可以依据发起人的身份分成两种类别,即地主主动发起的召佃契与佃户发起的承佃契。物产、佃人往往是多契间的联结要素。

在以物产为联结要素的租赁类单契纸类契约中,订立人其中一方对物产价格、使用权等产生了调整的需要,经双方协商,新契被书写在同一张契纸上。租赁契约中,加找佃价契、转佃契、承佃契常与出佃契约相附。此外,由于佃田易生争议,依据调解结果而立的契约也会与发生争议的契约写在一起。以《清乾隆四十年(1775)十二月十五都二图五甲程兴隆户户丁程孟章立领约》为例(见图 15)[1]。契纸左侧为乾隆三十三年(1768)郑日昇户内所

---

[1] 图版见《徽州文书》(第二辑)之第一册,第 64 页。

立的承包兑完钱粮契。程氏由于移居他处，不便照管山地，故将山地并山地钱粮托给郑氏收管。不过，从右侧领约可知，十五都山地的所有权存在矛盾之处。汪氏此前从程氏祖先手中购得此地，后再将此地转卖与王氏。因此，该地处置权当为王氏所有。基于争议的产生，程、王二家需要协商并给出解决方案。从契约中不难得知，最终的解决方式就是程氏领到王氏三百文钱，二家此后不得再生事端。

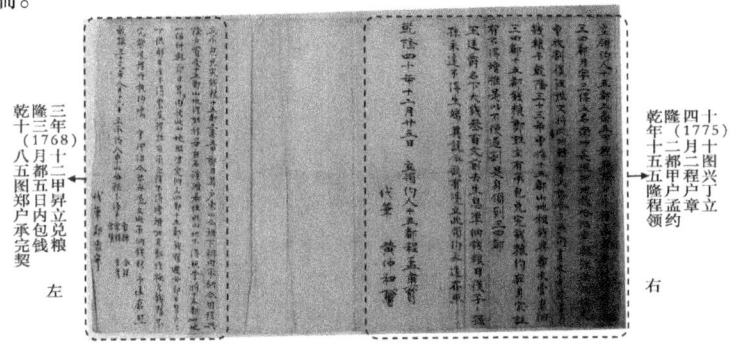

图15　清乾隆四十年（1775）十二月十五都二图五甲程兴隆户户丁程孟章立领约

佃户也可以成为多契勾连的关键点。佃户从同一地主处租来不同田地，为了使得交易信息更明晰，便把要承租的田产分为不同的契约，书写在同一张契纸上。《清乾隆二年（1737）正月王荣卿立承佃田约》就是典型的例子（见图16）[1]。王荣卿于乾隆二年从程明杲、程光禄两兄弟处租来一田一坦，分立两契，写在契纸左右两侧。

---

[1]　图版见《徽州文书》（第一辑）之第七册，第42页。

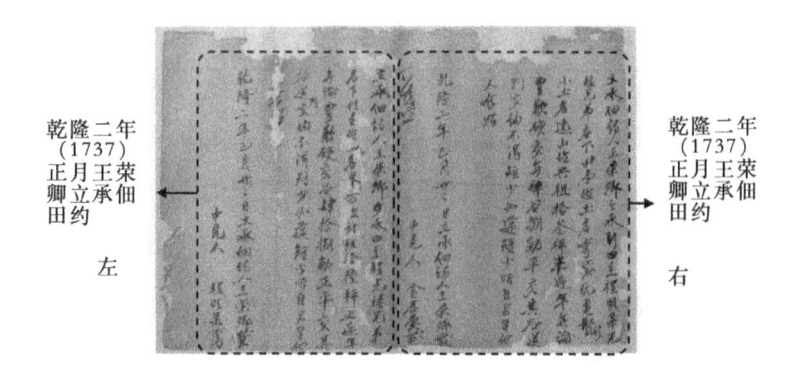

图 16　清乾隆二年（1737）正月王荣卿立承佃田约

4. 合同类及借条收据便契类

除了以上三类出现频率较高的单契纸类契约类型，还有合同类及借条收据便契类。这两类契约所占比例较小。

合同类主要涉及析产、合伙等内容。这类契约出现"一纸多契"现象，多由合同方对合同所涉及的物产产生了争议或有分配的需要。在经历协商后，依据协商结果而生成的新契会被写于原合同所在契纸之上。

至于借条收据便契类，因其立契缘由多样，很难准确概括它们的主要表现。不过，在翻阅这类契约后，我们可以确定，联结多份契约的核心要素仍是物产或立契人。

（二）多契纸复合类契约类型

多契纸复合类的分类标准与单契纸类一致，以最早生成的契约原件作为分类依据。这样，我们可以将多契纸复合类契约大致分成三类：买卖类、典当类与其他类。

1. 买卖类

从整体数量来看，买卖类契约在多契纸复合类契约中占比最高。这类契约多写于官草契纸或自备草契纸，其中官草契纸由官方印刷好格式，清楚规划了契约内容、田赋正额、田地大小、四至、卖主、中人、见证人以及交易时间的填写空间。

在《徽州文书》中，多契纸买卖类契约主要与明代以后的契尾、民国验契纸、民国"契执照"、民国官方印刷的"买契""买（卖）契本契"相贴。契尾是官方所发的税契凭证，证明田房交易已呈报官府并完成纳税。民国"契执照"以及验契纸，是当年中华民国成立后开展验契活动才有的产物，用以明确各家所拥有的财产，属于税凭文书。"契执照"与验契纸的功能一致，只是颁发时间不同。民国各类"契执照"多颁发于民国初年第一次验契活动，验契纸集中派发于民国十六年（1927）后发起的第二次验契活动。相比"契执照"，验契纸的填写内容更多，它能够在脱离原契的情况下，提供与交易物产有关的具体信息。[1] 官方印刷的"买契""买（卖）契本契"同样为税契凭证，填写人需要填入买主、卖主、价格、不动产种类、地理情况、面积、立契时间等信息，并依照税率填写对应税额。此外，收税单与作为补充说明的老契抄白也会被贴在买卖契约原件上。

---

[1] 2020年时，金沛对比了民国初年颁发的契执照与民国十六年所发验契纸，认为契执照契式较为简单，而验契纸契式内容更丰富。她提出，《徽州文书》中部分契约丢失了原契，只留下验契纸，然而，人们仍可以从验契纸中所填写的信息，了解到不动产的自然状况（坐落、四至、大小）、业主、上业主、中人等内容。观点见金沛：《民国时期徽州家产文书整理研究——以〈徽州文书〉为中心》，安徽大学2020年硕士学位论文，第17页。

从以上所粘附的契约文书类型来看，它们的角色是最早生成的买卖契约的延展性附件，依附于买卖契约而存在。[1]

2. 典当类

在多契纸复合类契约中，典当类契约在数量上远不及买卖类多。其载体同样为官草契纸或自备草契纸，其中官草契纸的样式与买卖类契约的官草契纸样式相似，格式基本一致，内容仅有三处不同："卖主"二字变更为"出典人"三字，"立卖契人"变更为"立典契人"，骑缝处"买字"字样变更为"典字"。

与典当契约相贴的官方契纸有民国"契执照"、民国"典契"、民国典契税收据等。民国"契执照"的发放时间、作用与买卖契类中的"契执照"一致，只是相对应的经济活动不同。买卖契的"契执照"会被钤印或手写上"买"或"卖"字样，成为"买（卖）契执照"，或不予填写，径以"契执照"样式发放。典当契的"契执照"则多被填上"典"字，成为"典契执照"。官方印发的"典契"，性质与"买（卖）契"一样，也属于税契凭证，信息填写的空间布局基本相同。填写人需要依据典契原件，将对应的典主姓名、土地类型、地理信息、土地面积、典当价格以及立契时间填入，并依据税率填写税额。典契税收据是政府下发的契税收纳凭

---

[1] 多契纸买卖类契约中，有一件契约较为特殊。《民国三十年（1941）闰六月王胜辉立杜出卖茶蔳木子地坦骨契附民国三十二年（1943）九月买契官草契纸》由两张卖契互相粘附。其中，《民国三十年闰六月王胜辉立杜出卖茶蔳木子地坦骨契》写于自备的草契纸，产生于民国三十二年的契约写于官草契纸。仔细阅读这两份契约，我们可以发现二者正文内容完全一致。也就是说，在民国三十二年的时候，新的交易行为并没有发生。因此，这一份诞生于民国三十二年的契约依然属于延展性附件，依附于民国三十年的卖契而存在。图版可见于《徽州文书》（第四辑）之第四册，第28页。

证,证明应缴纳的金额已如数收讫。

以上这些附加的契约文书同样由最早立下的典当契约衍生而来,是典当契约原件的有关附件。

3. 其他类

我们将除买卖类、典当类以外零散的多契纸复合契约归作其他类。这些契约数量少,且类型很不同。如果按照它们的契约类型再进行分类,难免流于琐碎拖沓。今将这些契约罗列如下(见表1):

表1 其他类多契纸复合契约类型

契名	最早生成的契约类型	粘附的契约类型
民国三年(1914)十月金章武楼屋补契附民国验契执照[1]	补契类(民国官方印刷"补契")	民国"契执照"
民国三年(1914)鲍致和祖遗田业补契执照附民国三年补契摘要及民国十七年(1928)验契纸[2]	补契类(民国官方印刷"补契摘要")	民国"契执照"("补契执照")、验契纸
民国十七年(1928)五月方瑞兴立补祖遗山业契附民国十七年买契及民国十七年九月验契纸[3]	补契类	民国"买契"、验契纸
清同治十一年(1872)桂月王廷亮立杜掉换凑田租骨契附民国三十二年(1943)七月买契[4]	交换类	民国"买契"

[1] 图版可见于《徽州文书》(第二辑)之第十册,第453页。
[2] 图版可见于《徽州文书》(第三辑)之第一册,第285—286页。
[3] 图版可见于《徽州文书》(第三辑)之第一册,第305页。
[4] 图版可见于《徽州文书》(第四辑)之第三册,第36页。

续表

契名	最早生成的契约类型	粘附的契约类型
民国六年（1917）二月鲍连高立杜掉大小买田契附民国十七年（1928）验契纸[1]	交换类	验契纸
清道光十七年（1837）腊月胡王氏同男金宝立杜佃田契附民国二年（1913）十二月典契执照[2]	租赁类	民国"契执照"（"典契执照"）
清光绪二十五年（1899）三月程朋来立加找大小买田批契附民国十七年（1928）验契纸[3]	加找类	验契纸

从粘附的契约文书来看，均是前文曾讨论过的契约类型，它们作为附件性质的文书，依附于最早缔结的契约而存在。

综上可知，在"一纸多契"现象中，单契纸类契约涉及了五种类型，即买卖类、典当类、租赁类、合同类、借条收据便契类。各契间的联结要素一般为交易物产或交易人。新增的契约文书一般是对旧契约的内容进行调整，或是延续生成新的交易行为。多契纸复合类的契约类型有买卖类、典当类以及其他类，其核心一般是契纸中最先生成的契约。新粘附的契约文书多是核心契约的附件，依附核心契约存在。

---

[1] 图版可见于《徽州文书》（第三辑）之第一册，第294页。
[2] 图版可见于《徽州文书》（第三辑）之第五册，第434页。
[3] 图版可见于《徽州文书》（第三辑）之第三册，第120页。

结　语

在对"一纸多契"现象的形制与契约类型进行讨论后，我们基本可以总结出"一纸多契"现象的特点：联结形态多样、多契间关联性强。这些特点提醒我们，"一纸多契"的产生并非偶然，应当是某些需要促使它出现。因此，我们需要对这一现象的形成原因进行讨论。

第一，"一纸多契"的拼接方式有利于应对契约保管不便的问题。

将纸张化零为整是很好的契约保管方式。民众自发将契约书写在同张契纸上，或将多份契约黏合为一个整体，以此减少保管的契纸张数。这样的行为推动了单契纸类以及多契纸"写本＋写本"类形制的产生。

以新旧契的交付程式为例。老契是土地属权的有效证明，若不将老契交出，很容易在交易后发生纠纷，从而影响新契的唯一有效性。在土地买卖过程中，部分地区买家要求卖家交出上手老契。若无法交付老契，卖家需要在契约中说明缘由，并宣布废除上手契约的法律效力。

徽州地区就有老契交付的习惯。《徽州文书》中，部分契末批语对未缴老契的状态、效用等有特别交代，如"再批老契未缴，日后捡出，不作行用，又照"[1]，再如"又批老典约未缴，系嘉庆

---

[1]　图版可见于《徽州文书》（第一辑）之第一册，第59页。

柒年失火被烧，又照"[1]。在新老契需要一并交付等手续的要求下，一纸一契状态客观存在纸张数量繁杂、保管不便等问题，促使人们自发寻求解决方案。在保证文书交付齐全的前提下，缩减纸张数量或人为拼接多纸成"一纸"是最佳的选择，"一纸多契"现象由此产生。

同时，我们还注意到契约中的"再批语"。"再批语"在格式、内容、作用上与"一纸多契"的新增契有相似性。此外，新增契与"再批语"在产生动因及目的上高度一致。需要注意的是，小部分"一纸多契"的后生契约在开头会附上属于"再批语"特征的"再批"二字，这样就很难将"一纸多契"中的新增契与"再批语"区分开。或许，有"再批语"的契约可以认定为"一纸多契"形制的孪生形态。不过，这一问题并非本文的讨论重点，我们将另行撰文探究。

第二，"一纸多契"的拼接方式有利于官方加强土地管控、增加财政收入。

与单契纸类、多契纸"写本+写本"类的产生动机不同，多契纸"写本+印本"类以及"印本+印本"类通常应官方的管理与经济需求而生。官方要求粘连多契，以便加强对民间土地交易的管理监控，同时能够有效收缴田税以增加财政收入。

以契尾为例。契尾发轫于元代，是土地交易的税契凭证，它作为一种证明，因能"使田各有主，循主责粮差，务不使田宅脱版

---

[1] 图版可见于《徽州文书》（第一辑）之第一册，第66页。

籍，差粮无着落"[1]，而受到官方的重视。为了防止官民贪减隐匿税银，官府规定契尾要与契纸粘附，以便查照。官方法律条文中，多可查阅到要求粘附契尾的相关文字，诸如"凡置买田房不赴官纳税、请黏契尾者，即行治罪，并追契价一半入官"[2]，"以前凡民间执契投税，官给司颁契尾一纸，粘连钤印，令民间收执为据"[3]等语。此类条文也可见于部分地区契尾所印法律条例中，如"每契文一道粘连契尾一纸"[4]。

民国政府成立之后，要求将明清时期的老契与新发放的官契相粘附，以宣告新政权承认旧契约的有效性。但这一要求不能仅仅被视作宣扬新政权合法性的手段，它还有实际的用处。要求老契与官契粘附，既能清点民间土地私产，又能增加政府财政收入。新老契粘连的这一要求往往明文印刷在发放的官方文书上。现以"契执照"为例。"契执照"左侧方框内印有"验契简则"及"税契简则"。"验契简则"中明确印有"呈验契纸无论典买，均一律注册，给予此项新契纸，令与原有契纸黏合，由县于骑缝盖印后发还业主收执"等句。"税契简则"中印有"民间如已先立契纸，已经画押，可将原立之契贴于新契之后，于骑缝上编号盖印，仍将原文照立新契之上"等语。当权政府把这类语句印于下发的官方契纸中，足以证明他们对契纸粘连工作的高度重视。

---

[1] 周绍泉：《田宅交易中的契尾试探》，《中国史研究》1987年第1期，第108页。
[2] 载龄等修：《户部则例》卷十《田赋》，哈佛大学汉和图书馆藏同治十三年（1874）校刊本，第11页。
[3] 清高宗敕撰：《清朝文献通考》（第一册）卷三一《征榷六》，上海：商务印书馆，1936年，考5136下。
[4] 图版可见于《徽州文书》（第三辑）之第三册，第362页。

从《徽州文书》来看，许多契约都依照当权政府要求的形式，粘连了契尾、验契纸等文书。同时，有部分契尾、验契纸等文书因胶水失效而脱落，被迫转化为一纸一契的形态，若追溯它们的原生面貌，也同属"一纸多契"现象。这样来看，官府的粘附要求也为"一纸多契"现象的产生做出了贡献。很显然，民众自发利用"一纸多契"以解决契约保管不便的问题，而官方则出于监管、增收的需要，推动了"一纸多契"现象的形成与发展。多样化的群体及其所对应的需求促使"一纸多契"现象的诞生。

通过上述对"一纸多契"现象的考察，我们对其形制、契约类型及形成原因都有了进一步认识：

其一，在纸张形制上，"一纸多契"可以依据"一纸"所容纳的纸张数量而分为两种类型，即单契纸类与多契纸复合类，即如图17所示。单契纸类根据书手的书写意志表现出布局不均式、布局均衡式两种面貌。多契纸复合类则可分为"写本+写本""写本+印本"以及"印本+印本"三类。

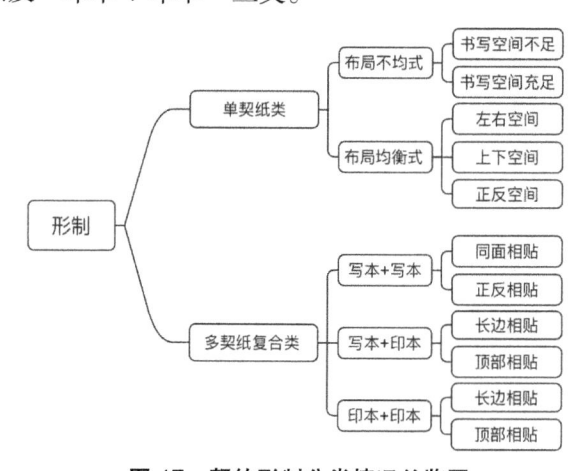

图 17　契约形制分类情况总览图

其二，在契约类型上，"一纸多契"现象可以囊括多种契约类型，情况如图 18 所示。单契纸类涉及了五种契约类型，分别为买卖类、典当类、租赁类、合同类、借条收据便契类。多契纸复合类涉及的类型则以买卖类与典当类为主，其余加找类、交换类、补契类、租赁类则统称为其他类。我们在考察后得出"一纸多契"现象有两个主要特点，一是契约类型丰富，二是契约之间联结非常紧密。

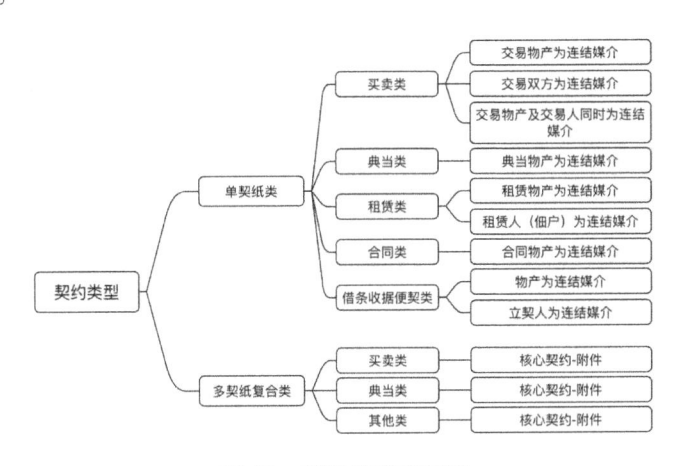

图 18 契约类型总览图

诚然，"一纸多契"的形成必须以现实需求为导向。为了便于契约保管，人们自发将契约写于同张契纸，抑或将多契粘附为"一纸"。官方则责令民众将契约与官方发放的文书相粘附，以达到管控土地动态、增加财政收入的目的。以上两种需求是"一纸多契"出现的主要原因。

我们也能够客观看到，"一纸多契"现象背后的核心要素其实是土地。这一现象的产生，依托于土地的持续流转。随着土地被不断交易，人们需要不断订立新的契约，重新确立地权和税收的归属。在这种前提条件下，"一纸多契"才有产生的可能性。基于这种认识，"一纸多契"可以视作土地流转过程的具象化体现。后续我们也会持续关注该现象在数量、区域、时效等方面的诸多问题。

附记：拙文定稿后，我们又在新近出版的《大田县文书》中，发现了一份由八张契约粘贴而成的契约文书，总纸幅长达355厘米[1]。文书记录了康熙五十二年（1713）至乾隆三十年（1765）间，一处坐落于东溪大花垄的土地被多次转手的过程。这不仅说明了"一纸多契"在契约数量、使用区域等问题上还有继续探讨和研究的空间，也更加佐证了我们的观点，即土地流转是"一纸多契"现象背后的核心要素。

又记：拙稿完成后，浙江师范大学李义敏副教授通读全文，并提出了若干修改意见。谨此志谢。

---

[1] 图版见大田县档案馆编、李建忠主编：《大田县文书》（第一册），桂林：广西师范大学出版社，2023年，第140—147页。李建忠先生在公众号"燃灯者1945"中也介绍了这份文书的具体情况，并认为该文书虽然丢失了契尾，但不影响它"真实地反映了民间自我提供一套近乎完整的田地产权转移秩序的证据链"。详见公众号"燃灯者1945"2023年12月21日《跨越半个世纪的八连张契书》一文。

校勘札记两则

薛世良　姚永铭

（浙江大学图书馆　浙江大学汉语史研究中心）

内容摘要：本文对《庄子》相关的两则问题进行研究。第一则认为，《庄子·田子方》中"鍾斛"一词，本作"斟斛"。"斟"从斗会声，为"鍾"字异体，义为"六斛四斗"。"斟"形误作"斛"，因与"斛"连用，类化作"鍾"，即司马彪本之"鍾斛"。该词或作"鍾庚"，文献中习见。第二则认为，《原本玉篇残卷》"陷"字条引《庄子》"陷大矛"，即《庄子·外物》"牵巨钩，錎没而下"之意引。"钩"与"钓"形近，"钓""弔"同音通假，"弔"又与"矛"形近；又"錎"与"陷"异体，"巨"与"大"同义。"錎巨钩"遂变作"陷大矛"。

关键词：《庄子》；《原本玉篇残卷》；校勘；鍾斛；陷大矛

一、"鍾斛"

今本《庄子》有"鍾斛"一词。《庄子·田子方》："三年，文王观于国，则列士坏植散群，长官者不成德，䱇斛不敢入于四竟。"[1]

"䱇斛"有异文作"䱇䱇"。陆德明音义："䱇斛，音庾。李云：六斛四斗曰䱇。司马本作䱇䱇，云：䱇读曰锺，䱇读曰臾。"[2]"䱇"一字而有两音。

《汉语大字典》第二版"䱇"字条：

> 同"斛"。《集韵·嚄韵》："䱇，《说文》：'量也。'"按：《说文》作"斛"。《正字通·文部》："䱇，同斛。"《庄子·田子方》："䱇斛不敢入于四竟。"陆德明释文："䱇，音庾。"一说同"锺"。《集韵·锺韵》："锺，量名。六斛四斗曰锺，或作䱇。"[3]

"䱇"同"斛"，其说由来已久。

方以智《通雅》卷四十："《庄子》曰：'䱇斛不敢出于四境。'注：'六斛四斗曰䱇。'即斛也，则又与实二觳之庾不合矣。"[4]此说恐不妥。司马彪本作"䱇䱇"，显然"䱇"与"斛"不同。

"䱇䱇"或"䱇斛"仅见于《庄子》，前贤对此词多有考证。

---

[1] 郭庆藩辑：《庄子集释》，王孝鱼整理，北京：中华书局，1961年，第722页。
[2] 郭庆藩辑：《庄子集释》，第722页。
[3] 汉语大字典编辑委员会编：《汉语大字典》（第二版），武汉：崇文书局、成都：四川辞书出版社，2010年，第2327—2328页。
[4] 方以智：《通雅》，黄德宽、诸伟奇主编：《方以智全书》第6册，合肥：黄山书社，2019年，第184页。

徐复先生早在二十世纪四十年代即撰文认为："䭀、斛、斛、锺，皆为量名，能二字连用者，以司马本作䭀斛最为接近原本。䭀左旁蚕字，不成字体，疑当为釜字形近之误，釜亦量名也。盖《庄子》本作釜斛二字，后人于斛旁注臾音，写者不达，遂误以为釜之偏旁耳。"[1] "䭀斛"本作"釜斛"，仅为臆测之词，缺乏必要的依据及旁证。

丁晓珉认为："䭀斛"字不误，"䭀"是"斛"字的异体，见于《集韵·上噳》，唐写本《庄子》（伯三七八九）即作"斛斛"；斛和斛是两种不同的量器，斛的容积为十斗，而斛则是一种容积极小的量器，司马彪、李颐、成玄英的注解不得其要；"䭀斛不敢入于四竟"，是指其他国家的量器，无论大小，都不敢进入周国，这表示诸侯没有二心，是国家大治的一种表现。丁氏进一步利用出土文献，详考"斛"之大小，认为"一斛的容积约为 3.7939 毫升"。

丁氏认为"䭀"是"斛"字的异体，从蚕（即蚊）臾声，乃因小得义，这无疑与斛是一种极小的量器有密切的关系。[2]

如果"䭀"是"斛"字的异体，那么"䭀斛"就是"斛斛"，这显然难以说通。而且汉字中还从未有一个字是从"蚕"（蚊）得小义的，故此说颇有可疑之处。

我们觉得，问题的关键在于"䭀"字的字形结构。从字形分析，"䭀"字从"蚕"从"臾"，"蚕"字既非形符，又非声符，字

---

[1] 徐复：《〈庄子〉"䭀斛"解》，《徐复语言文字学论稿》，南京：江苏教育出版社，1995年，第225页。
[2] 丁晓珉：《〈庄子〉'䭀斛'解》，《文史》第3辑（总第56辑），北京：中华书局，2001年，第266页。

形当有误。疑"䫉斔"本当作"斜斔"（《类篇》收"斜"［斜］字，但误以为同"斛"[1]），形误作"斜斔"，又因"斜斔"连用，类化成"䫉"。"斜"字当从斗（量器），衾（同螽蠡，音与终、鍾同）声。衾因形近而误作衾（同蚊），致使字形结构无法分析。陆德明谓"司马本作䫉斔"，"斔"字不误，"䫉"字误。

"斜"字从"衾"得声，故可与"鍾""鐘"相通假。

《左传·昭公三年》："公弃其民而归于陈氏，齐旧四量：豆、区、釜、鍾。四升为豆，各自其四，以登于釜，釜十则鍾。"杜预注"鍾"字："六斛四斗。"[2]

《左传·襄公二十九年》："于是郑饥而未及麦，民病。子皮以子展之命，饩国人粟，户一鍾。"杜预注："六斛四斗曰鍾。"[3]

《史记·货殖列传》："旃席千具，佗果菜千鍾。"张守节正义："鍾，六斛四斗。"[4]

《汉书·货殖传》："及名国万家之城，带郭千亩亩鐘之田。"颜师古注引孟康曰："一鐘受六斛四斗。"[5]

《故训汇纂》收"䫉""䫉"二字，前者音"yǔ"，后者音"zhōng"。[6]就字形而言，"䫉"显为"䫉"之讹俗字。"臾"

---

[1] 司马光编：《类篇》，上海：上海古籍出版社，1988年，第523页。
[2] 阮元校刻：《十三经注疏》，北京：中华书局，1980年，第2031页。
[3] 阮元校刻：《十三经注疏》，第2005页。
[4] 司马迁：《史记》，北京：中华书局，1959年，第3274、3277页。
[5] 班固：《汉书》，北京：中华书局，1962年，第3686—3687页。
[6] 宗福邦、陈世铙、萧海波主编：《故训汇纂》，北京：商务印书馆，2003年，第978、2025页。

俗或作"臾",故"䤝"或作"䤝"。

无独有偶,《汉语大字典》第二版亦音"䤝"为"yǔ","䤝"为"zhōng"[1],其误与《故训汇纂》同。且其所引书证,"䤝""䤝"均有《集韵·鍾韵》《庄子·田子方》及释文,足证两形为一字异体。

"斛䤝"文献或作"鍾庾"。

杜佑《通典》卷十七《选举五·杂议论中》:"夫尺丈之量,所及不永;鍾庾之器,所积不多。"[2]

胡刻本《文选》卷四十任昉《奏弹刘整》:"何其不能折契鍾庾,而襜帷交质?"李善注:"《左氏传》:'晏子曰:釜十则鍾。'杜预曰:'六斛四斗也。'包咸《论语注》曰:'十六斛为庾。'"[3]

欧阳询《艺文类聚》卷三四《人部十八·哀伤》引梁任昉《与沈约书》曰:"一金之俸,必遍亲伦;鍾庾之秩,散之故旧。"[4]

李昉等编《文苑英华》卷六百九十六《选举·请吏部各择寮属疏》:"夫尺丈之量,所及者盖短;豆区鍾庾之器,所积者宁多?"[5]

"斛"字从斗臾声,故其字音庾。今本《经典释文》"音

---

[1] 汉语大字典编辑委员会编:《汉语大字典》(第二版),第2327、3076页。
[2] 杜佑:《通典》,王文锦、王永兴、刘俊文等点校,北京:中华书局,1988年,第407页。
[3] 萧统编,李善注:《文选》,北京:中华书局,1977年,第561页。
[4] 欧阳询:《艺文类聚》(附索引),汪绍楹校,上海:上海古籍出版社,1982年,第611页。
[5] 李昉等编:《文苑英华》(附作者姓名索引),北京:中华书局,1966年,第3590页。

庚",或为"斛"字之注音。

二、陷大矛

《原本玉篇残卷》"陷"字条下云：

> 陷，音〈臽〉。《孝经》："不陷于不义。"野王案：陷犹坠入也。《孟子》："以陷于死（之）[亡]。"《庄子》"陷大（矛）[弔]"是也。《楚辞》："陷滞而不济。"王逸曰："陷，没也。"《说文》："高下也。一曰：随也。"《广雅》："陷，隤也。"或为（鑗）[銘]字，在金部。[1]《说文》以小（坎）[阱]为臽字，[2]在白部。[3]

其中引《庄子》"陷大矛"三字不见于今本《庄子》。胡吉宣《玉篇校释》以为"引《庄子》为逸文"[4]。吕浩《玉篇文献考述》所录《原本玉篇残卷》作"陷大[戈]矛"[5]，未详何据。

按，《庄子·外物》："任公子为大钩巨缁，五十犗以为饵，蹲乎会稽，投竿东海，旦旦而钓，期年不得鱼。已而大鱼食之，

---

[1]《篆隶万象名义·金部》："銘，臽反。陷字。"
[2] 吕校本误作"《说文》以小为坎为臽字"。《说文解字·白部》："臽，小阱也。从人在臼上。"《篆隶万象名义·白部》："臽，陷反。小阱也。"
[3] 顾野王：《玉篇（残卷）》，《续修四库全书》第228册，上海：上海古籍出版社，2002年，第541页。
[4] 胡吉宣：《玉篇校释》，上海：上海古籍出版社，1989年，第4365页。
[5] 吕浩：《〈玉篇〉文献考述》，上海：上海人民出版社，2018年，第250页。

牵巨钩，銘没而下，驾扬而奋鬐，白波若山，海水震荡，声侔鬼神，惮赫千里。"陆德明音义："銘，音陷，《字林》：'犹陷字也。'"[1]据此，与"陷大矛"相对应的应该是"銘大/巨钩"，"銘"与"陷"为异体字，"巨"与"大"为同义词，这样的异文是很容易理解的。比较特别的是"矛"与"钩"，其形、音、义迥异，此处却相对应。这到底是怎么回事呢？

盖"钩"字与"钓"字形相近，文献中或有相混者。

四部丛刊初编本《六臣注文选》卷四二应璩《与从弟君苗君胄书》："而吾方欲秉耒耜于山阳，沈钩缗于丹水。"校："五臣本作钓字。"[2]四部丛刊初编本《六臣注文选》潘岳《西征赋》："回轮洒钓，投罠垂饵。"校："五臣本作钩。"[3]

《唐李怀墓志（天宝四年）》："韦氏擅权，钩陈夜惊。"[4]"钩"字作"鉤"，与"钓"同形。胡刻本《文选》卷三〇谢灵运《斋中读书》："昔余游京华，未尝废丘壑。"李善注引《汉书》："班嗣书曰：'夫严子者，渔钓于一壑，万物不干其志。'"[5]《汉书·叙传上》："桓生欲借其书，嗣报曰：'若夫严子者……渔钓于一壑，则万物不奸其志。'"[6]"钓"，四部

---

[1] 郭庆藩辑：《庄子集释》，第925—926页。
[2] 萧统编，李善等注：《六臣注文选》，《四部丛刊初编·集部》，上海：商务印书馆，1922年，第798页。
[3] 萧统编，李善等注：《六臣注文选》，第205页。
[4] 河南省文物研究所、河南省洛阳地区文管处编：《千唐志斋藏志》，北京：文物出版社，1984年，第821页。
[5] 萧统编，李善注：《文选》，第427页。
[6] 班固：《汉书》，第4205页。

丛刊初编本《六臣注文选》作"钩"。[1]

《庄子》引文或别本中，"大钩""巨钩"有与今本《庄子》同者。

唐白居易、宋孔传《白孔六帖》卷九八《鱼》"任公之术"下引《庄子》曰："任公为大钩，十五犗为饵，蹲于会稽，投饵于东海，期年不得鱼。一旦有大鱼，牵巨钩，任公子得其鱼而腊之，自制河以东，莫不厌若鱼者。"[2]

《广博物志》卷四九《虫鱼上》："任公子为大钩巨缁，五十犗以为饵，蹲乎会稽，投竿东海，旦旦而钓，期年不得鱼。已而大鱼食之，牵巨钩，（韬）[䤨]没而下。"[3]

《正统道藏》本《南华真经·杂篇·外物》："任公子为大钩巨缁，五十犗以为饵，蹲乎会稽，投竿东海，旦旦而钓，期年不得鱼。已而大鱼食之，牵巨钩，䤨没而下，惊扬而奋鬐，白波若山，海水震荡，声侔鬼神，惮赫千里。"[4]

《重刊道藏辑要》本《南华真经注疏》："任公子为大钩巨缁，五十犗以为饵。蹲乎会稽，投竿东海。旦旦而（约）[钓]，期年不得鱼。已而大鱼食之，牵巨钩，䤨没而下，惊扬而奋鬐，白波若山，海水震荡，声侔鬼神，惮赫千里。"[5]

---

[1] 萧统编，李善等注：《六臣注文选》，第564页。
[2] 白居易、孔传：《唐宋白孔六帖》卷九八，哈佛燕京图书馆藏明嘉靖刻本，第19a页。
[3] 董斯张：《广博物志》，长沙：岳麓书社，1991年，第1118页。
[4] 《南华真经》，《正统道藏》第11册，北京：文物出版社、上海：上海书店出版社、天津：天津古籍出版社，1988年，第618页。
[5] 程以宁：《南华真经注疏》，《重刊道藏辑要》牛集十二，香港中文大学图书馆藏清光绪三十二年（1906）成都二仙庵刻本，第2a页。

亦有"钩"字作"钓"者。

胡刻本《文选》卷三四曹植《七启八首》："乃使任子垂钓，魏氏发机。"李善注引《庄子》曰："任子为大钓巨缁，五十犗以为饵，蹲会稽，投竿东海。旦而钓，期年不得鱼。已而鱼大食之，牵巨钩，陷没而下。"[1]

四部丛刊三编本《太平御览》卷八三四《资产部十四·钓》："又曰：任公子好钓巨鱼，为大纶巨钓，以犗牛为饵。蹲会稽，投东海，期年不得鱼。已而大鱼食之，牵巨钩，惊扬波而奋鬐，白波若山，海水振荡。"[2]

四部丛刊初编本《六臣注文选》卷二六谢灵运《七里濑》："目睹严子濑，想属任公钓。"李善注曰："任公子为太钓巨纶，五十犗以为饵，蹲会稽，投竿东海，旦旦而钓，期年不得鱼。已而大鱼食之，牵巨钩，（陷）[陷]没而（不）[下]。"[3]

"钓"或通"弔"。

《论衡·自纪》："不嫌亏以求盈，不违险以趋平，不鬻智以干禄，不辞爵以弔名。"刘盼遂集解："'弔名'当是'钓名'之误。《汉书·公孙弘传》：'饰诈欲以钓名。'师古曰：'钓，取也，言若钓鱼。'则'钓名'正与'干禄'相对。"[4]

钱大昕《恒言录》卷一"钓誉"条："《汉书·公孙弘传》：

---

[1] 萧统编，李善注：《文选》，第487页。
[2] 李昉：《太平御览》，《四部丛刊三编》第117册，上海：商务印书馆，1935年，第3b页。
[3] 萧统编，李善等注：《六臣注文选》，第498页。
[4] 黄晖：《论衡校释：附刘盼遂集解》，北京：中华书局，1990年，第1190—1191页。

'与内富厚而外为诡服以钓虚誉者殊科。'《论衡·自纪篇》：'不辞爵以弔名。'弔与钓同。《后汉书·逸民传》：'钓采华名，庶几三公之位。'"[1]

"钓"与"弔"当属同音通假。蒋斧印本《唐韵残卷·锡韵》："弔，《书传》云：'至也。'又音钓。"[2]

文献中多"钓""弔"相通者。

《全唐诗》卷三一六武元衡《经严秘校维故宅》诗："不堪投钓处，邻笛怨春风。"校："钓，一作弔。"[3]

翟灏《通俗编》卷六《政治》"吊卷"条："青藤山人《路史》：钓、调字，今俱作吊。如吊生员考试、吊文卷查勘，俱误。吊生员应作调，吊文卷应作钓也。"[4]梁章钜《浪迹续谈》卷一《案牍文字》："青藤山人《路史》云：'今官文书中钓、调等字俱作吊，如吊生员考试，应作调，而作吊；吊文卷查勘，应作钓，而亦作吊是也。'《寓圃杂记》云：'官书中字，有日用不知所自而未能正者……吊本训伤训慜，今用作吊卷、吊册，则有索取之义。'"[5]

张自烈《正字通·艸部》："藤，徒恒切。音腾。藟也。……又钓藤，状如蒲萄藤，叶细长，茎有刺，曲如钓钩。俗作弔

---

[1] 钱大昕：《恒言录》，陈文和主编：《嘉定钱大昕全集》（增订本），南京：凤凰出版社，2016年，第31页。
[2] 周祖谟：《唐五代韵书集存》，台北：台湾学生书局，1994年，第709页。
[3] 《全唐诗》，北京：中华书局，1960年，第3552页。
[4] 翟灏：《通俗编：附直语补证》，颜春峰点校，北京：中华书局，2013年，第78页。
[5] 梁章钜：《浪迹丛谈 续谈 三谈》，陈铁民点校，北京：中华书局，1981年，第248页。

藤。"[1]

李时珍《本草纲目》卷十八《草部》"钓藤"条:"弘景曰:'出建平,亦作弔藤。疗小儿,不入余方。'时珍曰:'其刺曲如钓钩,故名。或作弔,从简耳。'"[2]

又有"钓"用作"弔"者。

《武周王智本墓志（万岁通天二年）》:"风凄秋树,月弔寒茔。"[3]《唐傅珍宝墓志（建中元年）》:"月弔泉台,风悲薨里。"[4]"风悲月弔"之类,为墓志习语。《武周青海王慕容忠墓志（圣历二年）》:"云愁垄树,月钓泉台。"[5]《唐田万升墓志（大和八年）》:"风悲古原,月钓荒陇。"[6]"弔"字均写作"钓"。

"矛"字俗体与"弔"形近,极易相混。

《龙龛手镜·辵部》"遹"字俗作"遹",又《皿部》"盂"字俗作"孟"。[7]"弔（吊）"旁均与"矛"形近。出土文献中亦常见。敦煌写本S.6981《辛酉至癸亥三年间灵修寺诸色斛斗入破历计会》:"右缘明贤阿婆故,准例合有吊酒壹瓮。""吊"

---

[1] 张自烈、廖文英:《正字通》,北京:中国工人出版社,1996年,第968页。
[2] 李时珍:《本草纲目（金陵版）》,上海:上海科学技术出版社,1993年,第2016页。
[3] 陈长安主编:《隋唐五代墓志汇编·洛阳卷》第7册,天津:天津古籍出版社,1991年,第94页。
[4] 赵力光主编:《西安碑林博物馆新藏墓志汇编》,北京:线装书局,2007年,第536—537页。
[5] 陈晓峰主编:《武威文物精品图集》,兰州:读者出版社,2019年,第159页。
[6] 孙兰风、胡海帆主编:《隋唐五代墓志汇编·北京大学卷》第2册,天津:天津古籍出版社,1992年,第96页。
[7] 释行均:《龙龛手镜》,北京:中华书局,1985年,第494、328页。

写作"矛"。S.5454(9-2)《千字文》："吊民伐罪。""吊"写作"吊"。[1]《唐贺鲁子琦及妻啜剌氏墓志（贞元四年）》："岂期积善无征，旻天不吊。"[2]"吊"字作"矛"，与"矛"同形。

故《残卷》"陷大矛"盖当作"陷大弔"，"弔"通"钓"，"钓"与"钩"形近。"钩"→"钓"→"弔"→"矛"为其演变轨迹。

---

[1] 黄征：《敦煌俗字典（第二版）》，上海：上海教育出版社，2019年，第160—161页。

[2] 陕西历史博物馆编：《风引薤歌：陕西历史博物馆藏墓志萃编》，西安：陕西师范大学出版总社，2017年，第106—107页。

《春秋左传读》所述《左传》异文举要*

王 诚

（浙江大学汉语史研究中心）

内容摘要：先秦两汉典籍中有不少与《左传》内容相关的语句或段落，特别是其中对《左传》文本的引用，乃校订今本《左传》的重要参考。章太炎撰作《春秋左传读》，将《左传》与周、秦、两汉诸多典籍相互参证，考订诠释《左传》古字古词，包括考辨他书所引《左传》与今本《左传》之间存在的异文，据此指出古文本《左传》与今本《左传》用字的不同，其中不乏根据确凿、逻辑合理的推测，但也有一些并不可信。

关键词：章太炎；《春秋左传读》；先秦两汉典籍；异文；古文本

---

* 本文为国家社科基金一般项目"字词关系视角下的汉语复合词形成与演变研究"（23BYY052）阶段性研究成果。

引 言

《春秋左传读》（以下简称《左传读》）是章太炎早年在杭州诂经精舍求学时期所撰的读书札记，大致成书于1891年至1893年间，后来陆续又有订补。[1]太炎先生在《春秋左传读叙录》中说"《左氏》古字古言，沈、惠、马、李诸君子既宣之矣"，但对汉代典籍中所留存的孤文牂字仅"稍稍道及之"，"犹有不蒇，故微言当绅"，又"《左氏》古义最微"，须"极引周、秦、西汉先师之说"，"极为论难辨析"，"以浅露分别之词，申深迂优雅之旨"，以绅其大义。[2]《左传读》将《左传》和周、秦、两汉诸多典籍相互参证，考订诠释《左传》古字古词、典章名物和微言大义。[3]

章太炎在《左传》和周、秦、两汉典籍的比较研究中，关注到典籍所引《左传》与今本《左传》之间存在的异文，并对这些异文以及他所推断的古文本《左传》与今本《左传》用字的不同，加以说明和考辨。其实，清儒已对《左传》古文有所关注，段玉裁在《说文解字注》中多有涉及，如《说文·辵部》："返，《春秋传》返从彳。"段注："谓《左氏传》也。《汉书》曰：'《左

---

[1] 参看章炳麟撰，北京大学《儒藏》编纂与研究中心编：《春秋左传读》（《儒藏》精华编选刊），田访、吴冰妮、沙志利校点，北京：北京大学出版社，2023年，"校点说明"，第2页。
[2] 上海人民出版社编：《章太炎全集：春秋左传读·春秋左传读叙录·驳箴膏肓评》，姜义华点校，上海：上海人民出版社，2014年，第758页。
[3] 参见上海人民出版社编：《章太炎全集：春秋左传读·春秋左传读叙录·驳箴膏肓评》，"校点说明"，第1页。

氏》多古字古言。'许亦云：'左丘明述《春秋传》以古文。'今《左氏》无佌字者，转写改易尽矣。"又如《辵部》："遏，古文逖。"段注："《左传》古字后人多妄改，如襄十四年'岂敢离遏'用古文，僖廿八年'纠逖王慝'则用小篆，岂非改之不画一乎。"又如《册部》："笧，古文册，从竹。"段注："《左传》：'备物典策。'《释文》：'策本又作册，亦作策，或作笧。'按，策者，策之俗也。册者，正字也。策者，假借字也。笧者，册之古文也。《左氏》述《春秋传》以古文，然则笧其是欤。"《石部》："破，破石也。从石段，段亦声。《春秋传》郑公孙段字子石。"段注："盖此引经说字之例，举公孙段字子石，以证破之从段[1]石会意也。《春秋传》多古文。段者，破之古文也。"由此可见，《左传读》对《左传》异文的关注和研究渊源有自。

一、从先秦文献看《左传》异文

荀子在《左传》授受世系中居于重要位置。刘向《别录》云："左丘明授曾申，申授吴起……授虞卿，虞卿作《抄撮》九卷，授荀卿，荀卿授张苍。"[2]荀子传习、教授《左传》，亦见《经典释文·序录》，当可信。章太炎在《春秋左传读叙录》中说："《荀子》书中载'赏不僭，刑不滥'等语，全本《左传》。又说宾孟事及叶公事，又《报春申君书》引《春秋》楚围齐、崔杼二

---

[1]　"段"，原刻本误作"叚"。
[2]　见"《春秋左氏传》序"孔颖达疏所引。

事，亦与《左传》合。"[1] 可见《荀子》和《左传》关系密切。除了《荀子》之外，其他先秦典籍，特别是《管子》《墨子》《晏子春秋》《吕氏春秋》等诸子文献，也跟《左传》存在关联，即章太炎所谓"小家珍说，亦有可发明经义者"[2]，对于钩稽《左传》异文、推测古文本《左传》而言，也是可资参考的材料。下面所举五例中，前四例有理有据，是对古文本《左传》的合理推测，最后一例则由于相关证据不甚可靠，似不可信。

（一）据《荀子》改今本《左传》

例1. "保于御旅（僖公二年春）"条：

> 僖二年："保于御旅。"据《荀子》作也，"御"即"讶"，今本作"逆"，亦同。（Q216；R520）[3]

按，《荀子·荣辱》"或监门御旅"，杨倞注："御读为迓。迓旅，逆旅也。""逆""御""讶"同源。[4]

例2. "怨利生孽（昭公十年夏）"条：

---

[1] 上海人民出版社编：《章太炎全集：春秋左传读·春秋左传读叙录·驳箴膏肓评》，第808页。
[2] 上海人民出版社编：《章太炎全集：春秋左传读·春秋左传读叙录·驳箴膏肓评》，第454页。
[3] Q216指上海人民出版社2014年版《章太炎全集》本第216页；R520指北京大学出版社2023年版《儒藏》精华编选刊本第520页。下同。
[4] 参见王力：《同源字典》，北京：商务印书馆，1982年，第186页。

昭十年："怨利生孽。"今本"怨"作"蕴"。杜预注："蕴，畜也。"《晏子春秋·杂下》作"怨"，今从之。下文亦当作"姑使无怨乎"。案：怨借为宛。《方言》："宛，蓄也。"作"蕴"，谊亦同，但非初本。《荀子·哀公》云："富有天下而无怨财。"荀子传《左传》，故用其谊，明古文《左传》当作"怨"。（Q590；R308）

按，《说文·宀部》："宛，屈艸自覆也。"段注："宛与蕴，蕴与郁，声义皆通。故《方言》曰：'宛，蓄也。'《礼记》曰：'兔为宛脾。'《春秋繁露》曰：'鹤无宛气。'皆是。"《孔子家语·五仪解》"富则天下无宛财"，王肃注："宛，积也。"《史记·律书》"言阳气冬则宛藏于虚"，张守节《史记正义》："宛音蕴。"《荀子·富国》"使民夏不宛喝"，杨倞注："宛读为蕴，暑气也。"《说文·林部》："鬱（郁），木丛生者。"段注："《秦风》：'郁彼北林。'毛曰：'郁，积也。'郑司农注《考工记》曰：'蒠读如宛彼北林之宛。'《菀柳》传曰：'菀，茂林也。'《桑柔》传曰：'菀，茂皃。'按，宛、菀皆即郁字。"

（二）据《吕氏春秋》《管子》改今本《左传》

例3."取我衣冠（襄公三十年十月）"条：

襄三十年："取我衣冠而贮（今本褚，《吕览·乐成篇》《一切经音义》引作贮。）之，取我田畴而伍之。"（Q535；R183）

按,《说文·衣部》:"褚,一曰装也。"段注:"装各本作'製',误。今依《玉篇》《广韵》正。《左传》:'郑贾人将置荀䓨褚中以出。'此谓衣装也。凡装绵曰著,丑吕切,其字当作褚。《小正》:'七月灌荼。灌,聚也。荼,萑苇之秀,为将褚之也。'褚之者,装衣也。"徐锴《说文解字系传》:"又衣之橐也。《春秋左传》曰:'取我衣冠而褚之。'""褚"和"贮"盖同源通用。

例4."成霸安彊(成公十八年十一月)"条:

> 成十八年:"成霸安彊,自宋始矣。"《正义》曰:"谓文公成霸安彊,自宋为始。言今宋有患,不可不救也。"石经、宋淳熙本、《纂图》本,闽、监、毛三本,"彊"皆作"疆"。麟案:文公救宋以成霸,而非安晋之封疆也。(时楚不伐晋。)不如作彊为安。按:安,读当为按。《释诂》云:"按,止也。"谓抑止之也。《管子·霸言》云:"按彊助弱。"是其谊。《诗·大雅·皇矣》:"以按徂旅。"亦同。彊谓楚也。晋胜楚,自城濮始。(Q439—440;R149)

按,"彊(强)",石经、宋本以及金泽文库本皆作"疆","安疆"义为安定疆境。章太炎据《左传正义》,并据事理而推,楚只是伐宋,而并未伐晋,晋文公救宋,有助于成其霸业,但不足以言安疆。因此,读"安"为"按",《说文·手部》:"按,下也。"段注:"以手抑之使下也。《印部》曰:抑者,按也。""按"由用手向下压而有抑制、止住之义,"按彊"是指抑制强楚。[1]

例 5. "囚伯华（襄公二十一年秋）"条：

襄二十一年："囚伯华、叔向、籍偃。"《吕览·开春论》云："晋诛羊舌虎，叔向为之奴而艋。"注："……艋，系也。"麟案：《吕》所据，《左氏》古文。"囚"盖作"艋"。《说文》："囚，系也。"与高训艋字正同。而艋、囚，声亦通，读从东部本声，则例以《常棣》"戎"韵"务"、《车攻》"同"韵"调"，固可通囚矣。若《说文》艋读若莘，则例以"梓""榟"作"杍"，《五行志》："梓，犹子也。"《说文》："汙，从水，从子。"实从子声。（游，从汙声。古文作逰，则从子声矣。故《鹖冠子·世兵》以游、囚叶慈、之也。汙亦从子声可知。）或作泅，从水，囚声。是宰、子、囚声通，故艋可通囚矣。（Q487—488；R315—316）

按，《吕氏春秋》陈奇猷校释云："隶书从舟、从月古皆作⺝或⺝，如'朕'亦作'䂿'即其例，故'䠙'从月从舟均同。'舟'或'月'一方面象舟形、盘形，另一方面则是象刑具。……《说文》'夋，敛足也'，敛足者，盖以刑具敛足之意，《吕氏》此文'䠙'字即此义，其加'月'者，乃表明敛足之物为刑具也。是'䠙'为刑具敛足之本字，而《说文》作'夋'者乃省文也。由

---

[1] 参看杨伯峻编著：《春秋左传注》（修订本），北京：中华书局，2009年，第913页。

此亦可明高诱训朡为'系囚'之'系'极正确。此文'叔向为之奴而朡',谓叔向既被没为奴隶而又加之以颈锁脚镣等刑具,所受者为极重之刑。"[1]据此,我们认为"朡"之义或为囚,但不一定通"囚"。另,"汓"为从水从子会意,恐非从子声,徐灏《说文解字注笺》:"游从汓声,本有可疑,古文遊从㝈而以为汓省,更不可解。斿当为本字,石鼓文已有之,从子执㫃,子即人也。游者溯游之义,故从水而用斿为声。又隶书有遊字从辵,盖本有此篆而《说文》未收。遊疑即遊之省,因从古文㝈而谓之古文耳。"[2]而《鹖冠子·世兵》"游""囚"和"慈""之"盖为幽之合韵。综上可知,此条以"囚"和"朡"为异文,恐不可信。

二、从两汉文献看《左传》异文

许慎《说文解字叙》云:"至孔子书《六经》,左丘明述《春秋传》,皆以古文,厥意可得而说。"《汉书·楚元王传》:"及《春秋左氏》,丘明所修,皆古文旧书,多者二十余通,臧于秘府,伏而未发。孝成皇帝闵学残文缺,稍离其真,乃陈发秘臧,校理旧文,得此三事,以考学官所传,经或脱简,传或间编。"又:"及歆校秘书,见古文《春秋左氏传》,歆大好之。……初,《左氏传》多古字古言,学者传训故而已,及歆治《左氏》,引《传》文以解《经》,转相发明,由是章句义理备焉。"据此,刘歆所见

---

[1] 吕不韦:《吕氏春秋新校释》,陈奇猷校注,上海:上海古籍出版社,2002年,第1449页。
[2] 丁福保编纂:《说文解字诂林》,北京:中华书局,1988年,第6919页。

的《左传》仍是"多古字古言"的古文本,"因其有部分古文的缘故,不容易了解,需要借径于训诂来解释"[1]。此外,刘歆《七略》佚文:"《春秋》两家文,或具四时,或不;于古文,无事不必具四时。"臧琳《经义杂记》解释说:"《春秋》两家谓今文《公羊》《穀梁》是也;古文谓《左氏》也。"由此可知汉代《左传》行用古文本。金德建指出:"我们想推究汉代经传的沿革变迁,只能从汉代的异文当中加以考察。我们分析这些异文,便能够明了汉时某种经传流传今文本或者古文本;明了汉时经传今古文本子前后的一番沿革变迁。"[2]章太炎正是通过分析汉代的异文,推测当时的古文本《左传》,探讨文本用字的沿革变迁,其中涉及的汉代文献包括《史记》《汉书》(《后汉书》[3])《淮南子》《新书》《说苑》《新序》《列女传》《论衡》《易林》《孟氏易》《说文》等。

(一)据《史记》《汉书》改今本《左传》

《汉书·司马迁传赞》:"故司马迁据《左氏》《国语》,采《世本》《战国策》,述《楚汉春秋》,接其后事,讫于天汉。"《史记》记述春秋时期的历史,取材最多的就是《左传》。司马迁尝与贾谊之孙贾嘉通书,贾谊传"《左氏》学",在《左传》授受世系中起了重要作用,《史记·屈原贾生列传》谓"贾嘉最好学,

---

[1] 金德建:《经今古文字考》,济南:齐鲁书社,1986年,第24页。
[2] 金德建:《经今古文字考》,第5页。
[3] 《后汉书》由南朝宋范晔编撰,但记载的是东汉一代的历史,保存了大量当时的史料。

世其家"。章太炎说:"太傅作训故,传至孙嘉……则嘉实传训故,而史公《左氏》之学亦自嘉得之也。"[1]又说:"太史公与贾嘉通书,世家、列传诸所改字,又皆本贾生可知。"[2]因此认为《史记》和《左传》中的相关材料可以相互参证,指出《汉书》所述史实似与《左传》无涉,但《左传》的授受与汉代经师有极大关涉,《汉书》列传所录奏对书疏往往称说《左氏》,"五行"等志亦颇引先师之说。

值得一提的是,今人对司马迁所见《左传》的认识与太炎先生颇为一致。如金德建认为,"司马迁所见的《左传》是沿用不完全改成隶书的古文本","汉代《左传》固然用部份古文的本子,后世流传,屡经传写,失去真迹。原字古文,往往用今文更改。但是《左传》原文如果被改成为今文,未必同时《史记》所引《左传》也会被改动。所以我们所见《史记》引的会有与现在《左传》文字不同了。因此对于《史记》和《左传》的文字相异不能忽视,这些相异上正可以考见汉代古文本《左传》原形。《史记》所引常常就是汉代古文本《左传》遗留的断简残字"。[3]徐建委也指出,"若司马迁征引《左氏春秋》,定为张(苍)、贾(谊)本一系,非秘府本,更非今本","故知司马迁所据《左传》与今本有不同,乃刘向校书前后古书文本变迁之一例也","今本《左传》更像是刘

---

[1] 见上海人民出版社编:《章太炎全集:春秋左传读·春秋左传读叙录·驳箴膏肓评》,第799页。
[2] 见上海人民出版社编:《章太炎全集:春秋左传读·春秋左传读叙录·驳箴膏肓评》,第758页。
[3] 金德建:《经今古文字考》,第23、42页。

（歆）、尹（咸）利用秘府文献完善之后的古本"。[1]

例6."豢吴（哀公十一年五月）"条：

> 哀十一年："是豢吴也夫。"《吴太伯世家》作"是弃吴也夫"。案：《传》古文盖本作"𢾎"，借"𢾎"为"豢"也。"𢾎"，篆文作"𢾎"，与"弃"相似，故《史记》讹"弃"耳。（《吴越春秋》作"是棄吴也"，则又变"弃"为"棄"矣。）（Q726—727；R163）

按，杜注："豢，养也。若人养牺牲，非爱之，将杀之。"《史记·吴太伯世家》"豢"作"弃"，章太炎认为是误字。《说文·豕部》："豢，以谷圈养豕也。从豕，𢍏声。"段注："圈者，养兽之闲。圈养者，圈而养之。圈、豢叠韵。《乐记》注曰：'以谷食犬豕曰豢。'《月令》注曰：'养牛羊曰刍，犬豕曰豢。'《少仪》假'圂'为豢。""𢾎"即"豢"，匣纽元部，"𢍏"见纽元部，故可假借。

例7."以有宋而嗣（昭公七年九月）"条：

> 昭七年："以有宋而嗣厉公。"今本"嗣"作"授"。《孔子世家》作："始有宋而嗣厉公。"案：史公谓"以"借为"始"，"授"则古文《传》本作"嗣"也。……"授"本

---

[1] 徐建委：《〈春秋〉"阍弑吴子余祭"条释证——续论〈左传〉的古本与今本》，《北京师范大学学报》（社会科学版）2015年第5期。

作"嗣"者，《王莽传》引《书》"舜让于德不嗣"，《太史公自序》作"虞舜不台"；《郑风·子衿》"子宁不嗣音"，《韩诗》"嗣"作"诒"，是嗣可借为台、诒。《释诂》："台，予也。"《释言》："贻，遗也。"（贻即诒。）谊相同。《说文》："授，予也。"故太史公时故书作"嗣"，其后改作"授"也，二字声亦相转。前以治兵训授兵，借为诒兵，与此可互证。（Q580—581；R209—210）

按，今本《史记》作"始有宋而嗣让厉公"，张文虎曰："《左传》作'以有宋而授厉公'，《史》盖以'让'字代'授'字，声误为'嗣'。而后人或又两存之也。'始'字疑即'以'字之误。"李笠《史记订补》："宋本无'让'字，是也。"[1]章太炎盖由此而推测古文《传》本"授"作"嗣"。"嗣"虽然可以借为"台"、借为"诒"，但"诒""贻"是遗留、赠送之义，似不与君位搭配，《史记》的"嗣厉公"盖为以厉公为嗣之义，不必借为"诒"。

例8."遂就其妻（襄公十七年冬）"条：

襄十七年："遂就其妻。"《五行志》引《传》如此，古文《传》也。今本"就"作"幽"，此刘、贾训《传》之字，而杜预误以为正文者也。案：《说文》："造，就也。"

---

[1] 参见司马迁撰，〔日〕泷川资言考证：《史记会注考证》，杨海峥整理，上海：上海古籍出版社，2015年，第2410页。

造、就二字声谊同，则就可借为造。《丧大记》："君设大盘造冰焉。"注："造，犹内也。"朱氏丰芑谓此造与窖同。《说文》："窖，地藏也。"《广雅·释言》："窖，窌也。"窌即覆字。《说文》："覆，地室也。"内之地室中，所谓幽也。《说文》"酉"训"就"，象古文"卯"之形，而云："卯为秋门，万物已入。一，象闭门。"是就亦有幽闭之谊。（Q473—474；R369）

按，《墨子·非儒下》"夫舜见瞽叟孰然"，孙诒让《墨子间诂》："毕云：旧作然就。……诒让按：此书以就为慼、为造，犹《新序》以蹴为慼、为造。"朱骏声《说文通训定声》："就，借为造。"但是，"就"借为"造"，文献中极少见，而且"造冰"为特殊用法，俞樾《群经平议》卷二十一："郑意盖读造为窖。《说文·穴部》：'窖，地藏也。'窖之义为藏，故郑云'犹内也'。内即纳字。""造"表容纳义似仅见与"冰"搭配。《说文·酉部》："酉，就也。八月黍成，可为酎酒。卯，古文酉，从卯。卯为春门，万物已出。酉为秋门，万物已入。一，闭门象也。"段注："就，高也。《律书》曰：'酉者，万物之老也。'《律历志》曰：'留孰于酉。'《天文训》曰：'酉者，饱也。'《释名》曰：'酉，秀也。秀者，物皆成也。'此举一物以言就。黍以大暑而穜，至八月而成，犹禾之八月而孰也。不言禾者，为酒多用黍也。酎者，三重酒也。必言酒者，古酒可用酉为之，故其义同曰就也。""酉"训"就"意谓成熟之义，而非幽闭之义。李福孙《春秋三传异文释》："案，幽、就，声之转，言就其妻索大璧亦通。"据此,《左传》的"幽"或为"就"之借。

(二)据《说苑》《列女传》改今本《左传》

刘向虽习《穀梁传》,专《穀梁》学,但不排斥《左传》,所著《新序》《说苑》多采《左传》中故事。桓谭《新论》:"刘子政、子骏、子骏兄弟子伯玉三人,俱是通人,尤珍重《左氏》,教授子孙,下至妇女,无不读诵。"《论衡·案书》:"刘子政玩弄《左氏》,童仆妻子皆呻吟之。"可见刘向亦传习《左传》,且刘氏一家皆读诵《左传》。因此,章太炎作《刘子政左氏说》,取《说苑》《新序》《列女传》所举《左传》事义数十条,为之疏证。他曾在《与刘光汉书(癸卯)》中说,"《说苑》《新序》所举《左氏》成文,多至三十余条,虑非征据他书者。其间一字偶易,适可见古文《左传》不同今本。且子政之改易古文,代以训诂者,亦皆可观。"[1]

例9. "何以庇民(昭公十五年夏)"条:

> 昭十五年:"若其弗赏,是失信也。何以庇民?"《说苑·贵德》述《传》作"奚以示民"。案:穆子语与文公言"信,国之宝也,民之所庇也。得原失信,何以庇之"同,不须改字。且庇与示虽同部,不相通假。窃疑示为祕之脱误。《考工·轮人》:"弓长六尺,谓之庇轵。"注:"故书庇作

---

[1] 见上海人民出版社编:《章太炎全集:太炎文录初编》,徐复点校,上海:上海人民出版社,2014年,第147页。

秘。"杜子春云:"秘当为庇。"秘乃祕之俗,《考工》故书与杜、郑注原作"祕"也。子政所据《左传》古文当作"何以祕民",后人不解,故去其右旁为示字耳。(Q613—614;R533)

按,此条虽无充分证据,但亦为合理的推测。核今本《周礼·考工记·轮人》注,恰为"故书庇作祕",孙诒让《周礼正义》引段玉裁云:"必声、比声,合音相近。杜谓字之误也。"

例10. "宣伯通于穆姜(成公十六年六月)"条:

成十六年:"宣伯通于穆姜。"《列女传》曰:"缪姜聪慧而行乱,故谥曰缪。"下复说东宫占卦事云:"君子曰:惜哉,缪姜虽有聪慧之质,终不得掩其淫乱之罪……"子骏颂曰:"缪姜淫泆……"据此,则《左氏》本文"穆"作"缪"也。襄九年《经》:"葬我小君穆姜。"《穀梁》同,惟《公羊》作"缪",两《经》皆当据《公羊》刊正矣。《谥法解》曰:"名与实爽曰缪。"姜聪慧有善言,而其行淫乱,正名与实爽之谓。古字缪、穆相通,因而讹乱。《蒙恬传》云:"秦穆公杀三良,而死罪百里奚,而非其罪也,故立号曰缪。"则缪、穆相淆,自先秦已然矣。(Q433;R585)

按,章太炎据《列女传》及《逸周书·谥法解》认为《左传》"穆姜"本当作"缪姜","缪""穆"相通而讹混。《公羊传》作"缪",可据以刊正《左传》《穀梁传》。《说文·系部》:

"缪,枲之十絜也。"段注:"枲即麻也。十絜犹十束也。亦假为谬误字,亦假为《谥法》之穆。"《汉书·于定国传》"何以错缪至是"颜师古注:"缪,违也。"《汉书·西域传下》"今计谋卦兆皆反缪"师古注:"缪,妄也。"《玄应音义》卷八"纰缪"注引《礼记注》:"缪,犹乱也,误也。"《集韵·宥韵》:"缪,戾也。"《廿二史考异·史记五·蒙恬列传》钱大昕按"故立号曰缪"曰:"秦缪之谥,当读如谬。""名与实爽"就是名与实乖,《独断》卷下:"名实过爽曰缪。"谥号"缪"说明缪姜聪慧有善言与其行淫乱二者相乖背。太炎先生此说甚确。

例 11."而士晋(成公十六年七月)"条:

> 成十六年:"我毙萎也而士晋,萎有贰矣。"今《传》"士"作"事"。《列女·鲁宣缪姜传》述此云:"以鲁士晋为内臣。"是古文本"事"作"士"也。《说文》:"士,事也。"是声义皆通。(Q433;R585)

按,"士""事"同源通用。《说文·士部》:"士,事也。"段注:"《豳风》《周颂》传凡三见。《大雅》'武王岂不仕'传亦云:'仕,事也。'郑注《表记》申之曰:'仕之言事也。'士、事叠韵。引伸之,凡能事其事者称士。《白虎通》曰:'士者,事也。任事之称也。故传曰通古今、辩然不谓之士。'"《荀子·大略》"问士以璧",王先谦《荀子集解》引郝懿行曰:"士,即事也,古字通用。"《荀子·致士》"然后士其刑赏而还与之",杨倞注:"士,当为事,行也。"《墨子·兼爱下》"不识天下之士",孙诒让《墨子间诂》:"毕云:旧作事,一本如此。"可见"士""事"异文在先秦典籍中较为常见。

例12."出叔孙侨如而明之(成公十六年十月)"条:

> 成十六年:"出叔孙侨如而明之。"今本"明"作"盟"。《列女·鲁宣缪姜传》述此云:"鲁人不顺乔如,明而逐之。"是古文本"盟"作"明"也。襄二十九年"明主",《吴大伯世家》作"盟主",此《左传》以"明"为"盟"之证。(Q434;R586)

按,《诗·小雅·黄鸟》"不可与明",郑笺:"明当为盟。盟,信也。"马瑞辰《毛诗传笺通释》:"明、盟古通用。"《左传·僖公三十二年》"召孟明、西乞、白乙",李富孙《春秋三传异文释》:"《十二诸侯年表》《淮南·人间》作'孟盟'。"《列女传·孽嬖·鲁宣缪姜》"明而逐之",王照圆《列女传补注》:"明与盟同。"以上是传世文献中"明"通"盟"的例子,出土文献中更为多见,如上博简五《鲍叔牙与隰朋之谏》:"则诉(祈)者(诸)鬼神曰:'天地盟(明)弃我矣!'"这是"盟"通"明"的例子。清华简《耆夜》:"丕显来格,歆畀禋明。"清华简《系年》第十三章:"晋中行林父率师救郑,庄王遂北☐楚人明。"第十六章:"楚王子罢会晋文子燮及诸侯之大夫,明于宋。"第十八章:"遂明诸侯于召陵,伐中山。"睡虎地秦简《日甲除》:"利以说明诅、百不祥。"随州孔家坡汉墓简牍《随日·忌日》:"西不可寇〈冠〉甈(城),出入三岁,人必有诅明。"马王堆汉墓帛书《五正》:"帝箸之明,明曰:反义逆时,其刑视之(蚩)尤。"《战国纵横家书》:"则莫若招(遥)霸齐而尊之,使明周室而梦〈焚〉秦符。"上述诸例中的"明"皆通"盟"。[1]另外,《春秋左传读》"君恃勇力以伐明主(襄公二十三年秋)"条也指出:"明主,今本《传》作'盟主',从《晏子》订正。襄二十九年《传》则'明主'也。《吴太伯世家》及贾侍中注皆'盟主',然则《左传》古文盟主多作'明主',此作'盟'者,后人以训诂改之耳。"[2]

例13. "'盗憎'至'于难'(成公十五年十月)"条:

> 成十五年:"盗憎主人,民爱其上。子好直言,必及于难。"今本"爱"作"恶"。按:《说苑·敬慎篇》述《金人铭》云:"盗怨主人,民害其贵。"《家语·观周》作:"盗憎主人,民怨其上。"《周语》云:"兽恶其网,民恶其上。"今本因此数端而改也。《列女·晋伯宗妻传》:"盗憎主人,民爱其上。有爱好人者,必有憎妒人者。夫子好直言,枉者恶之,祸必及身矣。"是子政所据《传》作"爱",若作"恶",则无烦改削原文,而委曲说之矣。《传》与诸书一致,而义更深。《管子·枢言》云:"爱者,憎之始也。"子政说《传》略同。(Q428;R517)

---

[1] 参见白于蓝编著:《简帛古书通假字大系》,福州:福建人民出版社,2017年,第1029页。

[2] 上海人民出版社编:《章太炎全集:春秋左传读·春秋左传读叙录·驳箴膏肓评》,第491页。

按，章太炎根据《列女传·晋伯宗妻传》校《左传》，认为今本"恶"原作"爱"，并以《说苑·敬慎篇》述《金人铭》为"改削原文，而委曲说之"。此条不甚可信，《孔子家语·观周》作"怨"，《国语·周语中》作"恶"，"怨"与"恶"义同，唯《列女传》异，按理很可能是《列女传》"爱"字误。也就是说，应当据《左传》等校《列女传》，而不是据《列女传》校《左传》。

（三）据《说文》引经改今本《左传》

《说文》引经包括《易》《书》《逸周书》《诗》《三家诗说》《周礼》《礼记》《仪礼》《春秋左氏传》《春秋公羊传》《春秋国语》《论语》《孝经》《孝经说》《尔雅》《孟子》等[1]，与今传世经书用字互有异同。《说文序》云："其称《易》孟氏，《书》孔氏，《诗》毛氏，《礼》，《周官》，《春秋》左氏，《论语》，《孝经》，皆古文也。"段玉裁注："《春秋》古经十二篇，《左氏传》三十卷，出壁中及张苍家，《左氏》者，许《春秋》学之宗也。……所说之义，皆古文大篆之义；所说之形，皆古文大篆之形；所说之音，皆古文大篆之音。故曰：'皆古文也。'然则所称六艺，皆以言古文大篆。……古书之言古文者有二，一谓壁中经籍，一谓仓颉所制文字。……云皆古文者，谓其中所说字形、字音、字义，皆合《仓颉》《史籀》，非谓皆用壁中

---

[1] 李梧：《我听陆宗达讲〈说文〉》，北京：生活·读书·新知三联书店，2017年，第115页。

古本明矣。"[1]同时,《说文》引经"有同称一经而文异者",如《心部》"忼"下引《春秋传》曰"忼岁而潋日",《习部》"翫"下引作"翫岁而愒日"。钱大昕认为"盖汉儒虽同习一家,而师读相承,文字不无互异,如《周礼》杜子春、郑大夫、郑司农三家,与故书读法各异,而文字因以改变,此其证也"。[2]

例14."不义不暱(隐公元年四月)"条:

> 隐元年:"不义不暱。"《说文》"䵒"下引《传》如此,盖贾侍中本也。今本作"暱"。《考工记·弓人》"凡昵之类",杜子春注引作"昵",云:"昵,或为䐕。"《说文》"昵"即"暱"字,"䐕"即"䵒"字,云:"䵒,黏也。"《释言》:"䐕,胶也。"《释诂》:"胶,固也。"谊皆与黏近。麟按:凡民庶亲附皆有黏谊。《说文》:"黎,履黏也。"《释诂》:"黎,众也。"《释草》:"众,秫。"郭注:"谓黏粟也。"《说文》:"秫,稷之黏者。"是由黏为众,由众为亲附也。(Q71;R98)

按,《说文·黍部》:"䵒,黏也。从黍,日声。《春秋传》曰:不义不䵒。"段注:"隐元年《左传》文。今《左传》作'暱'。昵,或暱字,日近也。《考工记·弓人》:'凡昵之类不能方。'故书昵或作'樴'。杜子春云:'樴,读为不义不昵之

---

[1] 许慎撰,段玉裁注:《说文解字注》,许惟贤整理,南京:凤凰出版社,2015年,第1322—1323页。
[2] 钱大昕:《十驾斋养新录》,上海:上海书店出版社,1983年,第66页。

昵。或为靭，靭，黏也。'按，许所据《左传》作'䰙'为长。䰙与暱音义皆相近。"《说文·日部》："暱，日近也。"段注："日谓日日也，皆日之引伸之义也。《释诂》《小雅》传皆云：'暱，近也。'《左传》：'不义不暱。''非其私暱，谁敢任之。'"段玉裁云"许所据《左传》作䰙为长"，但未具体说明理由，且谓"䰙与暱音义皆相近"，章太炎以"黎"和"秾"为例论证了黏和众之间的关系，并指出"由黏为众，由众为亲附"，故知"凡民庶亲附皆有黏谊"。"不义不䰙""言所为不义，则人无肯亲附"[1]，"犹今言不义则不能团结其众"[2]。"暱"是亲近，指一方向另一方靠近，然无黏连之义。因此，《说文》所据《左传》作"䰙"，与"厚将崩"紧相连接，而今本作"暱"，则与"厚将崩"无照应关系。

例15."癹夷蕰崇之（隐公六年五月）"条：

> 隐六年："如农夫之务去草焉，癹（今本作芟，《说文》"癹"下引《春秋传》曰："癹夷蕰崇之。"今据正。郑司农注《周礼》，则作"芟"。）夷蕰崇之。"（《东观汉记》载杜林疏有"焉"字，自是彼文所加。又"癹"作"芟"，亦恐后人所改。）《校勘记》曰："《周礼·秋官·序官》'雝（阮原书作薙，今从段氏订。）氏'注引《传》文，无'焉'字。贾《疏》同。《文选·东京赋》注引亦无'焉'字。芟，《释

---

[1] 参看焦循、沈钦韩：《春秋左传补疏·春秋左氏传补注》，郭晓东、郝兆宽、陈岘点校，上海：上海古籍出版社，2016年，第100页。
[2] 杨伯峻编著：《春秋左传注》（修订本），第13页。

文》云：'《说文》作癹，匹末反。'《文选·答宾戏》注晋灼曰：'发，开也。'案：'发'乃'癹'字之误[1]，今诸本皆作'芟'字。"麟案："焉"字，盖本在下句"癹"字下。焉、夷，古同字。《周礼·秋官·行夫》……注云："……故书曰夷使……"《释文》出"焉使"二字，引刘昌宗："焉，音夷。"……《广雅·释诂》云："咦，笑也。"《登徒子好色赋》云："嫣然一笑。"《大招》云："宜笑嘕只。"是嫣、嘕与咦声义同，亦焉、夷通之证也。然则焉可作夷，夷亦可作焉。《左传》古文作"癹焉薀崇之"，汉儒读为"夷"字，不知者以焉、夷并存，则为"癹焉夷薀崇之"，于文不可通，乃又倒"焉"字于"癹"字上，而属草字读矣。（Q88；R49）

按，《左传注疏校勘记》指出，《周礼·秋官·薙氏》郑司农注引《春秋传》无"焉"字，贾《疏》同，《文选·东京赋》注引亦无"焉"字。章太炎据此认为《左传》古文作"如农夫之务去草，癹焉薀崇之"，并论证"焉"即"雉"古文，"雉"通"夷"，故"焉"亦通"夷"，"癹焉薀崇之"即"癹夷薀崇之"。"不知者以焉、夷并存"，则为"癹焉夷薀崇之"，"于文不可通"，所以又将"焉"字放到了"癹"字前面，与"草"字相连，于是成了今本所见的"如农夫之务去草焉，芟夷薀崇之"。

例 16. "嘕言（哀公二十四年四月）"条：

---

[1] 全集本无"乃"字，此据儒藏本补。

哀二十四年："是嚯言也。"《说文》引《传》如此作，服、杜本"嚯"皆作"蹆"。服注："蹆，伪不信言也。"（从《释文》）杜注："蹆，过谬言也。"（从《正义》）《潜研堂集》曰："《释文》'蹆，户快反'与'嚯'音'河介切'相近。古人从口从言之字多相通，《说文》兼收嚯、譮二字……'嚯言'即蹆言，亦可作譮言也。"《说文》："憓，癡言不慧也。"……段氏注："《左传》作蹆，是假借字。"（Q746；R213）

按，此条引钱大昕之说，"嚯言"即蹆言，亦可作"譮言"，段玉裁亦指出《左传》的"蹆"是假借字。《说文·足部》："蹆，卫也。"段注："按，此必有脱误。当云：'蹆，踶也。'《牛部》觟下云：'牛踶觟也。'然则蹆、觟义略同。"《说文·牛部》："觟，牛踶觟也。"段注："《广韵》曰：'踶觟，牛展足。'按，展足二字，乃蹍字之误。蹍，同跧。《足部》曰：'踶者，觟也。'觟与蹆互训，踶觟犹践蹋也。"章太炎指出，"蹆"和"踶"互训，即"蹆"和"蹋""踶"同义，认为"蹋与蹆犹譮与嚯""踶与蹆犹譮与嚯"，运用比较互证，即通过从足的"蹋""蹆""踶"与从言或从口的"譮""嚯""譮"的类比，从另一个角度说明了"嚯（譮）言"和"蹆言"的关系。

（四）据汉代其他材料改今本《左传》

除了以上所举文献之外，汉师旧说故训还散见于其他各类材料，下举四例涉及《左传》服虔注、《吕氏春秋》高诱注、应劭

《旧名讳议》以及《孟氏易》《焦氏易林》等。其中，《左传》服虔注和应劭《旧名讳议》出自《左传正义》所引。

例17."曹大子来朝宾之以上卿（桓公九年冬）"条：

> 成十年云："晋侯有疾。五月，晋立大子州满（今本作蒲，从《正义》所引应劭《旧名讳议》正。）以为君，而会诸侯伐郑。"（Q144—145；R116）

按，应劭是汉末大儒，《旧名讳议》是研究避讳的文献，章太炎根据《左传正义》所引《旧名讳议》改今本《左传》。杨伯峻指出："汉末应劭所据《左传》'州蒲'作'州满'。《晋世家》作'寿曼'。'州''寿''满''曼'，音近可通。故自唐刘知几《史通·杂驳篇》以后，学者率以为今本'蒲'字为'满'字形近之误。释文亦云'或作州满'。"[1]

例18."而葬于经皇（庄公十九年六月）"条：

> 宣十四年："屦及于经（今本室，从《吕览》注订）皇。"（Q183；R316）

按，《吕氏春秋·行论》"屦及诸庭"高诱注："《传》曰：屦及于经皇也。"章太炎据以改今本《左传》。"室""经"字

---

[1] 杨伯峻编著：《春秋左传注》（修订本），第848页。

通。"经皇",杨伯峻谓"盖殿前之庭"[1],章太炎谓"经皇反音为唐",指墓门内庭中之道。二说皆可通。

例19."晋人及姜戎败秦师于殽(僖公三十三年)"条:

> 僖三十三年《经》:"晋人及姜戎败秦师于殽。"麟案:《易林·蹇之离》云:"嬴氏违良,使孟寻兵,师老不已,败于齐卿。"(卿,即指先轸等。)彼以晋为齐,非误记也。《易·晋卦》,孟氏作"齐"。昭十年《经》"齐栾施来奔。"《公羊经》"齐"作"晋",是古字音近假借,亦如蕲之训齐,前之训齐,断也。(古音晋、前相同,如竹箭作竹晋。)《说文序》云:"其称《易》孟氏、《春秋》左氏,皆古文也。"盖古文《春秋》经传此处"晋"字作"齐"。(Q282—283;R89—90)

按,章太炎据《易林》《孟氏易》认为古文本"晋"作"齐",并以《公羊经》"齐"作"晋"为例论证二者音近假借。齐卿,指孟明视、西乞术、白乙丙,皆卿爵。据《汉书·食货志》:"世家子弟富人或走狗马博戏,乱齐民。"如淳注:"齐,等也,言无贵贱。"又《诗·国风·召南》"齐侯之子",齐侯,犹通侯,即诸侯也。因此,"败于齐卿"其实是败于诸卿。

例20."遂跰以下(宣公二年九月)"条:

---

[1] 杨伯峻编著:《春秋左传注》(修订本),第211页。

宣二年:"遂跣以下。"服子慎注:"赵盾徒跣而下走。"杜预本"跣"作"扶"。……麟案:……服以"徒跣"注"跣",则非寻常脱屦之跣也。凡脱屦曰跣,宴则有解袜,至于并解行縢,则谓之徒跣矣。此上文言"饮赵盾酒",言"臣侍君宴",则赵盾解袜矣,然下则仍当箸袜,乃盾以仓卒而下,不及箸袜,已与寻常下堂无履而有袜者异。……袜则专以护在足之行縢者也。……宴时坐于席上,其势安耶,故行縢缠足处虽无袜以护之,不至被散,至于仓卒奔走,举趾飞扬,行縢无袜以护之,至下阶时,则已向风而解矣。行縢解则露足,斯为徒跣矣。服注貌状恩邈,极肖极塙,何得据寻常之跣为难乎?(Q346—347;R246—247)

按,章太炎据服虔注,认为《左传》本应作"跣",并根据原文所述当时情境推理,对服虔注做了具体的阐释。《左传释文》云:"扶,服虔注作'跣',今杜注本往往有作'跣'者。"金泽文库本亦作"跣"。杨伯峻指出:"'遂扶以下'与'遂跣以下'两义不相同。遂扶以下者,提弥明言毕,于是扶持赵盾下堂。遂跣以下者,赵盾闻提弥明之言而悟,急迫不及着袜纳履,因赤足而下堂也。按之燕礼,宾及大夫皆脱屦升就席;《礼记·少仪》亦云:'凡祭于室中,堂上无跣,燕则有之。'郑注云:'燕则有跣为欢也。'此脱屦之证也。哀二十五年《传》述卫侯与诸大夫饮酒,褚师声子袜而登席,卫侯因怒,是解袜之证也。跣,《说文》云:'足亲地也。'"[1]

---

[1] 杨伯峻编著:《春秋左传注》(修订本),第659—660页。

余 论

先秦两汉文献中有不少与《左传》内容相类似的语句或段落，特别是其中对《左传》文本的引用，乃校订今本《左传》的重要参考。金德建指出："古籍流传，历时既久，屡经传写，所以异文极多。至今的经传早已经是并不纯粹的古文本，也不纯粹的今文本了。"[1] 章太炎博引周、秦、两汉典籍，广撷汉师旧说故训，阐微穷赜，廓拘启窒，稽核、考订《左传》古字古义，在《春秋左传读》中多处提到古文本《左传》与今本《左传》在文字上的差异，并由此推测《左传》古本可能使用的原字。以上所举的二十例只是其中一部分，下面用表格的形式再补充九例：

表 1 《春秋左传读》所述《左传》异文其他九例

	今本《左传》	章太炎谓古本当作	校订依据
僖公十六年	六鹢退飞……吉凶焉在……非吉凶所生也	六鹢退蜚……吉凶何在……非吉凶之所生也	《汉书·五行志》
文公六年	子车氏之三子	子舆氏之三子	《诗·秦风·黄鸟》正义
宣公十二年	取其鲸鲵而封之	取其鱷鲵而封之	《汉书·翟方进传》
成公十八年	周子有兄而无慧	周子有兄而无惠	《文选·刘孝标〈辨命论〉》李善注
襄公二十九年	大而婉，险而易行，以德辅此，则明主也	大而宽，俭而易行，以德辅此，则明主也	《史记·吴太伯世家》
昭公四年	有仍氏生女	有扔氏生女	《汉书·古今人表》

---

[1] 金德建:《经今古文字考》，第 5 页。

续表

	今本《左传》	章太炎谓古本当作	校订依据
昭公二十一年	大者不樧	大者不摋	《汉书·五行志》
昭公二十六年	天道不謟	天道不闇（暗）	《论衡·变虚》
定公九年	晳帻	晳齻	《说文》引经

《左传读》述古文本与今本《左传》的异文，其中不乏根据确凿、逻辑合理的推测，如以上所举的多数例子，又如"人服媚之（宣公三年冬）"条指出，"昭七年'使长儠者相'，今本借用鬣字，遂误训毛鬣"。[1] 今本《左传·昭公七年》"使长鬣者相"的"鬣"是借字，古本作"儠"，此据《说文》所引。《说文·人部》："儠，长壮儠儠也。从人，巤声。《春秋传》曰：长儠者相之。"段注："《左传》昭七年、十七年，《国语·楚语》皆云'长鬣'。鬣者，儠之假借字也。韦昭、杜预释为'美须顅'，误。《广雅》曰：'儠，长也。'按，儠儠，长壮皃。辞赋家用'猎猎'字，盖当作儠儠。"《左传》杜注："鬣，须也。"然证以《左传·昭公十七年》"使长儠者三人潜伏于舟侧"，长儠者当为长壮之人。故知当以《说文》所引为长。

当然，章太炎所指出的与今本不同的古文用字也有一些并不可信，除了前述例5、例7和例13之外，又如"栾盈（襄公二十一年夏）"条，"故与栾盈为公族大夫而不相能"，"栾盈"《说苑·善说》作"乐达"，太炎先生认为"达乃逞之误"，"'乐'

---

[1] 上海人民出版社编：《章太炎全集：春秋左传读·春秋左传读叙录·驳箴膏肓评》，第352页。

则《左氏》古文之遗","古文借乐为栾,此以形相近而借,如'亏'古文以为'于','疋'古文以为'足',皆非依声托事之例,而不得以为形误也"。[1]但其实"乐"和"栾"二字形近讹误可能性很大,不必为形近而借。

---

[1] 上海人民出版社编:《章太炎全集:春秋左传读·春秋左传读叙录·驳箴膏肓评》,第487页。

《生经》本土词汇新质考释四则*

卢 鹭　张雅晨

（浙江大学古籍研究所）

内容摘要：西晋竺法护所译《生经》记录了许多不见于前代文献的语言现象，本文以词形已见于前代文献，但意义用法有别的"矜矜""赍持""相须"和"万分"四则词语为例，考察这部分词汇新质的性质、来源以及在后世文献的接受情况。

关键词：生经；竺法护；中古汉语；汉译佛经；词汇新质

西晋竺法护所译《生经》故事生动、口语性强，是研究中古汉语的优质语料。《生经》中出现了许多未见于前代文献的词汇现象，除去通过音译、意译引入的专名术语不论，当中还有不少本土词汇层面的新质，它们或是运用汉语构词语素和构词方式造出的新词，或者是汉语旧词产生了新义。这些词汇新质可能是汉语自身发展的结果，也可能是由语言接触引起的。本文将对《生经》中意义

---

* 本文为国家社科基金重大项目"现代汉语源流考"（22&ZD294）子课题"现代汉语词汇源流考"阶段性研究成果。

用法有别于前代文献的"矜矜""赍持""相须""万分"四例词语进行考释，并尝试追溯其中新质成分的来龙去脉。

一、矜矜

（1）尔时有一尊长者，财富无量，金银珍宝，不可称数……虽为财富，不自衣食、不能布施、不能供养奉事二亲、不能给足妻子仆使……衣即粗衣、食即恶食、意中悋惜、父母穷乏、妻子裸冻、家室内外不与交通。各自两随，常恐烦娆，有所求索，所作悭贪。悋惜如此，少福无智，第一**矜矜**，无所赍持。（西晋竺法护译《生经》卷一，3/73b）[1]

目前《生经》的两个整理本或将"矜矜"注为"自得"义[2]，或注为"自负而吝啬"[3]义，但这两种解释都存在问题。首先，"矜矜"迭用表自得义产生较晚，《汉语大词典》引例为清代袁枚《随园诗话》[4]；其次，"矜"表自负义虽在前代文献已见，如《礼记·表记》"不**矜**而庄，不厉而威"郑玄注："矜，谓自尊大

---

[1] 本文佛典语料均出自台北新文丰出版公司 1985 年影印出版的《大正新修大藏经》，以下简称《大正藏》。出处前一数字表册数，后为页码，a、b、c 表上、中、下栏，如"西晋竺法护译《生经》，3/73b"表示该例出自《大正藏》第 3 册 73 页中栏。
[2] 谭代龙等注：《生经简注》，成都：四川大学出版社，2015 年，第 27 页。
[3] 吕有祥译注：《佛说本生经》，北京：宗教文化出版社，2005 年，第 33 页。
[4] 按，这一引例过晚，至少可以提前到宋元时期，如宋李石《方舟集》卷二十二："齐人丧君，新君方立，内难未已也。齐改辙事晋，晋受之为大隧之盟，晋知有齐，不知有鲁，气**矜矜**然矣。"元程巨夫《故河东两路宣慰司参议陈公墓碑》："公之学，闳肆演迤，以力行为本，不棘棘章句，不**矜矜**自道。"

也。"[1]但"自负"与"吝啬"二义相去较远，将此二义并列亦不妥当。除此之外，《汉语大词典》对"矜矜"还列有"强健貌"和"戒惧；小心谨慎"两种义项，然而此二义于《生经》文意也不允洽。

体察《生经》文意，此处应是形容富豪为人吝啬，"第一矜矜"应解释为"最是吝啬"，此义是由于"矜""靳"音近假借而产生的。"矜"，《说文·矛部》："矛柄也。从矛今声。"[2]学者多认为此处"今声"应为"令声"之讹。[3]"矜"上古音为见母真部。[4]"靳"《说文·革部》"从革斤声"[5]，上古音为见母文部。"矜""靳"声母相同，真部、文部发音相近，吴铭《宋闵、商纣故事与"靳""矜"杂说》一文对文献中"矜""靳"通用之例多有揭举，如《左传·庄公十一年》"宋公靳之"，"靳"

---

[1] 郑玄注，孔颖达等正义：《礼记正义》卷五十四，阮元校刻：《十三经注疏》（清嘉庆刊本），北京：中华书局，2009年，第3556页。

[2] 许慎：《说文解字：附检字》，中华书局，1963年，第300页。

[3] 段玉裁《说文解字注》、朱骏声《说文通训定声》等均持此说，但锐等结合出土文献字形指出"矜"在汉代以前声符应为"令"，参见但锐、陈德裕：《"矜"字音义匹配关系探析》，《汉语史研究集刊》第三十五辑，成都：巴蜀书社，2023年，157页；又可参郑妞：《上古文献"分别词"与特殊异读考辨》，《语言学论丛》2023年第4期，第128页。

[4] 但锐等对"矜"字的音义关系做了梳理，指出"矜"在晋以前表示本义"矛柄"及其相关引申义（戈戟柄、钽获、挥动矛戟、奋力振动、情绪急躁、危险、谨慎、怜悯、怜惜悗惜、贫苦、劳苦心智等）时，读"巨斤切"；此外还有作为通假字读同"鳏/鰥/瘝""贤""懂"等音；晋至宋，"矜"的本义及引申义存在新（"居陵切"）旧（"巨斤切"）两种读音并存，参见但锐、陈德裕：《"矜"字音义匹配关系探析》，154—172页。郑妞深入讨论了"矜"新读"居陵切"的来源是"矜""兢"发生了同义换读，这一读音的出现可以追溯到《说文》时代，晋以后成为表示"严肃、慎重、自夸、骄傲"等义的常见读音，而"矜"表示其本义时仍读真韵，具体参见郑妞：《上古文献"分别词"与特殊异读考辨》，第128—131页。

[5] 许慎：《说文解字：附检字》，第61页。

应通"矜",表矜争义;又《商君书·靳令》"靳令则治不留,法平则吏无奸"中的"靳令"亦当作"矜令",表整饬义。此外,吴铭还指出文献中表吝惜义的"矜吝""矜惜""矜固"之"矜"均系"靳"之假借。[1]其说甚明。《说文·革部》:"靳,当膺也。"段玉裁注:"游环在服马背上骖马外辔贯之,以止骖之出,故谓之靳环。靳者,骖马止而不过之处,故引伸之义为靳固。"[2]"靳"由限制骖马的装置这一本义引申出固守、限制义,并进一步引申为吝惜、舍不得义,前贤时彦对这一引申脉络已有揭举[3]。但常用的语文辞书如《汉语大字典》《汉语大词典》仍未指明"矜"与"靳"的通假关系,在收释"矜吝/靳吝""矜惜/靳惜"等词时也未对二者的关系进行说明。

叠音形式的"矜矜"表示"吝惜"义首见于《生经》此例,稍晚至东晋的中土文献有作本字"靳靳"的用例:

(2)倒装与人,则靳靳不舍,分损以授,则浅薄无奇能。(《抱朴子内篇·祛惑》)[4]

---

[1] 吴铭:《孚甲集:吴铭训诂札记》,上海:上海辞书出版社,2023年,第145—193页。

[2] 许慎撰,段玉裁注:《说文解字注》,上海:上海古籍出版社,1988年,第2版,第109页。

[3] 可参见吴金华:《世说新语考释》,安徽教育出版社,1994年,第100页;王诚、王云路:《试论并列式复音词语素结合的深层原因——以核心义为研究视角》,《浙江大学学报》(人文社会科学版)2020年第1期,第204—217页;方一新:《"靳固"再议》,《历史语言学研究》2023年第1期,第146—157页;吴铭:《孚甲集:吴铭训诂札记》,第145—193页。

[4] 王明:《抱朴子内篇校释》(增订本)卷二十,北京:中华书局,1985年,第2版,第345页。

佛经中"矜"表示"吝啬"义首见于竺法护译经，除《生经》"矜矜"外，还有"矜悋""矜惜""矜爱"等例，字皆用"矜"不用"斳"，可做补充：

（3）菩萨一切所有皆能惠施，不惜身命劝助于道，不择布恩无所<u>矜悋</u>。（西晋竺法护译《阿惟越致遮经》卷一，9/203a）

（4）众人见之，则效布施，奉尊所行，无所<u>矜悋</u>。（西晋竺法护译《慧上菩萨问大善权经》卷二，12/165c）

（5）妻妾子孙，所重辇舆，或虑非常，手足与人，志不<u>矜爱</u>，皆用惠施，欲以慕求，此尊佛道。（西晋竺法护译《正法华经》卷一，9/64b）

（6）当学佛行，无得<u>矜惜</u>悭嫉爱重[1]，宜广示现斯如来慧，当使通闻至于不至，往所不往，当勤听受此要经典。（西晋竺法护译《正法华经》卷十，9/134a—b）

---

[1]《正法华经》"（无得）矜惜悭嫉爱重"在其后的鸠摩罗什译本中作"（勿生）悭悋"（《妙法莲华经》卷六，9/52c），在梵文本则对应于"(a-)matsarin~"，参见 Karashima Seishi（辛嶋静志），*A Glossary of Dharmarakṣa's Translation of the Lotus Sutra*（《正法华经词典》），Tokyo: The International Research Institute for Advanced Buddhology-Soka University (BPPB I), 1998, p. 223。matsarin 由 matsara（有自私、贪婪、嫉妒、敌意等义）衍生而来，-in 词尾表示具备 matsara 这种特征的人或事物。

二、赍持

《生经》中"赍持"一词共五例,其中多数与中土文献固有的表示携带义的"赍持"无异:

（7）秦王乃拜斯为长史,听其计,阴遣谋士<u>赍持</u>金玉以游说诸侯。(《史记·李斯列传》)[1]

（8）吾肝挂树,不<u>赍持</u>来。(《生经》卷一,3/76c)

（9）贤者舍利弗已取灭度,我今<u>赍持</u>和上舍利及钵衣服。(《生经》卷二,3/80a)

（10）智幻士人,<u>赍持</u>乌来,至波遮梨国。(《生经》卷五,3/104c)

（11）佛告贤者阿难:"汝意谆那念舍利弗比丘,赍于戒品而灭度,定品、慧品、解脱品、度知见品而灭度乎?……"贤者白世尊曰:"舍利弗比丘不<u>赍持</u>[2]戒、定、慧、解、度知

---

[1] 司马迁:《史记》卷八十七,北京:中华书局,1982年,第2版,第2540页。
[2] 此处"赍持"与前后文的单音词"赍"("赍于戒品而灭度,定品、慧品、解脱品、度知见品而灭度""赍此而灭度")意义一致,虽然其宾语并非具体事物,而是抽象的"戒、定、慧"等,但结合此处具体语境(舍利弗涅槃后,其余比丘感到非常悲痛,世尊问众人:"舍利弗是否带走了(你们的)戒、定、慧等而取涅槃了?")"赍持"仍然可以被解释为"携带"义。《生经》这一故事在其他佛经中有平行文本可做对照,"赍"和"赍持"对应"持",如"佛言:'云何?阿难!彼舍利弗持所受戒身涅槃耶?定身、慧身、解脱身、解脱知见身涅槃耶?'"(刘宋求那跋陀罗译《杂阿含经》卷二十四,2/176c)或者巴利文的 ādāya(词根 ā√dā 的绝对式形式,表示"拿着,带着"):"kiṃ nu kho te ānanda sāriputto sīlakkhandhaṃ vā ādāya parinibbuto, samādhikkhandhaṃ vā, paññākkhandhaṃvā, vimuttikkhandhaṃvā, vimuttiñāṇadassanakkhandhaṃ vā ādāya parinibbuto" ti (SN 41.73, Cundasutta, 大意:为什么呢? 阿难! 舍利弗是带走你

见品而灭度也。世尊以是分别斯法，成最正觉，分别说耳！及四意止、四意断、四神足念、五根五力、七觉意、八圣道行，亦不赍此而灭度也！"（《生经》卷二，3/80a）

但《生经》中也有一例"赍持"无法直接用"携带"义解释：

（12）尔时有一尊长者……虽为财富，不自衣食、不能布施、不能供养奉事二亲、不能给足妻子仆使……衣即粗衣、食即恶食、意中悋惜、父母穷乏、妻子裸冻、家室内外不与交通。各自两随，常恐烦娆，有所求索，所作悭贪。悋惜如此，少福无智，第一粉粉，无所<u>赍持</u>。（《生经》卷一，3/73b）

例（12）描述这一长者十分吝啬，积聚财富而不用来奉养父母、照料妻子儿女，"无所赍持"不能解释为"无所携带"，而应当和前文的"不能供养奉事二亲、不能给足妻子仆使"相呼应，"赍持"应释为"奉养，供养，提供（衣食等）"义。

"赍"可以表示"持物与人"义，《说文·贝部》："赍，持遗也。"[1]《秦律十八种·仓律（45）》："有事军及下县者，赍食，毋以传赀（贷）县。""赍食"指公差者由沿途县乡提供口粮（而非自行携带）、不得以传符向经过的县借支的制度。[2]

的戒蕴后般涅槃，或定蕴、或慧蕴、或解脱蕴、或带走解脱智见蕴后般涅槃吗？）
[1] 许慎：《说文解字：附检字》，第130页。
[2] 徐世虹、朱潇、庄小霞等：《睡虎地秦简法律文书集释（三）：〈秦律十八种〉（〈仓律〉）》，《中国古代法律文献研究》第八辑，北京：社会科学文献出版社，2015年，第73—74页。

单用"持"也有作"奉侍"义的用法，如《荀子·荣辱》："父子相传，以持王公。"王念孙《读书杂志·荀子一》："持，犹奉也……《广雅》'奉，持也'，是持与奉同义。"[1] 但"赍""持"组成双音词"赍持"后，在中土文献中只能表示"携带"义，而没有"持物与人、供养"义。除《生经》此例，译经中表示"持物与人"义时，也往往用"赍""赍持"表示"持物"，宾语为所带之物，用"献""奉""与""供养"等词来承担"与人"义，宾语为受赠者，未见以接受者作为"赍持"宾语的情况：

（13）至妃国，佯为陶家，赁作瓦器，器妙绝国。陶主睹妙，赍以献王。（三国吴康僧会译《六度集经》卷八，3/46c）

（14）赍持蜜美食，以用奉上我。（西晋竺法护译《佛五百弟子自说本起经》，4/200c）

（15）长者闻已欢喜，即与七钱，于时夫妇寻赍此钱与劝化者。（西晋安法钦译《阿育王传》卷七，50/130c）

（16）彼善男子、善女人随普明菩萨来者，皆礼事释迦文佛足，所赍香华供养世尊。（西晋无罗叉译《放光般若经》卷一，8/2b）

（17）尔时，善财将升法堂，彼离忧妙德天，与百万眷属，各各赍持妙香、华鬘及诸杂宝，散善财上。（东晋佛驮跋陀罗译《大方广佛华严经》卷五十六，9/755a）

---

[1] 王念孙：《读书杂志》，上海：上海古籍出版社，2014年，第1668页。

可见，虽然上古汉语单用"赍""持"可以表示"供给奉养"义、后接表示接受者的宾语，但二者组成双音词"赍持"则罕有这样的用法，例（12）"（无）所赍持"用所字结构表示"赍持"的对象，即"（没有）奉养（亲眷仆从等）"，很可能是竺法护从"赍""持"单用表"奉养"义的用法中类推而来的。

三、相须

（18）王曰："道人，岂欲半国分藏珍宝乎？妇女美人、车马侍使，恣所欲得！"梵志答曰："一无所欲，唯求二愿：一曰，饮食进止，衣服卧起，与王一等相须，勿有前后；二曰，参议国事，所决同意，莫自专也。"（《生经》卷一，3/77b）

"相须"一词在上古汉语中已见，《汉语大词典》收释两种词义，一为互相依存，互相配合，同"相需"[1]，二为互相等待。但这二者均不契合例（18）的文意。《生经》此处是梵志向国王提出自己的愿望，希望饮食衣服等与国王待遇相同，"相须"当释为"相对待"[2]。

《生经》"相须"作"相对待"之义，可能是受到"须"的近义词"待"的影响。"须""待"有不少共同的义项，例如前文所

---

[1] 对于"须"有"依存"义，可参董志翘：《〈唐律疏议〉词语考释》，《古籍整理研究学刊》2003年第1期，第75—76页。
[2] 谭代龙等注：《生经简注》，第52页。

述"须"有"等待""依存"二义,"待"也可以从"等待某人某物"引申为"等待机遇/条件",从而表示"依赖"或"需要"义,如《商君书·农战》:"国待农战而安,主待农战而尊。"[1]"相待""相须"意义相同,既可以表示相互等待,如例(19)(20);也可以表示相互需要、相互依存,如例(21)至例(24):

(19)《汉书·王莽传》:"群公奏请募吏民人马布绵,又请内郡国十二买马,发帛四十五万匹,输长安,前后毋相须。"颜师古注:"须,待也。"[2]

(20)比丘尼欲往阿练若处就比丘自恣,道中遇贼、水、火,有命难、梵行难、衣钵难;又更相待,稽留自恣。(刘宋佛陀什共竺道生等译《弥沙塞部和醯五分律》卷二十九,22/187a)

(21)《诗·小雅·谷风》:"习习谷风,维风及雨。"毛传:"风雨相感,朋友相须。"[3]

(22)故天子之与后,犹日之与月,阴之与阳,相须而后成者也。(《礼记·昏义》)[4]

(23)世雄授药,必因本病,病不能均,是故众经相待乃

---

[1] 周立升、赵呈元、徐鸿修等编著:《商子汇校汇注》,南京:凤凰出版社,2017年,第113页。
[2] 班固:《汉书》卷九十九《王莽传》,北京:中华书局,1962年,第4132页。
[3] 郑玄笺,孔颖达等正义:《毛诗正义》卷十三,阮元校刻:《十三经注疏》(清嘉庆刊本),第985页。
[4] 郑玄注,孔颖达等正义:《礼记正义》卷六十一,阮元校刻:《十三经注疏》(清嘉庆刊本),第3651页。

备，非彦非圣，罔能综练。（东晋释道安《阴持入经序》）[1]

（24）若如是一切诸法应无异相而有异相，如牛左角异右角、右角异左角，如是长短相待各别，如色种种彼此差别。（元魏菩提流支译《入楞伽经》卷六，16/550b）。

二者构成双音词"须待"，既可以如例（25）表示"需要，依靠"义，也可以如例（26）至例（28）表示"等待"义：

（25）儒生，耕战所须待也；弃而不存，如何也？（汉王充《论衡·非韩》）[2]
（26）若绵绢不调送，观听者必谓我顾望，有所须待也。（《三国志·魏书·赵俨传》）[3]
（27）殊不肯求于道，复欲何须待、欲何乐乎？（旧题东汉支娄迦谶译《无量清净平等觉经》卷三，12/294a—b）
（28）是时，大非时云来，普覆虚空，欲雨而住，须待世尊。（东晋瞿昙僧伽提婆译《中阿含经》卷八，1/471b）

"须""待"意义相近，常被视为同义词用以互训，如《诗·邶风·匏有苦叶》："人涉卬否，卬须我友。"毛传："人皆涉，

---

[1] 释僧祐：《出三藏记集》卷六，苏晋仁、萧炼子点校，北京：中华书局，1995年，第248页。
[2] 黄晖：《论衡校释：附刘盼遂集解》卷十，北京：中华书局，1990年，第434页。
[3] 陈寿：《三国志》卷二十三，陈乃乾点校，北京：中华书局，1982年，第2版，第668页。

我反未至，我独待之而不涉。"[1]《史记·天官书》："至天道命，不传；传其人，不待告。"张守节正义："待，须也。"[2]《汉书·食货志》："诏书且须后，遂寝不行。"颜师古注："须，待也。"[3]但是，"待"有"对待"义，"相待"表示"相互对待"是最常见的用法，这是"须"原本没有的义项，由于《生经》译者将"须""待"视作同义词，因而也用"相须"表示"相对待"义。

四、万分

汉文佛典中"万分"有一种表示"死亡"的特殊用法，在可靠译经中首见于《生经》：

（29）且听愚冥下士得微妙宝，不能衣食，不供父母妻子奴客。万分之后，无所复益而有减损。（《生经》卷一，3/73b）

这里指富人极度吝啬，人死之后，财产对自己毫无益处，反而有所减损，"万分"指死亡，这一用法不见于中土文献，但在早期译经中有多个用例：

---

[1] 郑玄笺，孔颖达等正义：《毛诗正义》卷十三，第639页。
[2] 司马迁：《史记》卷二十七《天官书》，第1343页。
[3] 班固：《汉书》卷二十四《食货志》，第1143页。

（30）四者，<u>万分</u>已后，魂魄入太山地狱中。（旧题东汉安世高译《分别善恶所起经》卷一，17/518a）

（31）佛语玉耶："其有善妇者当有显名，宗亲九族并蒙其荣，天龙鬼神拥护其形，使不枉横，财宝日生，<u>万分</u>之后，愿愿不违，上生天上。"（失译附西晋录《玉耶女经》卷一，2/865b）

（32）令现在身不得安宁，数为恶鬼众毒所病，卧起不安，恶梦惊怖，所愿不得，多逢灾横。<u>万分</u>之后，魂神受形，当入地狱饿鬼畜生。（旧题东晋竺昙无兰译《玉耶经》卷一，2/866c）

佛典中何以用"万分"指死亡，学者们有过讨论，一种意见认为"万分"是"万一"的省略说法，是婉词；[1]另一种则认为人死以后，形体分解化成尘埃，故称"万分"。[2]但二者都未进一步对其理据展开论证。对比"万分"在译经中的用例，后一种说法恐仍缺乏依据，译经中"万分"除了指死亡，其他用例多属极言其小，表示万分之一。例如，"譬如士夫晨朝以三百釜食惠施众生，日中、日暮亦复如是。第二士夫，时节须臾，于一切众生修习慈心，乃至如挚牛乳顷，比先士夫惠施功德所不能及，百分千分巨亿<u>万分</u>，算数譬类不得为比"（刘宋求那跋陀罗译《杂阿含经》卷四十七，2/344b）。译经中，"万分"并未出现指人死后身体分解

---

[1] 李维琦：《佛经词语汇释》，长沙：湖南师范大学出版社，2004年，第309页。
[2] 陈文杰：《〈生经〉词语考释四则》，《语言研究》2002年第2期，第121—123页。

的用例。[1]

战国时期文献中有"万分之一"的概念,表示极小量,如《庄子·在宥》:"其存人之国也,<u>无万分之一</u>。其丧人之国也,一不成而万有余丧矣。"[2]"万分"已经出现,但此时表示"分成一万份",如《庄子·知北游》:"今于道,秋豪之端,<u>万分</u>未得处一焉。"[3]

东汉时期,"万一""万分"开始作为"万分之一"的简缩形式,用来表示极小量这一概念,如《潜夫论·明忠》:"然明不继踵,忠不<u>万一</u>者,非必愚暗不逮而恶名扬也,所以求之非其道尔。"[4]《汉书·谷永传》:"拜吏之日,京师士大夫怅然失望。此皆永等愚劣,不能褒扬<u>万分</u>。"颜师古注:"言万分之一。"[5]《谷永传》景祐本、殿本此处作"万分",汲古阁本作"万一",蒋礼鸿《义府续貂》引王文彬认为作"万分"者是,并指出"此本作万分,故颜氏以万分之一释之。若本是万一,则不需注矣""……万分为万分之一,乃汉、晋之通语也"。[6]

东汉以降,"万分"(或"万一")由数量上的极小引申为指可能性上的极小,可以用来作为一种谦词,指代实际上希望发生的

---

[1] 有一例似乎与"身体"的分解破碎有关:"寒地狱中,受罪之人,身肉冰燥,如爁豆散,脑髓白爆,头骨碎破百千<u>万分</u>,身骨劈裂,如箭锄。"(元魏慧觉等译《贤愚经》卷四,4/378b)但此处的"万分"不是独立的词,并且语境是罪人在地狱遭受酷刑、头骨碎裂,"万分"并未用于指人死后自然分解为尘埃。
[2] 王先谦:《庄子集解》卷三,沈啸寰点校,北京:中华书局,1987年,第96页。
[3] 王先谦:《庄子集解》卷六,第191页。
[4] 王符撰,汪继培笺:《潜夫论笺校正》卷八,彭铎校正,北京:中华书局,1985年,第356页。
[5] 班固:《汉书》卷八十五,第3456页。
[6] 蒋礼鸿:《义府续貂》,北京:中华书局,1981年,第135—136页。

事情，如东汉黄琼《移疾疏》："敢以垂绝之日，陈不讳之言，庶有万分，无恨三泉。"[1]此处"庶有万分"当指"希望（我的请求或意见）能有万分之一的机会（被接受或实现）"[2]。又如《后汉书·皇后纪》："窃闻太子、诸王妃匹未备，援有三女……皆孝顺小心，婉静有礼。愿下相工，简其可否。如有万一，援不朽于黄泉矣。"[3]"如有万一"指"如有被选中的可能"。

但"万一""万分一"表示可能性极小的用法，更常见的是用作婉辞，指代实际上不希望发生的事情，例如：《汉书·张释之传》："今盗宗庙器而族之，有如万分一，假令愚民取长陵一抔土，陛下且何以加其法虖？"[4]杨树达《汉书窥管》："有如万分一假令云云者，以事涉先帝陵寝，嗫嚅不敢直言，故辞缓而复沓如此。"[5]《何曾请置军副表》："虽有万一不虞之灾，军主有储，则无患矣。"[6]"万一"进一步语法化，则产生了后世作为连词的用法。例如，《三国志·魏书·武帝纪》："万一为变，事不可悔。"[7]晋陶潜《拟古》诗之六："万一不合意，永为世笑之。"[8]

可见，"万一"或"万分一"在东汉时已经发展出了成熟的婉

---

[1] 范晔撰，李贤等注：《后汉书》卷六十一《黄琼传》，北京：中华书局，1965年，第2038页。
[2] 蒋礼鸿：《义府续貂》，第135—136页。
[3] 范晔撰，李贤等注：《后汉书》卷十上《皇后纪·明德马皇后》，第408页。
[4] 班固：《汉书》卷五十《张释之传》，第2311页。
[5] 杨树达：《汉书窥管》，北京：商务印书馆，2015年，第337页。
[6] 陈寿：《三国志》卷三《魏书·明帝纪》，第112页。
[7] 陈寿：《三国志》卷一《魏书·武帝纪》，第29页。
[8] 袁行霈：《陶渊明集笺注》卷四，北京：中华书局，2003年，第330页。

辞用法，用以指代人们不期望发生的事件，"万分"在表示极小量时与之来源相同、用法相近，《生经》等早期译经中用"万分"作为"死亡"婉词的独特用法，虽未见于中土文献，但完全可以从近义词"万一"或"万分一"类推而来。

结　语

《生经》的语言丰富多变，记录了诸多词汇新质。不同于容易被识别、关注到的外来新词，本土词汇新质在词形、词义上具有一定的延续性，往往能在前代或同时期文献中找到一定的理据来源，容易被不加区别地视作当时汉语的真实记录。考察《生经》词汇新质，需要排除文字通假异体造成的干扰（如"矜矜/靳靳"），也应分辨它们与中土文献词汇在意义、用法上的"微殊"（如"赍持"表示"奉养"、"相须"表示"相待"、"万分"表示"死亡"）。

《生经》中不少词汇新质的用例仅见于部分早期译经，甚至是竺法护译经所独有的，它们很可能是译者临时创造的新词，或是基于个人错误的理解和类推带来的新义。注意甄别这部分外国译者所创造的语言新质成分，可以帮助我们更加准确地理解佛经翻译对中古汉语的影响，更加深入地描写和考察当时汉语口语的实际面貌和历史变迁。

来新夏先生目录学成就平议

——以优秀教材《古典目录学浅说》为中心

陈东辉

（浙江大学汉语史研究中心）

内容摘要：《古典目录学浅说》出版于1981年，可以说是来新夏先生在目录学领域最有代表性的著作，其此后的相关著作均与该书有关联。该书乃新中国成立以后公开出版的第一部古典目录学著作，意义非凡。全书简明扼要，深入浅出，文笔流畅，持论公允，特色鲜明，便于初学，学术性、实用性和可读性都很强，因此极具价值，多次重印、再版，影响甚大。该书之所以能成为一部经得起时间检验的目录学入门读物和高质量教材，主要有以下三方面原因：一、作者具备深厚的目录学功底和多年"目录学"课程教学经验；二、作者对目录学进行过系统、深入的研究；三、作者具备丰富的书目编纂实践经验。该书问世之后，受到学术界的广泛关注和高度评价，先后有大量著作引用该书之说或将其作为主要参考文献，具有十分重要的影响力。当然，该书也有可以改进之处。

关键词：来新夏；《古典目录学浅说》；目录学；古典文献学

来新夏先生（1923—2014）平易近人，学识博洽，著述宏富，仅就目录学领域而言，即有《古典目录学浅说》（中华书局，1981年）、《古典目录学》（中华书局，1991年、2013年修订本）、《目录学读本》（第一主编，上海交通大学出版社，2014年）、《古典目录学研究》（第一主编，天津古籍出版社，1997年）、《清代目录提要》（主编，齐鲁书社，1997年），以及《书目答问汇补》（第一作者，中华书局，2011年）、《近三百年人物年谱知见录》（上海人民出版社，1983年；中华书局，2010年增订本）等多种重要著作，另有多篇高水平的相关论文。

来先生对自己的目录学研究还是颇为重视的，在《我和古典目录学》一文中，他满怀深情地回顾了自己与目录学的渊源。该文最初被收入张世林所编《学林春秋二编》上册（朝华出版社，1999年），后来又被收入其本人所著《问学访谈录》（上海人民出版社，2015年）。新近刊行的九卷本《来新夏文集》（广东人民出版社，2023年）将该文列为其中第5册《图书文献学卷（下）》的"目录学"部分之首。

一、《古典目录学浅说》之价值与特色

在上述著作中，《古典目录学浅说》的出版时间最早，可以说是来先生在目录学领域最有代表性的著作，此后的几种相关著作均与该书有关联。该书乃新中国成立以后公开出版的第一部古典目录学著作，意义非凡。全书简明扼要，深入浅出，文笔流畅，持论公允，特色鲜明，便于初学，学术性、实用性和可读性都很强，极具

价值，多次重印、再版，影响甚大。该书出版后被广泛用作教材，并被相关论著大量引用。

《古典目录学浅说》的体例自成一家，全书分为"目录学概说""古典目录学著作和目录学家""古典目录学的相关学科""古典目录学的研究趋势"等四章，其中第一章"目录学概说"通过一些典型的实例，论述了目录与目录学的概念、群书目录的产生、目录学的兴起与发展、古典目录书的类别、古典目录书体制的三种类型和基本结构、目录学的作用等重要问题。

中国古典目录学并不简单地等同于中国目录学史，明确学科基本概念、厘清学科内涵和外延等，应该是古典目录学教材首先需要重点阐述的内容。该书在这方面做得十分成功。

该书第二章"古典目录学著作和目录学家"包括"官修目录与史志目录的创始——两汉""古典目录的'四分'与'七分'——魏晋南北朝""官修目录与史志目录的发展——隋唐五代""私家目录的勃兴和目录学研究的开展——宋、元""古典目录学的昌盛——明、清"等五节，对中国目录学史进行了简要而又系统的梳理。

关于中国目录学史的分期（段），各家处理不尽相同。例如，余嘉锡的《目录学发微》（中华书局，1963年；巴蜀书社，1991年）卷三"目录学源流考"分为"周至三国""晋至隋""唐至清"三大部分。吕绍虞的《中国目录学史稿》（安徽教育出版社，1984年；武汉大学出版社，2012年）分为"我国目录学的初期阶段和《别录》、《七略》、《汉书·艺文志》的诞生""从公元3世纪到7世纪我国目录学的发展（自魏至隋末）""从公元7世纪到14世纪末叶我国目录学的发展（自唐至元末）""从公元14世纪末叶到19世纪中叶我国目录学的发展（自明至鸦片战争）""我国近代目录学的发展（自鸦片战争至中华人民共和国成立前夕）"等五章。乔好勤的《中国目录学史》（武汉大学出版社，1992年）分为"典籍的产生与目录的起源""汉代目录学""魏晋南北朝目录学""隋唐五代目录学""宋代目录学""元明时期目录学""清代前期目录学""近现代目录学""新中国目录学"等九章。倪士毅的《中国古代目录学史》（杭州大学出版社，1998年）之第二章至第九章的标题依次是"中国目录学的起源""两汉时期的目录学""魏晋南北朝时期的目录学""隋唐五代时期的目录学""两宋时期的目录学""元朝时期的目录学""明朝时期的目录学""清朝鸦片战争以前的目录学"。李瑞良的《中国目录学史》（台北文津出版社，1993年）分为"萌芽期：先秦""奠基期：两汉""发展期：魏晋南北朝""成熟期：隋唐""调整期：宋元明""调整期：宋元明（续）""鼎盛期：清代前期""过渡期：晚清"等八章。

我国台湾地区学者昌彼得、潘美月的《中国目录学》（台北文史哲出版社，1986年）之下篇（即"源流篇"），是在昌彼得的《中国目录学讲义》（台北文史哲出版社，1973年）之下篇（即"沿革篇"）的基础上修订而成，分为"七略时期的目录——两汉""四部时期的目录——魏晋""七略四部互竞时期的目录——南北朝隋""四部统一时期的目录——唐五代""部类试图改革时期的目录（一）——宋代""部类试图改革时期的目录（二）——元明""四部法由盛去衰时期的目录——清代""西洋分类法输入后的目录""综论"等九章。日本学者井波陵一的《知识的坐标：中国目录学》（『知の座標：中國目録學』，日本白帝社，2003年）之第一章"图书分类法的时代区分"，分为"四部分类法以前的时期""四部分类法出现的时期""四部分类法广泛进行的时期""四部分类法不能充分发挥作用的时期"等四个部分。

刊布不久的柯平《中国目录学史》（中国社会科学出版社，2022年）内容相当全面和系统，代表了中国目录学史研究的新高度，堪称这一领域的集大成之作。该书第二章至第十二章的标题依次是"春秋战国目录学""秦代目录学""汉代目录学""魏晋南北朝目录学""隋代目录学""唐代目录学""宋代目录学""元代目录学""明代目录学""清代目录学""民国时期目录学"。

应该说上述诸书的分法均有一定道理和依据，各有千秋。笔者认为，相对来说，尤其是从教学的角度考虑，来先生的分法更加简明和合理一些。因为如果分得过细，初学者往往会觉得头绪太多，重点不够突出，难以把握核心内容，有时会无所适从，容易产生畏难情绪，从而影响教学效果。

有鉴于此，笔者正在撰写的《古典文献学》（"浙江大学中国古典学系列教材"之一种，列入浙江省普通本科高校"十四五"重点教材建设项目，将由高等教育出版社出版）之第二章第七节"目录学简史"，分为"两汉时期的目录学""魏晋南北朝时期的目录学""隋唐五代时期的目录学""宋元时期的目录学""明清时期的目录学"等五个部分，跟来先生的分法一致。此外，武汉大学、北京大学《目录学概论》编写组编著的《目录学概论》（中华书局，1982年）之第二章"中国古代目录学"，分为"汉代目录学""魏晋南北朝目录学""隋唐时期目录学""宋元时期目录学""明清时期目录学"等五节,也跟来先生的分法一致。周少川的《古籍目录学》(中州古籍出版社,1996年)受来先生《古典目录学浅说》的启发和影响颇深,其第三章"古籍目录学发展史"分为"汉代""魏晋南北朝""隋唐五代""宋元""明清""近现代"等六节,与来先生的分法基本相同。

就总体而言,该书第二章脉络清晰,既能把重要和复杂的问题表述明白,又能避免过于繁琐,非常适合初学者。来先生在叙述时并非简单地罗列事实,而是有分析、有见解,融入了自己多年的研究成果。以目录学史上分类变动频繁、史实较为复杂的魏晋南北朝时期为例,该书将相关内容分成"魏郑默的编制《中经》""西晋荀勖的校书与纂辑《中经新簿》""东晋李充的确立四部顺序""宋王俭《七志》与梁阮孝绪《七录》的纂辑""北朝的校书与目录"等五个部分加以论述。这部分虽然仅有一万多字,但读者可以据此对这一时期目录学领域的重要事项以及相关著作、人物有基本的了解。

第三章和第四章之内容堪称该书的重要特色,是其他目录学教材所没有的。其中第三章"古典目录学的相关学科"分别论述了分类学、版本学、校勘学的概况及其与目录学的关系。版本学、校勘学并非来先生的主要研究方向,不过这部分还是有不少值得称道的亮点。给我留下深刻印象的是,在第二节"版本学概说"的末尾,来先生对鉴定版本问题提出了以下五点看法:一、鉴定版本不要只根据一个或几个方面就做判断,要从多方面做综合考虑,还要结合时代的其他因素(如文化发展状况)和图书内容考虑。二、鉴定版本所需的知识方面很广，除一般的文史知识外，书法、篆刻、墨色、纸张、装潢、文字、时代风尚、社会习俗等方面的知识都会牵涉到，所以不能单纯只从技术方面考虑，而要逐步掌握广泛的知识。三、鉴定版本要多翻阅和熟悉有关版本问题的文献记载，以及目录书中著录的版本资料。也要注意新的出土文献，如长沙马王堆汉墓出土的帛书《老子》甲乙本、《战国策》和《易经》等，它们都扩大了版本鉴定的领域。四、鉴定版本要利用一切可能机会多接触实物，至少多看些书影、集锦之类以增加感性知识，开阔眼界，并把经眼所得与文献相印证。五、鉴定版本要多请教专家内行，尤其要重视和总结老收藏家和老书业人员的经验与见解，不能因为他们是赏鉴或稗贩而加以轻视。[1]

又如，关于古籍版本学的研究范围、研究对象和研究内容等，各家观点也不尽相同。笔者认为，来先生的表述比较全面。他认为版本学的研究范围如下：一、研究各种图书版本发生和发展的历史，如雕版源流的演变、传抄源流等等。二、研究各种图书版本的异同优劣，加以鉴别以判定时代，品评优劣，指明特点，并从直接和间接经验中总结和概括出规律性的东西。三、研究版刻、印刷、装帧各方面的技术和它的演变发展与成就，如印刷墨色、字体刀法、藏书印记、版式行款、装帧式样等等，为版本的鉴定提供技术条件。[2]

来先生的以上表述朴实、易懂，没有故作高深，并且文笔流

---

[1] 参见来新夏：《古典目录学浅说》，北京：北京出版社，2016年，第265—266页。
[2] 参见来新夏：《古典目录学浅说》，第237页。

畅，读起来不枯燥。来先生的这些观点已经得到较多学者的认可。

在该书第四章"古典目录学的研究趋势"中，来先生认为今后的古典目录学研究，应该从"整理目录学文献""研究目录书和目录学家""撰写新的古籍目录""刊印古典目录学书籍"等四个方面入手。[1]迄今为止，这些美好的愿望大多已经较好地实现了。这也说明来先生当初的设想是非常具有前瞻性的。

受来先生的启发，笔者在"整理目录学文献""研究目录书和目录学家"等方面也做了一些努力。近十余年来，在笔者的具体指导下，由学生分工合作，分别完成了《隋书经籍志注释汇编》和耿文光《目录学》整理校点、《四库全书总目》整理校点、文澜阁《四库全书》卷前提要（部分）整理校点、《皕宋楼藏书志》（部分）整理校点、《抱经楼藏书志》整理校点、《杭州艺文志》整理校点、《台州经籍考》整理校点、《鸿远楼所藏台州书目》整理校点、《金华经籍志》整理校点等实践性作业，其中《杭州艺文志》整理校点本，作为"浙江文献集成地方史料系列"之一种，已由浙江大学出版社于2021年出版。

同时，近十余年来，在笔者的具体指导下，由学生分工合作，分别完成了《清代学者研究论著目录》之初编、续编、三编、四编，《民国学者研究论著目录》之初编、续编、三编，《历代文献学家研究论著目录》之初编、续编，《现代文献学家研究论著目录》之初编、续编、三编以及《历代文献学要籍研究论著目录》《历代藏书家研究论著目录》《清代著名藏书楼研究文献目录》等

---

[1] 参见来新夏：《古典目录学浅说》，第306—313页。

实践性作业，总字数已经超过一千六百万。其中，《清代学者研究论著目录初编》（台北经学文化事业有限公司，2012年）、《清代学者研究论著目录续编》（台北经学文化事业有限公司，2015年）、《民国学者研究论著目录初编》（台北经学文化事业有限公司，2013年）、《民国学者研究论著目录续编》（台北经学文化事业有限公司，2013年）、《历代文献学要籍研究论著目录》（浙江大学出版社，2014年）、《清代著名藏书楼研究文献目录》（台北经学文化事业有限公司，2024年）等六种已经正式出版。

在《古典目录学浅说》之"后记"中，来先生谦虚地说："我对古典目录学没有深入的研究，书中除了约取余季豫师和其他一些学者的成说外；我的某些论述是极不成熟，而只是一般探讨和尝试，借作进一步研究的起点。"[1]该书某些部分固然参考了《目录学发微》等前贤论著中的说法，但决非简单地因袭，而是在引用的基础上加以点评，有的还有辨正。例如，关于《中经新簿》之卷数，余嘉锡先生曰：

> 又案荀勖《中经》，隋唐志皆十四卷。然《七录》序云"晋《中经簿》书簿少二卷，不详所载多少"，则勖原书当有十六卷。盖四部各得四卷，正是因书之多寡分合之以使之匀称。自梁时亡其二卷，隋志不注明残缺，而后世多不晓其意矣。[2]

---

[1] 来新夏：《古典目录学浅说》，"后记"，第314页。
[2] 余嘉锡：《目录学发微》，成都：巴蜀书社，1991年，第136页。

来先生在引用其老师的这段话之后，亮明了自己的观点：

> 其意似以十六卷为四部目录，每部各得四卷。但是，我以为《古今书最》中的"书簿"是指目录而言，而十六卷目录除佛经目录二卷已失无法计数外，余十四卷目录是四部目录，其所计部卷数即此十四卷所载除佛经外的四部图书总的部、卷数，所以原语如是"其十六卷书簿，少佛经二卷，不详所载多少"，则词意明显易晓。当然，这还缺乏史料依据，只不过是个人的臆测罢了。[1]

不过，张固也对余嘉锡、来新夏等学者的观点提出了不同看法。[2]这一问题比较复杂，此处不展开讨论。笔者只是想说明该书中有不少来先生自己的见解。

二、《古典目录学浅说》取得成功之原因

来先生在撰写《古典目录学浅说》时，之所以能高屋建瓴、驾轻就熟，使其成为一部经得起时间检验的目录学入门读物和高质量教材，笔者认为主要有以下三方面原因。

第一，作者具备深厚的目录学功底和多年"目录学"课程教学经验。早在1942年至1946年于北平辅仁大学历史系上学时，来先

---

[1] 来新夏：《古典目录学浅说》，第104页。
[2] 参见张固也：《也谈〈中经新簿〉之小类问题》，《古典目录学研究》，武汉：华中师范大学出版社，2014年，第11—22页。

生就跟随陈垣先生、余嘉锡先生系统学习过目录学。陈、余二先生均高度重视目录学，且成绩斐然。陈垣先生在少年时代，就熟读了《书目答问》和《四库全书总目》。他在讲课中对目录、校勘、版本和考证等专学都有深入的阐述，对来先生日后能涉足史学、方志学和目录学各个学术领域是有重要影响的。余嘉锡先生当时在辅仁大学开设"目录学"课程时，以其自著的《目录学发微》讲义以及《书目答问补正》作为课本。[1]

上大学期间，来先生认真阅读了《四库全书简明目录》和《四库全书简明目录标注》以及《读书敏求记》《郑堂读书记》等目录学名著，还利用暑假为《书目答问》编了三套索引，并用墨笔写成一册。《书目答问》在来先生的学术道路上占有十分重要的地位。他曾满怀深情地说道："四十多年读了一些书。如果有人问我何书最熟？答曰：《书目答问补正》；如果有人问我有何经验？答曰：《补正》当是治学起点。"[2] 这应该是来先生将《我与〈书目答问〉》一文作为其所著《古典目录学》一书之"代序"的原因。由此，来先生在目录学领域打下了坚实的基础。

特别值得一提的是，《古典目录学浅说》这一高质量著作之初稿，是在身处逆境的"文革"年代中克服种种困难而完成的。令人感动和敬佩！关于该书的成书过程，来先生本人曾多次提及。他在《邃谷自订学术简谱》中记载如下：1973 年 2 月，"就下乡时随

---

[1] 参见来新夏：《我和古典目录学》，《来新夏文集》第 5 册《图书文献学卷（下）》，广州：广东人民出版社，2023 年，第 2436—2437 页。

[2] 来新夏：《我与〈书目答问〉》，《古典目录学》（修订本）卷首，北京：中华书局，2013 年，第 9 页。

身携来之有关古典目录学之卡片与笔记，开始撰写《古典目录学浅说》";1974 年 3 月,"《古典目录学浅说》初稿完成,约 10 余万字"。[1] 他又在《韩译〈古典目录学浅说〉序》中提道：

> 上世纪八十年代，中国走上改革开放之途，举国上下，百废俱兴，学术亦日趋平实。各类基础课程，纷纷恢复与增设，"目录学"一课，亦在其列，而我则荣膺教席之任，衷心窃喜，跃跃欲试。于是翻箱倒箧，得乡居时所撰《目录学纲要》八万余字，时值酷暑，增补资料，条理文字，仅浃月而成《目录学讲义》十余万字，为新学年开设课程做好准备。[2]

"文革"结束以后，来先生的目录学知识有了用武之地。1978 年 3 月开始，来先生为南开大学历史系中国史专业 1975 级学生讲授"史籍目录学"；1980 年 2 月开始，来先生应邀在天津师范学院历史系兼课，讲授"古典目录学"。[3] 在授课讲义之基础上，来先生撰写了《古典目录学浅说》的初稿，并将其油印稿寄给顾廷龙、傅振伦、朱泽吉、卞孝萱、涂宗涛、施丁、仓修良、郑伟章诸先生，[4] 广泛征求意见，然后在教学过程中不断修改，直至最终

---

[1] 参见来新夏：《邃谷自订学术简谱》，《来新夏文集》第 9 册《附录》，广州：广东人民出版社，2023 年，第 4944 页。
[2] 来新夏：《韩译〈古典目录学浅说〉序》，《来新夏文集》第 7 册《序跋书评卷》，广州：广东人民出版社，2023 年，第 3453 页。
[3] 参见来新夏：《邃谷自订学术简谱》，《来新夏文集》第 9 册《附录》，第 4945—4946 页。
[4] 参见来新夏：《古典目录学浅说》，"后记"，第 314 页。

定稿。该书堪称来先生多年心血之结晶。

第二，作者对目录学进行过系统、深入的研究。在《古典目录学浅说》正式出版前后，来先生撰写并发表了《谈谈古典目录学研究中的几个问题》（《南开史学》1980 年第 2 期）、《目录和目录学》（《历史教学》1981 年第 1 期）、《魏晋南北朝目录学成就概述》（《群众论丛》1981 年第 6 期）、《清代目录学成就浅述》（《历史研究》1981 年第 2 期）等目录学领域的论文，其中有多篇被中国人民大学《复印报刊资料》转载，足见其质量之高。

并且，当时参考资料少，相关刊物也少，要撰写并发表这么多论文，非常不容易。正是因为有了如此厚实的研究基础（部分论文其实就是《古典目录学浅说》的一部分），所以使得《古典目录学浅说》这部总体定位是面向初学者的教材，同样具备很高的学术价值，同样显示出作者深厚的学术功力。李万健、赖茂生编的《目录学论文选》（书目文献出版社，1985 年）除了将上面提到的《魏晋南北朝目录学成就概述》一文予以收录之外，还把《古典目录学浅说》第二章第三节"官修目录与史志目录的发展——隋唐五代"的全部内容，以"隋唐五代时期官修目录与史志目录的发展"为题目加以收录。这也从一个侧面说明了该书之价值得到了广泛认可。

来先生为了该书的撰写付出了极大努力。例如，来先生自己曾经提及，为了写好魏晋南北朝目录学事业的发展成就，专门涉猎了近四十种史料，以一万四千余字的篇幅比较清晰地进行了论述。来先生在该书中，对一些目录学家做了富有价值的深入研究，如关于阮孝绪，不仅考知其所撰《七录》之体制和成书缘由，而且还总结了阮氏目录学之特色和成就。[1]

第三,作者具备丰富的书目编纂实践经验。来先生先后编纂过多种书目,在这方面积累了大量宝贵经验。以其花费了多年心血的《近三百年人物年谱知见录》为例,这是一部十分有用的高质量书目,在从事清史研究时使用频率极高。同时,来先生还与惠世荣、王荣授共同编著了《社会科学文献检索与利用》(南开大学出版社,1986年),这也是跟目录学紧密相关的工作。丰富的书目编纂实践经验,对于《古典目录学浅说》的顺利完成应该是有帮助的。

此外值得一提的是,来先生具备图书馆和图书馆学系管理工作经验。1984年1月,来先生担任南开大学图书馆学系主任,同年2月担任南开大学图书馆馆长,同年4月当选为天津市高等学校图书馆工作委员会副主任。[2] 众所周知,目录学跟图书馆学以及图书馆实际工作关系密切。笔者认为,上级部门之所以聘请来先生担任上述职务,应该跟来先生在目录学领域所取得的巨大成就是有关系的。毕竟目录学的专业知识和学科背景,对于图书馆学系、图书馆的建设都是有益的。来先生堪称专家型的馆长和系主任。来先生在图书馆和图书馆学系的实际工作中所取得的诸多成绩,与他在目录学等领域的重要建树可以说是相辅相成的。

从二十世纪八十年代至今,南开大学一直在目录学研究方面成绩斐然,柯平、徐建华等教授均有相关重要成果问世,应该跟来先

---

[1] 参见来新夏:《我和古典目录学》,《来新夏文集》第5册《图书文献学卷(下)》,第2442页。
[2] 参见来新夏:《邃谷自订学术简谱》,《来新夏文集》第9册《附录》,第4948页。

生当年亲自引领,从而在这方面打下了良好基础是分不开的。

三、《古典目录学浅说》之重要影响

《古典目录学浅说》问世之后,受到学术界的广泛关注和高度评价。徐召勋的《目录学》(安徽教育出版社,1985年)、张永言的《训诂学简论》(华中工学院出版社,1985年),彭斐章、乔好勤、陈传夫编著的《目录学》(武汉大学出版社,1986年、2003年修订版),赵国璋主编的《社会科学文献检索与利用》(武汉大学出版社,1987年),杜立主编的《天津社会科学手册》(天津人民出版社,1989年),吴雪珍、张念宏主编的《图书馆学辞典》(海天出版社,1989年),严佐之的《古籍版本学概论》(华东师范大学出版社,1989年),杨燕起、高国抗等编的《中国历史文献学》(书目文献出版社,1989;北京图书馆出版社,2003年修订版),张白影、荀昌荣、沈继武主编的《中国图书馆事业十年》(湖南大学出版社,1989年),张家璠、何林夏主编的《社会科学文献检索与利用》(广西师范大学出版社,1989年),张家璠、黄宝权主编的《中国历史文献学》(广西师范大学出版社,1989年),周继良主编的《图书分类学》(武汉大学出版社,1989年、1992年修订版),张光忠主编的《社会科学学科辞典》(中国青年出版社,1990年),汪耀华的《谈书笔录》(学林出版社,1991年),汪耀楠的《注释学纲要》(语文出版社,1991年),吴仲强等的《中国图书馆学史》(湖南出版社,1991年),曹培根等的《文献检索知识概要》(南京大学出版社,1992年),

乔好勤的《中国目录学史》（武汉大学出版社，1992年），唐贵荣的《巧用书目指南》（河南教育出版社，1992年），陈锡岳、林基鸿主编的《名人与图书馆》（天津人民出版社，1993年），黄恩祝的《应用索引学》（上海书店出版社，1993年），武德运主编的《图书馆学情报学概要》（科学技术文献出版社，1993年），戴南海、张懋镕、周晓陆的《文物鉴定秘要》（贵州人民出版社，1994年），李广宇编著的《书文化大观》（中国广播电视出版社，1994年），徐国仟主编的《版本学》（中国医药科技出版社，1994年），柯平的《书目情报系统理论研究》（书目文献出版社，1996年）和《中国目录学史》（中国社会科学出版社，2022年），阎现章主编的《中国古代编辑家评传》（河南大学出版社，1996年），周少川的《古籍目录学》（中州古籍出版社，1996年），涂宗涛的《苹楼夕照集》（山西古籍出版社、山西教育出版社，1998年），余庆蓉、王晋卿的《中国目录学思想史》（湖南教育出版社，1998年），何忠礼、徐吉军的《南宋史稿》（杭州大学出版社，1999年），王立贵的《中外图书馆事业比较研究》（齐鲁书社，1999年），吉文辉、王大妹主编的《中医古籍版本学》（上海科学技术出版社，2000年），马达的《〈列子〉真伪考辨》（北京出版社，2000年），范凤书的《中国私家藏书史》（大象出版社，2001年；武汉大学出版社，2013年修订版），时永乐的《古籍整理教程》（河北大学出版社，2003年）和《墨香书影》（上海科学技术文献出版社，2015年），张三夕主编的《中国古典文献学》（华中师范大学出版社，2003年），俞樟华、虞黎明、应朝华的《唐宋史记接受史》（吉林人民出版社，2004

年），张大可、俞樟华的《中国文献学》（福建人民出版社，2005年），陈广忠等编著的《古典文献学》（黄山书社，2006年），李明杰的《宋代版本学研究——中国版本学的发源及形成》（齐鲁书社，2006年），王俊杰主编的《中国古典文献学概论》（齐鲁书社，2006年），王俊杰等编的《文献学概论》（宁波出版社，2006年），迟铎、党怀兴主编的《中国古典文献学》（西北大学出版社，2007年），董宁文编的《我的闲章》（岳麓书社，2007年），汪洪主编的《古文知识卷》（中国戏剧出版社，2007年），张传锋的《〈四库全书总目〉学术思想研究》（学林出版社，2007年），陈晓华的《"四库总目学"史研究》（商务印书馆，2008年），陈璧耀的《国学概说》（上海教育出版社，2008年、2020年增订本），王运熙的《望海楼笔记》（陕西人民出版社，2008年），林久贵、周春健的《中国学术史研究》（崇文书局，2009年），彭斐章等的《数字时代目录学的理论变革与发展研究》（武汉大学出版社，2009年），秦玉龙主编的《实用中医信息学》（中国中医药出版社，2010年），司马朝军主编的《文献学概论》（武汉大学出版社，2010年），王增清、龚景兴、李学功的《苕水悠悠芸香远：湖州藏书文化研究》（杭州出版社，2010年），余昭芬主编的《医学文献管理》（湖北科学技术出版社，2011年），张晓丽的《明清医学专科目录研究》（黄山书社，2011年），曹金发的《辑录体目录史论》（黄山书社，2012年），林庆彰的《学术论文写作指引：文科适用》（九州出版社，2012年），伍媛媛的《清代补史艺文志研究》（黄山书社，2012年），陈德弟、范凤书主编的《藏书文化论集》（天津古籍出版社，2013年），林小云的《〈吴越春秋〉研究》（华中科技大学出版社，2014 年），张固也的《古典目录学研究》（华中师范大学出版社，2014 年），曹丽芳的《唐末别集版本源流考述》（辽宁师范大学出版社，2015 年），周余姣的《郑樵与章学诚的校雠学研究》（齐鲁书社，2015 年），傅荣贤的《中国古代目录学研究》（知识产权出版社，2017 年），刘全波的《魏晋南北朝类书编纂研究》（民族出版社，2018 年）和《类书研究通论》（甘肃文化出版社，2018 年），王记录的《中国史学思想会通·历史文献学思想卷》（福建人民出版社，2018 年），李鸿涛、张伟娜、佟琳的《中医古典目录学概论》（中医古籍出版社，2020 年），刘进宝的《敦煌学记》（浙江古籍出版社，2021 年），谢欢的《回归与传承：钱亚新图书馆学学术思想论稿》（科学出版社，2021 年），刘跃进的《从师记》（人民文学出版社，2022 年），王安功的《书归何处：近代以来藏书文化与社会》（新华出版社，2022 年），王东等的《古典文献学理论与学术实践》（巴蜀书社，2022 年）等大量著作，均引用该书之说或将其作为主要参考文献，有的还专门向读者推荐该书，更有几位学者特地撰写了书评。引用该书之说的相关论文更是不胜枚举。

同时，《目录学研究文献汇编》（修订版）、《图书馆学书目举要》、《实用古典文献学》、《一个人的一座城——来新夏著述专藏阅览馆研究》和《来新夏著述经眼录》等将该书作为来先生的代表作之一，列专条加以评析。[1] 笔者之所以不厌其烦地一一列

---

[1] 参见彭斐章、谢灼华、乔好勤编：《目录学研究文献汇编》（修订版），武汉：武汉大学出版社，1986 年，第 517 页；吴慰慈主编：《图书馆学书目举要》，北京：北京图书馆出版社，2004 年，第 104—105 页；崔军红、刘云霞、毛建军主

出引用该书之说的著作名称、作者姓名、出版单位和出版年份（当然所例举的只是其中的一部分），是想说明该书被引用甚多，并且上述著作涉及多个一级学科，充分反映出《古典目录学浅说》具有十分广泛的影响力。这在同类著作中是不多见的。

作为该书责任编辑的崔文印先生对《古典目录学浅说》十分熟悉，他说：

> 对于来新夏先生的文字，无论是学术著作，还是散文、随笔，笔者都是爱读的一位，从中受益良多。特别是来先生的《古典目录学浅说》一书，从出版迄于今，一直是笔者的案头书。由于研究兴趣所致，关于目录学的同类著作，笔者搜罗了不下十余种，但常常翻阅的，仍是这本《古典目录学浅说》。作为该书的责任编辑，我一开始就喜欢这本书，这本书不仅文字洗练，而且材料丰富，立论清楚。不少著作，我读了半天仍不得要领，而翻看来先生这本书，言简意赅，很快就解决问题。[1]

对于崔先生的这段评述，笔者深有同感。

在目录学等领域出版过多部专著的傅荣贤先生认为："1981 年

编：《实用古典文献学》，北京：光明日报出版社，2010 年，第 332—333 页；孙勤编著：《一个人的一座城——来新夏著述专藏阅览馆研究》，杭州：杭州出版社，2014 年，第 17 页；孙伟良编：《来新夏著述经眼录》，天津：天津古籍出版社，2019 年，第 35—41 页。

[1] 崔文印：《说"校勘"与"校对"——谨以此文祝贺来新夏先生八十华诞》，曾贻芬、崔文印：《古籍校勘说略》，成都：巴蜀书社，2011 年，第 15 页。

中华书局出版的《古典目录学浅说》代表了来先生目录学研究的最高成就。"又指出："《浅说》是一部不可多得的目录学研究著作，可惜迄今尚未有人对其作专门研究。"[1]曾经就读于华东师范大学图书馆学系的彭卫国先生专门提到："上大学时，来先生的《古典目录学浅说》是必读书，考研时因选择了中国古典文献学方向，《浅说》又是必考书。这本薄薄的小册子，比姚名达、余嘉锡诸公的书好读，管用。"[2]长期从事古典文献学教学和研究的余敏辉先生指出："古代目录学理论的研究，相对来说起步早，水平亦高，尤其是来新夏先生的《古典目录学》，更是被认为扛鼎之作。"[3]

1985年秋天我刚上大学时，就购买并认真拜读了《古典目录学浅说》，受益匪浅。从1994年至今，整整三十年，我一直在浙江大学文学院（原杭州大学中文系）古典文献学专业讲授"目录学"课程，始终以《古典目录学浅说》作为指定教材。二十多年前在东瀛访学和任教时，我还将该书推荐给日本多所大学的中国语、中国文学、东洋史等专业的师生。在《古文献学入门读物管见》一文之末尾，笔者指出：

> 就总体而言，杜泽逊的《文献学概要》，杨琳的《古典文献及其利用》，来新夏的《古典目录学浅说》，（清）张之洞

---

[1] 傅荣贤：《〈汉书·艺文志〉研究源流考》，合肥：黄山书社，2007年，第227页。

[2] 彭卫国：《书缘依稀忆来公》，蔡玉洗、董宁文编：《书香人和》，哈尔滨：北方文艺出版社，2015年，第319页。

[3] 余敏辉：《历史文献学散论》，合肥：安徽大学出版社，2004年，第103页。

撰、范希曾补正的《书目答问补正》，王雨著、王书燕编纂的《王子霖古籍版本文集》第1册《古籍版本学》，倪其心的《校勘学大纲》等，堪称古典文献学领域最为理想的入门书，既可以作为教材，也可供初学者自学。[1]

笔者在长期讲授"目录学""古典文献学"等课程的过程中深深体会到，从作为教材以及初学者入门书的角度出发，《古典目录学浅说》比余嘉锡先生的《目录学发微》、姚名达先生的《中国目录学史》等书更加实用，更加符合目录学教学的需要。当然，笔者在上课时，一直将《目录学发微》和《中国目录学史》作为重要的参考书推荐给学生。

值得一提的是，虽然上文提及的《古典目录学》是在《古典目录学浅说》之基础上做了较多增补、修订而成，并且被当时的国家教育委员会（今教育部）指定为"高等学校文科教材"。不过由于《古典目录学浅说》（中华书局1981年版的版权页标明为15.6万字）的篇幅比《古典目录学》（中华书局2013年修订本的版权页标明为26万字）少，内容更加精练，作为教材和入门读物更受欢迎。二者的累计印数印证了这一点。《古典目录学浅说》最初有中华书局1981年10月第1版（印数13000册），后来中华书局又将其列为"国学入门丛书"之一种，刊行新1版（2003年10月第1次印刷的印数4000册，2005年8月第2次印刷的印数5000册）。

---

[1] 陈东辉：《古文献学入门读物管见》，《中文学术前沿》第15辑，杭州：浙江大学出版社，2018年，第119页。

之后北京出版社将其列为"大家小书"之一种，于 2014 年 7 月推出平装本，于 2016 年 7 月推出精装本，[1]虽然其版权页均未标明印数，但从其多次重印来看，发行量应该不小。而《古典目录学》有中华书局 1991 年 3 月第 1 版、2013 年 5 月第 2 版（即修订本），累计印数 5000 册，显然比《古典目录学浅说》少许多。

并且，上文罗列了大量著作曾引用《古典目录学浅说》之说或将其作为主要参考文献，而就《古典目录学》而言，被引用的次数要少得多。此外，曾在南京大学中国古代文学专业就读并获得博士学位的韩国学者朴贞淑女士，从 2008 年 8 月开始将《古典目录学浅说》翻译成韩文，该译本由韩国学术情报出版社于 2009 年 9 月出版（书名改为《中国古典目录学》）。当时《古典目录学》业已问世多年，而朴贞淑女士还是选择把《古典目录学浅说》作为翻译对象，我想她应该也是觉得将该书介绍给韩国读者更加合适。

来先生另有《中国古典目录学简说》一文，该文最初是作为来新夏、徐建华主编的《古典目录学研究》（天津古籍出版社，1997 年）之第一篇，后来收入《来新夏文集》第 5 册《图书文献学卷（下）》的"目录学"，列在上文提及的《我和古典目录学》一文之后。该文厚积薄发，是在《古典目录学浅说》的基础上提炼而成的，堪称其压缩版。该文共计二万多字，内容虽然简要，但也能深入浅出地将相关核心知识介绍给读者，使大家可以在较短的时间内对中国古典目录学有一个大致的了解，很有意义。

---

[1] 北京出版社的版本在卷首增加了北京大学中国古文献研究中心徐刚先生撰写的《一定懂点目录学——来新夏〈古典目录学浅说〉导读》。

四、《古典目录学浅说》可以改进之处

当然,笔者在"目录学"课程的教学过程中体会到,从求全责备的角度来看,《古典目录学浅说》并非完全没有可以改进之处。例如,清代目录学成就巨大、名家辈出、内容丰富,稍感遗憾的是,该书对于这一部分的论述略显不足。笔者每次在讲授"目录学"课程时,都要补充相关内容。

其实,来先生本人对于清代目录学还是颇为重视的,他认为清代的目录学著作不仅数量多,并且"从收录图书、编制体例、体裁多样和内容价值各方面看,都显示出一种总结前代,开启后代的特色"[1]。再则,来先生对清代目录学进行过深入研究,既有发表在权威刊物《历史研究》上的《清代目录学成就浅述》等通论性论文,也有《论〈四库全书总目〉》(《河南图书馆学刊》1988年第4期)、《清张宗泰古典目录学成就初探》(《南开学报》1996年第4期)等专题性论文。因此,对于来先生而言,在该书中增加一些清代目录学部分的内容是完全没有问题的。笔者揣测,来先生之所以如此处理,可能跟该书的篇幅限制相关,他也许想保持各章字数的大致平衡。

此外,《古典目录学浅说》个别地方还存在疏漏。例如,该书在论述群书目录的产生时,专门提及简策,其中有云:

> 每条简长的有二尺四寸左右,用来写重要书籍如儒家经书

---

[1] 来新夏:《古典目录学浅说》,第183页。

和政府法令等，以示尊敬；短的有八九寸，用来写次要书籍如诸子书等，以便翻阅。……一九七二年山东临沂银雀山发掘到的汉简，一号墓的竹简大多是兵书（其中有久已失传的《孙膑兵法》即《齐孙子》），整简每枚长 27.6 厘米（八九寸），宽 0.5—0.9 厘米，厚 0.1—0.2 厘米，可见诸子书是用短简。二号墓出土竹简《汉武帝元光元年历谱》共 32 枚，基本完整，每枚长 69 厘米（二尺一二寸），宽 1 厘米，厚 0.2 厘米，可能因为这是由国家颁布的正式历书，所以用长简。[1]

上述文字涉及古代度量衡制度。按照对应的厘米长度，括号中的"二尺一二寸"应该是指现在的尺寸，而"每条简长的有二尺四寸"则是指汉尺（大多数学者认为西汉一尺约合 23.1 厘米）[2]。二者不匹配。这一问题在之后出版的《古典目录学》和《古典目录学》（修订本）中仍未改正。其实，该书在接下来的论述中，也提到了汉尺，谓："用木片做书写材料的称'牍'，它主要用来写信，长度是汉尺一尺，所以后世称信札为'尺牍'。"[3]

当然，此类细小的问题至多只是白璧微瑕。四十多年过去了，《古典目录学浅说》总体上并不过时，至今还是十分适用的优秀目录学教材，相信今后仍将发挥重要作用。

---

[1] 来新夏：《古典目录学浅说》，第 8 页。
[2] 参见熊长云编纂：《新见秦汉度量衡器集存》附录一《秦汉度量衡参考量值诸家考论表》，北京：中华书局，2018 年，第 187 页。
[3] 来新夏：《古典目录学浅说》，第 9 页。